I0749251

# Поединок

Александр Куприн

**Поединок**



ISNB: 978-1-63637-889-3

# ПОЕДИНОК

## I

Вечерние занятия в шестой роте приходили к концу, и младшие офицеры все чаще и нетерпеливее посматривали на часы. Изучался практически устав гарнизонной службы. По всему плацу солдаты стояли вразброс: около тополей, окаймлявших шоссе, около гимнастических машин, возле дверей ротной школы, у прицельных станков. Все это были воображаемые посты, как, например, пост у порохового погреба, у знамени, в караульном доме, у денежного ящика. Между ними ходили разводящие и ставили часовых; производилась смена караулов; унтер-офицеры проверяли посты и испытывали познания своих солдат, стараясь то хитростью выманить у часового его винтовку, то заставить его сойти с места, то всучить ему на сохранение какую-нибудь вещь, большею частью собственную фуражку. Старослуживые, тверже знавшие эту игрушечную казуистику, отвечали в таких случаях преувеличенно суровым тоном: "Отходи! Не имею полного права никому отдавать ружье, кроме как получу приказание от самого государя императора". Но молодые путались. Они еще не умели отделить шутки, примера от настоящих требований службы и впадали то в одну, то в другую крайность.

- Хлебников! Дьявол косорукой! - кричал маленький, круглый и шустрый ефрейтор Шаповаленко, и в голосе его слышалось начальственное страдание. Я ж тебя учил-учил, дурня! Ты же чье сейчас приказанье сполнил? Арестованного? А, чтоб тебя!.. Отвечай, для чего ты поставлен на пост?

В третьем взводе произошло серьезное замешательство. Молодой солдат Мухамеджинов, татарин, едва понимавший и говоривший по-русски, окончательно был сбит с толку подвохами своего начальства - и настоящего и воображаемого. Он вдруг рассвирепел, взял ружье на руку и на все убеждения и приказания отвечал одним решительным словом:

- З-заколу!

- Да постой... да дурак ты... - уговаривал его унтер-офицер Бобылев. Ведь я кто? Я же твой караульный начальник, стало быть...

- Заколу! - кричал татарин испуганно и злобно и с глазами, налившимися кровью, нервно совал штыком во всякого, кто к нему приближался. Вокруг него собралась кучка солдат, обрадовавшихся смешному приключению и минутному роздыху в надоевшем ученье.

Ротный командир, капитан Слива, пошел разбирать дело. Пока он плелся вялой походкой, сгорбившись и волоча ноги, на другой конец плаца, младшие офицеры сошлись вместе поболтать и покурить. Их было трое: поручик Веткин - лысый, усатый человек лет тридцати трех, весельчак, говорун, певун и пьяница, подпоручик Ромашов, служивший всего второй год в полку, и подпрапорщик Лбов, живой стройный мальчишка с лукаво-ласково-глупыми глазами и с вечной улыбкой на толстых наивных губах, - весь точно начиненный старыми офицерскими анекдотами.

- Свинство, - сказал Веткин, взглянув на свои мельхиоровые часы и сердито щелкнув крышкой. - Какого черта он держит до сих пор роту? Эфиоп!

- А вы бы ему это объяснили, Павел Павлыч, - посоветовал с хитрым лицом Лбов.

- Черта с два. Подите, объясняйте сами. Главное - что? Главное - ведь это все напрасно. Всегда они перед смотрами горячку порют. И всегда переборщат. Задергают солдата, замучат, затуркают, а на смотру он будет стоять, как пень. Знаете известный случай, как два ротных командира поспорили, чей солдат больше съест хлеба? Выбрали они оба жесточайших обжор. Пари было большое - что-то около ста рублей. Вот один солдат съел семь фунтов и отвалился, больше не может. Ротный сейчас на фельдфебеля: "Ты что же, такой, разэтакий, подвел меня?" А фельдфебель только глазами лупает: "Так что не могу знать, вашескородие, что с ним случилось. Утром делали репетицию - восемь фунтов стрескал в один присест..." Так вот и наши... Репетят без толку, а на смотру сядут в калошу.

- Вчера... - Лбов вдруг прыснул от смеха. - Вчера, уж во всех ротах кончили занятия, я иду на квартиру, часов уже восемь, пожалуй, темно совсем. Смотрю, в одиннадцатой роте сигналы учат. Хором. "На-ве-ди, до гру-ди, по-па-ди!" Я спрашиваю поручика Андрусевича: "Почему это у вас до сих пор идет такая музыка?" А он говорит: "Это мы, вроде собак, на луну воем".

- Все надоело, Кука! - сказал Веткин и зевнул. - Постойте-ка, кто это едет верхом? Кажется, Бек?

- Да. Бек-Агамалов, - решил зоркий Лбов. - Как красиво сидит.

- Очень красиво, - согласился Ромашов. - По-моему, он лучше всякого кавалериста ездит. О-о-о! Заплясала. Кокетничает Бек.

По шоссе медленно ехал верхом офицер в белых перчатках и в адъютантском мундире. Под ним была высокая длинная лошадь золотистой масти с коротким, по-английски, хвостом. Она горячилась, нетерпеливо мотала крутой, собранной мундштуком шеей и часто перебирала тонкими ногами.

- Павел Павлыч, это правда, что он природный черкес? - спросил Ромашов у Веткина.

- Я думаю, правда. Иногда действительно армяшки выдают себя за черкесов и за лезгин, но Бек вообще, кажется, не врет. Да вы посмотрите, каков он на лошади!

- Подожди, я ему крикну, - сказал Лбов.

Он приложил руки ко рту и закричал сдавленным голосом, так, чтобы не слышал ротный командир:

- Поручик Агамалов! Бек!

Офицер, ехавший верхом, натянул поводья, остановился на секунду и обернулся вправо. Потом, повернув лошадь в эту сторону и слегка согнувшись в седле, он заставил ее упругим движением перепрыгнуть через канаву и сдержанным галопом поскакал к офицерам.

Он был меньше среднего роста, сухой, жилистый, очень сильный. Лицо его, с покатым назад лбом, топким горбатым носом и решительными, крепкими губами, было мужественно и красиво в еще до сих пор не утратило характерной восточной бледности - одновременно смуглой и матовой.

- Здравствуй, Бек, - сказал Веткин. - Ты перед кем там выфинчивал? Дэвыцы?

Бек-Агамалов пожимал руки офицерам, низко и небрежно склоняясь с седла. Он улыбнулся, и казалось, что его белые стиснутые зубы бросили отраженный свет на весь низ его лица и на маленькие черные, холеные усы...

- Ходили там две хорошенькие жидовочки. Да мне что? Я нуль внимания.

- Знаем мы, как вы плохо в шашки играете! - мотнул головой Веткин.

- Послушайте, господа, - заговорил Лбов и опять заранее засмеялся. - Вы знаете, что сказал генерал Дохтуров о пехотных адъютантах? Это к тебе, Бек, относится. Что они самые отчаянные наездники во всем мире...

- Не ври, фендрик! - сказал Бек-Агамалов.

Он толкнул лошадь шенкелями и сделал вид, что хочет наехать на подпрапорщика.

- Ей-богу же! У всех у них, говорит, не лошади, а какие-то гитары, шкапы - с запалом, хромые, кривоглазые, опоенные. А дашь ему приказание знай себе жарит, куда попало, во весь карьер. Забор - так забор, овраг так овраг. Через кусты валяет. Поводья упустил, стремена растерял, шапка к черту! Лихие ездоки!

- Что слышно нового, Бек? - спросил Веткин.

- Что нового? Ничего нового. Сейчас, вот только что, застал полковой командир в собрании подполковника Леха. Разорался на него так, что на соборной площади было слышно. А Лех пьян, как змий, не может папумаму выговорить. Стоит на месте и качается, руки за спину заложил. А Шульгович как рявкнет на него: "Когда разговариваете с полковым командиром, извольте руки на заднице не держать!" И прислуга здесь же была.

- Крепко завинчено! - сказал Веткин с усмешкой - не то иронической, не то поощрительной. - В четвертой роте он вчера, говорят, кричал: "Что вы мне устав в нос тычете? Я - для вас устав, и никаких больше разговоров! Я здесь царь и бог!"

Лбов вдруг опять засмеялся своим мыслям.

- А вот еще, господа, был случай с адъютантом в N-ском полку...

- Заткнитесь, Лбов, - серьезно заметил ему Веткин. - Эко вас прорвало сегодня.

- Есть и еще новость, - продолжал Бек-Агамалов; Он снова повернул лошадь передом ко Лбову и, шутя, стал наезжать на него. Лошадь мотала головой и фыркала, разбрасывая вокруг себя пену. - Есть и еще новость. Командир во всех ротах требует от офицеров рубку чучел. В девятой роте такого холоду нагнал, что ужас. Епифанова закатал под арест за то, что шашка оказалась не отточена... Чего ты трусишь, фендрик! - крикнул вдруг Бек-Агамалов на подпрапорщика. - Привыкай. Сам ведь будешь когда-нибудь адъютантом. Будешь сидеть на лошади, как жареный воробей на блюде.

- Ну ты, азиат!.. Убирайся со своим одром дохлым, - отмахивался Лбов от лошадиной морды. - Ты слыхал, Бек, как в N-ском полку один адъютант купил лошадь из цирка? Выехал на ней на смотр, а она вдруг перед самим командующим войсками начала испанским шагом парадировать. Знаешь, так: ноги вверх и этак с боку на бок. Врезался, наконец, в головную роту суматоха, крик, безобразие. А лошадь - никакого внимания, знай себе испанским шагом разделывает. Так Драгомиров сделал рупор - вот так вот - и кричит: "Поручи-ик, тем же аллюром на гауптвахту, на двадцать один день, ма-арш!.."

- Э, пустяки, - сморщился Веткин. - Слушай, Век, ты нам с этой рубкой действительно сюрприз преподнес. Это значит что же? Совсем свободного времени не останется? Вот и нам вчера эту уроду принесли.

Он показал на середину плаца, где стояло сделанное из сырой глины чучело, представлявшее некоторое подобие человеческой фигуры, только без рук и без ног.

- Что же вы? Рубили? - спросил с любопытством Бек-Агамалов. - Ромашов, вы не пробовали?

- Нет еще.

- Тоже! Стану я ерундой заниматься, - заворчал Веткин. - Когда это у меня время, чтобы рубить? С девяти утра до шести вечера только и знаешь, что торчишь здесь. Едва успеешь пожрать и водки выпить. Я им, слава богу, не мальчик дался...

- Чудак. Да ведь надо же офицеру уметь владеть шашкой.

- Зачем это, спрашивается? На войне? При теперешнем огнестрельном оружии тебя и на сто шагов не подпустят. На кой мне черт твоя шашка? Я не кавалерист. А понадобится, я уж лучше возьму ружье да прикладом - бац-бац по башкам. Это вернее.

- Ну, хорошо, а в мирное время? Мало ли сколько может быть случаев. Бунт, возмущение там или что...

- Так что же? При чем же здесь опять-таки шашка? Не буду же я заниматься черной работой, сечь людям головы. Ро-ота, пли! - и дело в шляпе...

Бек-Агамалов сделал недовольное лицо.

- Э, ты все глупишь, Павел Павлыч. Нет, ты отвечай серьезно. Вот идешь ты где-нибудь на гулянье или в театре, или, положим, тебя в ресторане оскорбил какой-нибудь шпак... возьмем крайность - даст тебе какой-нибудь штатский пощечину. Ты что же будешь делать?

Веткин поднял кверху плечи и презрительно поджал губы.

- Н-ну! Во-первых, меня никакой шпак не ударит, потому что бьют только того, кто боится, что его побьют. А во-вторых... ну, что же я сделаю? Бацну в него из револьвера.

- А если револьвер дома остался? - спросил Лбов.

- Ну, черт... ну, съезжу за ним... Вот глупости. Был же случай, что оскорбили одного корнета в кафешантане. И он съездил домой на извозчике, привез револьвер и ухлопал двух каких-то рябчиков. И все!..

Бек-Агамалов с досадой покачал головой.

Знаю. Слышал. Однако суд признал, что он действовал с заранее обдуманным намерением, и приговорил его. Что же тут хорошего? Нет, уж я, если бы меня кто оскорбил или ударил...

Он не договорил, но так крепко сжал в кулак свою маленькую руку, державшую поводья, что она задрожала. Лбов вдруг затрясся от смеха и прыснул.

- Опять! - строго заметил Веткин.

- Господа... пожалуйста... Ха-ха-ха! В М-ском полку был случай. Подпрапорщик Краузе в Благородном собрании сделал скандал. Тогда буфетчик схватил его за погон и почти оторвал. Тогда Краузе вынул револьвер - р-раз ему в голову! На месте! Тут ему еще какой-то адвокатишка подвернулся, он и его бах! Ну, понятно, все разбежались. А тогда Краузе спокойно пошел себе в лагерь, на переднюю линейку, к знамени. Часовой окрикивает: "Кто идет?" - "Подпрапорщик Краузе, умереть под знаменем!" Лег и прострелил себе руку. Потом суд его оправдал.

- Молодчина! - сказал Бек-Агамалов.

Начался обычный, любимый молодыми офицерами разговор о случаях неожиданных кровавых расправ на месте и о том, как эти случаи проходили почти всегда безнаказанно. В одном маленьком городишке безусый пьяный корнет врубился с шашкой в толпу евреев, у которых он предварительно "разнес пасхальную кучку". В Киеве пехотный подпоручик зарубил в танцевальной зале студента насмерть за то, что тот толкнул его локтем у буфета. В каком-то большом городе - не то в Москве, не то в Петербурге офицер застрелил, "как собаку", штатского, который в ресторане сделал ему замечание, что порядочные люди к незнакомым дамам не пристают.

Ромашов, который до сих пор молчал, вдруг, краснея от замешательства, без надобности поправляя очки и откашливаясь, вмешался в разговор:

- А вот, господа, что я скажу с своей стороны. Буфетчика я, положим, не считаю... да... Но если штатский... как бы это сказать?.. Да... Ну, если он порядочный человек, дворянин и так далее... зачем же я буду на него, безоружного, нападать с шашкой? Отчего же я не могу у него потребовать удовлетворения? Все-таки же мы люди культурные, так сказать...

- Э, чепуху вы говорите, Ромашов, - перебил его Веткин. - Вы потребуете удовлетворения, а он скажет: "Нет... э-э-э... я, знаете ли, вэбще... э-э... не признаю дуэли. Я противник кровопролития... И кроме того, э-э... у нас есть мировой судья..." Вот и ходите тогда всю жизнь с битой мордой.

Бек-Агамалов широко улыбнулся своей сияющей улыбкой.

- Что? Ага! Соглашаешься со мной? Я тебе, Веткин, говорю: учись рубке. У нас на Кавказе все с детства учатся. На прутьях, на бараньих тушах, на воде...

- А на людях? - вставил Лбов.

- И на людях, - спокойно ответил Бек-Агамалов. - Да еще как рубят! Одним ударом рассекают человека от плеча к бедру, наискось. Вот это удар! А то что и мараться.

- А ты, Бек, можешь так?

Бек-Агамалов вздохнул с сожалением:

- Нет, не могу... Барашка молодого пополам пересеку... пробовал даже телячью тушу... а человека, пожалуй, нет... не разрублю. Голову снесу к черту, это я знаю, а так, чтобы наискось... нет. Мой отец это делал легко.

- А ну-ка, господа, пойдемте попробуем, - сказал Лбов молящим тоном, с загоревшимися глазами. - Бек, милочка, пожалуйста, пойдем...

Офицеры подошли к глиняному чучелу. Первым рубил Веткин. Придав озверелое выражение своему доброму, простоватому лицу, он изо всей силы, с большим, неловким размахом, ударил по глине. В то же время он невольно издал горлом тот характерный звук - хрясь! - который делают мясники, когда рубят говядину. Лезвие вошло в глину на четверть аршина, и Веткин с трудом вывязил его оттуда!

- Плохо! - заметил, покачав головой, Бек-Агамалов. - Вы, Ромашов...

Ромашов вытащил шашку из ножен и сконфуженно поправил рукой очки. Он был среднего роста, худощав, и хотя довольно силен для своего сложения, но от большой застенчивости неловок. Фехтовать на эспадронах он не умел даже в училище, а за полтора года службы и совсем забыл это искусство. Занеся высоко над головой оружие, он в то же время инстинктивно выставил вперед левую руку.

- Руку! - крикнул Бек-Агамалов.

Но было уже поздно. Конец шашки только лишь слегка черкнул по глине. Ожидавший большего сопротивления, Ромашов потерял равновесие и пошатнулся. Лезвие шашки, ударившись об его вытянутую вперед руку, сорвало лоскуток кожи у основания указательного пальца. Брызнула кровь.

- Эх! Вот видите! - воскликнул сердито Бек-Агамалов, слезая с лошади. Так и руку недолго отрубить. Разве же можно так обращаться с оружием? Да ничего, пустяки, завяжите платком потуже. Институтка. Подержи коня, фендрик. Вот, смотрите. Главная суть удара не в плече и не в локте, а вот здесь, в сгибе кисти. - Он сделал несколько быстрых кругообразных движений кистью правой руки, и клинок шашки превратился над его головой в один сплошной сверкающий круг. - Теперь глядите: левую руку я убираю назад, за спину. Когда вы наносите удар, то не бейте и не рубите предмет, а режьте его, как бы пилите, отдергивайте шашку назад... Понимаете? И притом помните твердо: плоскость шашки должна быть непременно наклонна к плоскости удара, непременно. От этого угол становится острее. Вот, смотрите.

Бек-Агамалов отошел на два шага от глиняного болвана, впился в него острым, прицеливающимся взглядом и вдруг, блеснув шашкой высоко в воздухе, страшным, неуловимым для глаз движением, весь упав наперед, нанес быстрый удар. Ромашов слышал только, как пронзительно свистнул разрезанный воздух, и тотчас же верхняя половина чучела мягко и тяжело шлепнулась на землю. Плоскость отреза была гладка, точно отполированная.

- Ах, черт! Вот это удар! - воскликнул восхищенный Лбов. - Бек, голубчик, пожалуйста, еще раз.

- А ну-ка, Бек, еще, - попросил Веткин.

Но Бек-Агамалов, точно боясь испортить произведенный эффект, улыбаясь, вкладывал шашку в ножны. Он тяжело дышал, и весь он в эту минуту, с широко раскрытыми злобными глазами, с горбатым носом и с оскаленными зубами, был похож на какую-то хищную, злую и гордую птицу.

- Это что? Это разве рубка? - говорил он с напускным пренебрежением. Моему отцу, на Кавказе, было шестьдесят лет, а он лошади перерубал шею. Пополам! Надо, дети мои, постоянно упражняться. У нас вот как делают: поставят ивовый прут в тиски и рубят, или воду пустят сверху тоненькой струйкой и рубят. Если нет брызгов, значит, удар был верный. Ну, Лбов, теперь ты.

К Веткину подбежал с испуганным видом унтер-офицер Бобылев.

- Ваше благородие... Командир полка едут!

- Сми-иррна! - закричал протяжно, строго и возбужденно капитан Слива с другого конца площади.

Офицеры торопливо разошлись по своим взводам.

Большая неуклюжая коляска медленно съехала с шоссе на плац и остановилась. Из нее с одной стороны тяжело вылез, наклонив весь кузов набок, полковой командир, а с другой легкой соскочил на землю полковой адъютант, поручик Федоровский - высокий, щеголеватый офицер.

- Здорово, шестая! - послышался густой, спокойный голос полковника.

Солдаты громко и нестройно закричали с разных углов плаца:

- Здравия желаем, ваш-о-о-о!

Офицеры приложили руки к козырькам фуражек.

- Прошу продолжать занятия, - сказал командир полка и подошел к ближайшему взводу.

- Полковник Шульгович был сильно не в духе. Он обходил взводы, предлагал солдатам вопросы из гарнизонной службы и время от времени ругался матерными словами с той особенной молодеческой виртуозностью, которая в этих случаях присуща старым фронтовым служакам. Солдат точно гипнотизировал пристальный, упорный взгляд его старчески бледных, выцветших, строгих глаз, и они смотрели на него, не моргая, едва дыша, вытягиваясь в ужасе всем телом. Полковник был огромный, тучный, осанистый старик. Его мясистое лицо, очень широкое в скулах, суживалось вверх, ко лбу, а внизу переходило в густую серебряную бороду заступом и таким образом имело форму большого, тяжелого ромба. Брови были седые, лохматые, грозные. Говорил он почти не повышая тона, но каждый звук его необыкновенного, знаменитого в дивизии голоса - голоса, которым он, кстати сказать, сделал всю свою служебную карьеру, - был ясно слышен в самых дальних местах обширного плаца и даже по шоссе.

- Ты кто такой? - отрывисто спросил полковник, внезапно остановившись перед молодым солдатом Шарафутдиновым, стоявшим у гимнастического забора.

- Рядовой шестой роты Шарафутдинов, ваша высокоблагородия! старательно, хрипло крикнул татарин.

- Дурак! Я тебя спрашиваю, на какой пост ты наряжен?

Солдат, растерявшись от окрика и сердитого командирского вида, молчал и только моргал веками.

- Н-ну? - возвысил голос Шульгович.

- Который лицо часовой... неприкосновенно... - залепетал наобум татарин. - Не могу знать, ваша высокоблагородия, - закончил он вдруг тихо и решительно.

Полное лицо командира покраснело густым кирпичным старческим румянцем, а его кустистые брови гневно сдвинулись. Он обернулся вокруг себя и резко спросил:

- Кто здесь младший офицер?

Ромашов выдвинулся вперед и приложил руку к фуражке.

- Я, господин полковник.

- А-а! Подпоручик Ромашов. Хорошо вы, должно быть, занимаетесь с людьми. Колени вместе! - гаркнул вдруг Шульгович, выкатывая глаза. - Как стоите в присутствии своего полкового командира? Капитан Слива, ставлю вам на вид, что ваш субалтерн-офицер не умеет себя держать перед начальством при исполнении служебных обязанностей... Ты, собачья душа, - повернулся Шульгович к Шарафутдинову, - кто у тебя полковой командир?

- Не могу знать, - ответил с унынием, но поспешно и твердо татарин.

- У!.... Я тебя спрашиваю, кто твой командир полка? Кто - я? Понимаешь, я, я, я, я, я!.. - И Шульгович несколько раз изо всей силы ударил себя ладонью по груди.

- Не могу знать...

- ........ - ... - выругался полковник длинной, в двадцать слов, запутанной и циничной фразой. - Капитан Слива, извольте сейчас же поставить этого сукина сына под ружье с полной выкладкой. Пусть сгниет, каналья, под ружьем. Вы, подпоручик, больше о бабьих хвостах думаете, чем о службе-с. Вальсы танцуете? Поль де Коков читаете?.. Что же это - солдат, по-вашему? - ткнул он пальцем в губы Шарафутдинову. - Это - срам, позор, омерзение, а не солдат. Фамилию своего полкового командира не знает... У-д-дивляюсь вам, подпоручик!..

Ромашов глядел в седое, красное, раздраженное лицо и чувствовал, как у него от обиды и от волнения колотится сердце и темнеет перед глазами... И вдруг, почти неожиданно для самого себя, он сказал глухо:

- Это - татарин, господин полковник. Он ничего не понимает по-русски, и кроме того...

У Шульговича мгновенно побледнело лицо, запрыгали дряблые щеки и глаза сделались совсем пустыми и страшными.

- Что?! - заревел он таким неестественно оглушительным голосом, что еврейские мальчишки, сидевшие около шоссе на заборе, посыпались, как воробьи, в разные стороны. - Что? Разговаривать? Ма-ал-чать! Молокосос, прапорщик позволяет себе... Поручик Федоровский, объявите в сегодняшнем приказе о том, что я подвергаю подпоручика Ромашова домашнему аресту на четверо суток за непонимание воинской дисциплины. А капитану Сливе объявляю строгий выговор за то, что не умеет внушить своим младшим офицерам настоящих понятий о служебном долге.

Адъютант с почтительным и бесстрастным видом отдал честь. Слива, сгорбившись, стоял с деревянным, ничего не выражающим лицом и все время держал трясущуюся руку у козырька фуражки.

- Стыдно вам-с, капитан Слива-с, - ворчал Шульгович, постепенно успокаиваясь. - Один из лучших офицеров в полку, старый служака - и так распускаете молодежь. Подтягивайте их, жучьте их без стеснения. Нечего с ними стесняться. Не барышни, не размокнут...

Он круто повернулся и, в сопровождении адъютанта, пошел к коляске. И пока он садился, пока коляска повернула на шоссе и скрылась за зданием ротной школы, на плацу стояла робкая, недоумелая тишина.

- Эх, ба-тень-ка! - с презрением, сухо и недружелюбно сказал Слива несколько минут спустя, когда офицеры расходились по домам. - Дернуло вас разговаривать. Стояли бы и молчали, если уж бог убил. Теперь вот мне из-за вас в приказе выговор. И на кой мне черт вас в роту прислали? Нужны вы мне, как собаке пятая нога. Вам бы сиську сосать, а не...

Он не договорил, устало махнул рукой и, повернувшись спиной к молодому офицеру, весь сгорбившись, опустившись, поплелся домой, в свою грязную, старческую холостую квартиру. Ромашов поглядел ему вслед, на его унылую, узкую и длинную спину, и вдруг почувствовал, что в его сердце, сквозь горечь недавней обиды и публичного позора, шевелится сожаление к этому одинокому, огрубевшему, никем не любимому человеку, у которого во всем мире остались только две привязанности: строевая красота своей роты и тихое, уединенное ежедневное пьянство по вечерам - "до подушки", как выражались в полку старые запойные бурбоны.

И так как у Ромашова была немножко смешная, наивная привычка, часто свойственная очень молодым людям, думать о самом себе в третьем лице, словами шаблонных романов, то и теперь он произнес внутренне:

"Его добрые, выразительные глаза подернулись облаком грусти..."

## II

Солдаты разошлись повзводно на квартиры. Плац опустел. Ромашов некоторое время стоял в нерешимости на шоссе. Уже не в первый раз за полтора года своей офицерской службы испытывал он это мучительное сознание своего одиночества и затерянности среди чужих, недоброжелательных или равнодушных людей, - это тоскливое чувство незнания, куда девать сегодняшний вечер. Мысли о своей квартире, об офицерском собрании были ему противны. В собрании теперь пустота; наверно, два подпрапорщика играют на скверном, маленьком бильярде, пьют пиво, курят и над каждым шаром ожесточенно божатся и сквернословят; в комнатах стоит застарелый запах плохого кухмистерского обеда - скучно!..

"Пойду на вокзал, - сказал сам себе Ромашов. - Все равно".

В бедном еврейском местечке не было ни одного ресторана. Клубы, как военный, так и гражданский, находились в самом жалком, запущенном виде, и поэтому вокзал служил единственным местом, куда обыватели ездили частенько покутить и встряхнуться и даже поиграть в карты. Ездили туда и дамы к приходу пассажирских поездов, что служило маленьким разнообразием в глубокой скуке провинциальной жизни.

Ромашов любил ходить на вокзал по вечерам, к курьерскому поезду, который останавливался здесь в последний раз перед прусской границей. Со странным очарованием, взволнованно следил он, как к станции, стремительно выскочив из-за поворота, подлетал на всех парах этот поезд, состоявший всего из пяти новеньких, блестящих вагонов, как быстро росли и разгорались его огненные глаза, бросавшие вперед себя на рельсы светлые пятна, и как он, уже готовый проскочить станцию, мгновенно, с шипением и грохотом, останавливался - "точно великан, ухватившийся с разбега за скалу, - думал Ромашов. Из вагонов, сияющих насквозь веселыми праздничными огнями, выходили красивые, нарядные и выхоленные дамы в удивительных шляпах, в необыкновенно изящных костюмах, выходили штатские господа, прекрасно одетые, беззаботно самоуверенные, с громкими барскими голосами, с французским и немецким языком, с свободными жестами, с ленивым смехом. Никто из них никогда, даже мельком, не обращал внимания на Ромашова, но он видел в них кусочек какого-то недоступного, изысканного, великолепного мира, где жизнь - вечный праздник и торжество...

Проходило восемь минут. Звенел звонок, свистел паровоз, и сияющий поезд отходил от станции. Торопливо тушились огни на перроне и в буфете. Сразу наступали темные будни. И Ромашов всегда подолгу с тихой, мечтательной грустью следил за красным фонариком, который плавно раскачивался сзади последнего вагона, уходя во мрак ночи и становясь едва заметной искоркой.

"Пойду на вокзал", - подумал Ромашов. Но тотчас же он поглядел на свои калоши и покраснел от колючего стыда. Это были тяжелые резиновые калоши в полторы четверти глубиной, облепленные доверху густой, как тесто, черной грязью. Такие калоши носили все офицеры в полку. Потом он посмотрел на свою шинель, обрезанную, тоже ради грязи, по колени, с висящей внизу бахромой, с засаленными и растянутыми петлями, и вздохнул. На прошлой неделе, когда он проходил по платформе мимо того же курьерского поезда, он заметил высокую, стройную, очень красивую даму в черном платье, стоявшую в дверях вагона первого класса. Она была без шляпы, и Ромашов быстро, но отчетливо успел разглядеть ее тонкий, правильный нос, прелестные маленькие и полные губы и блестящие черные волнистые волосы, которые от прямого пробора посредине головы спускались вниз к щекам, закрывая виски, концы бровей и уши. Сзади нее, выглядывая из-за ее плеча, стоял рослый молодой человек в светлой паре, с надменным лицом и с усами вверх, как у императора Вильгельма, даже похожий несколько на Вильгельма. Дама тоже посмотрела на Ромашова, и, как ему показалось, посмотрела пристально, со вниманием, и, проходя мимо нее, подпоручик подумал, по своему обыкновению: "Глаза прекрасной незнакомки с удовольствием остановились на стройной, худощавой фигуре молодого офицера". Но когда, пройдя десять шагов, Ромашов внезапно обернулся назад, чтобы еще раз встретить взгляд красивой дамы, он увидел, что и она и ее спутник с увлечением смеются, глядя ему вслед. Тогда Ромашов вдруг с поразительной ясностью и как будто со стороны представил себе самого себя, свои калоши, шинель, бледное лицо, близорукость, свою обычную растерянность и неловкость, вспомнил свою только что сейчас подуманную красивую фразу и покраснел мучительно, до острой боли, от нестерпимого стыда. И даже теперь, идя один в полутьме весеннего вечера, он опять еще раз покраснел от стыда за этот прошлый стыд.

- Нет, куда уж на вокзал, - прошептал с горькой безнадежностью Ромашов. - Похожу немного, а потом домой...

Было начало апреля. Сумерки сгущались незаметно для глаза. Тополи, окаймлявшие шоссе, белые, низкие домики с черепичными крышами по сторонам дороги, фигуры редких прохожих - все почернело, утратило цвета и перспективу; все предметы обратились в черные плоские силуэты, но очертания их с прелестной четкостью стояли в смуглом воздухе. На западе за городом горела заря. Точно в жерло раскаленного, пылающего жидким золотом вулкана сваливались тяжелые сизые облака и рдели кроваво-красными, и янтарными, и фиолетовыми огнями. А над вулканом поднималось куполом вверх, зеленея бирюзой и аквамарином, кроткое вечернее весеннее небо.

Медленно идя по шоссе, с трудом волоча ноги в огромных калошах, Ромашов неотступно глядел на этот волшебный пожар. Как и всегда, с самого детства, ему чудилась за яркой вечерней зарей какая-то таинственная, светозарная жизнь. Точно там, далеко-далеко за облаками и за горизонтом, пылал под невидимым отсюда солнцем чудесный, ослепительно-прекрасный город, скрытый от глаз тучами, проникнутыми внутренним огнем. Там сверкали нестерпимым блеском мостовые из золотых плиток, возвышались причудливые купола и башни с пурпурными крышами, сверкали брильянты в окнах, трепетали в воздухе яркие разноцветные флаги. И чудилось, что в этом далеком и сказочном городе живут радостные, ликующие люди, вся жизнь которых похожа на сладкую музыку, у которых даже задумчивость, даже грусть - очаровательно нежны и прекрасны. Ходят они по сияющим площадям, по тенистым садам, между цветами и фонтанами, ходят, богоподобные, светлые, полные неописуемой радости, не знающие преград в счастии и желаниях, не омраченные ни скорбью, ни стыдом, ни заботой...

Неожиданно вспомнилась Ромашову недавняя сцена на плацу, грубые крики полкового командира, чувство пережитой обиды, чувство острой и в то же время мальчишеской неловкости перед солдатами. Всего больнее было для него то, что на него кричали совсем точно так же, как и он иногда кричал на этих молчаливых свидетелей его сегодняшнего позора, и в этом сознании было что-то уничтожавшее разницу положений, что-то принижавшее его офицерское и, как он думал, человеческое достоинство.

И в нем тотчас же, точно в мальчике, - в нем и в самом деле осталось еще много ребяческого, - закипели мстительные, фантастические, опьяняющие мечты. "Глупости! Вся жизнь передо мной! - думал Ромашов, и, в увлечении своими мыслями, он зашагал бодрее и задышал глубже. - Вот, назло им всем, завтра же с утра засяду за книги, подготовлюсь и поступлю в академию. Труд! О, трудом можно сделать все, что захочешь. Взять только себя в руки. Буду зубрить, как бешеный... И вот, неожиданно для всех, я выдерживаю блистательно экзамен. И тогда наверно все они скажут: "Что же тут такого удивительного? Мы были заранее в этом уверены. Такой способный, милый, талантливый молодой человек".

И Ромашов поразительно живо увидел себя ученым офицером генерального штаба, подающим громадные надежды... Имя его записано в академии на золотую доску. Профессора сулят ему блестящую будущность, предлагают остаться при академии, но - нет - он идет в строи. Надо отбывать срок командования ротой. Непременно, уж непременно в своем полку. Вот он приезжает сюда - изящный, снисходительно-небрежный, корректный и дерзко-вежливый, как те офицеры генерального штаба, которых он видел на прошлогодних больших маневрах и на съемках. От общества офицеров он сторонится. Грубые армейские привычки, фамильярность, карты, попойки нет, это не для него: он помнит, что здесь только этап на пути его дальнейшей карьеры и славы.

Вот начались маневры. Большой двухсторонний бой. Полковник Шульгович не понимает диспозиции, путается, суетит людей и сам суетится, - ему уже делал два раза замечание через ординарцев командир корпуса. "Ну, капитан, выручайте, - обращается он к Ромашову. - Знаете, по старой дружбе. Помните, хе-хе-хе, как мы с вами ссорились! Уж, пожалуйста". Лицо сконфуженное и заискивающее. Но Ромашов, безукоризненно отдавая честь и подавшись вперед на седле, отвечает с спокойно-высокомерным видом: "Виноват, господин полковник... Это - ваша обязанность распоряжаться передвижениями полка. Мое дело - принимать приказания и исполнять их..." А уж от командира корпуса летит третий ординарец с новым выговором.

Блестящий офицер генерального штаба Ромашов идет все выше и выше по пути служебной карьеры... Вот вспыхнуло возмущение рабочих на большом сталелитейном заводе. Спешно вытребована рота Ромашова. Ночь, зарево пожара, огромная воющая толпа, летят камни... Стройный, красивый капитан выходит вперед роты. Это - Ромашов. "Братцы, - обращается он к рабочим, в третий и последний раз предупреждаю, что буду стрелять!.." Крики, свист, хохот... Камень ударяет в плечо Ромашову, но его мужественное, открытое лицо остается спокойным. Он поворачивается назад, к солдатам, у которых глаза пылают гневом, потому что обидели их обожаемого начальника. "Прямо по толпе, пальба ротою... Рота-а, пли!.." Сто выстрелов сливаются в один... Рев ужаса. Десятки мертвых и раненых валятся в кучу... Остальные бегут в беспорядке, некоторые становятся на колени, умоляя о пощаде. Бунт усмирен. Ромашова ждет впереди благодарность начальства и награда за примерное мужество.

А там война... Нет, до войны лучше Ромашов поедет военным шпионом в Германию. Изучит немецкий язык до полного совершенства и поедет. Какая упоительная отвага! Один, совсем один, с немецким паспортом в кармане, с шарманкой за плечами. Обязательно с шарманкой. Ходит из города в город, вертит ручку шарманки, собирает пфенниги, притворяется дураком и в то же время потихоньку снимает планы укреплений, складов, казарм, лагерей. Кругом вечная опасность. Свое правительство отступилось от него, он вне законов. Удастся ему достать ценные сведения - у него деньги, чины, положение, известность, нет - его расстреляют без суда, без всяких формальностей, рано утром во рву какого-нибудь косого капонира. Вот ему сострадательно предлагают завязать глаза косынкой, но он с гордостью швыряет ее на землю. "Разве вы думаете, что настоящий офицер боится поглядеть в лицо смерти?" Старый полковник говорит участливо: "Послушайте, вы молоды, мой сын в таком же возрасте, как и вы. Назовите вашу фамилию, назовите только вашу национальность, и мы заменим вам смертную казнь заключением". Но Ромашов перебивает его с холодной вежливостью: "Это напрасно, полковник, благодарю вас. Делайте свое дело". Затем он обращается ко взводу стрелков. "Солдаты, - говорит он твердым голосом, конечно, по-немецки, - прошу вас о товарищеской услуге: цельтесь в сердце!" Чувствительный лейтенант, едва скрывая слезы, машет белым платком. Залп...

Эта картина вышла в воображении такой живой и яркой, что Ромашов, уже давно шагавший частыми, большими шагами и глубоко дышавший, вдруг задрожал и в ужасе остановился на месте со сжатыми судорожно кулаками и бьющимся сердцем. Но тотчас же, слабо и виновато улыбнувшись самому себе в темноте, он съежился и продолжал путь.

Но скоро быстрые, как поток, неодолимые мечты опять овладели им. Началась ожесточенная, кровопролитная война с Пруссией и Австрией. Огромное поле сражения, трупы, гранаты, кровь, смерть! Это генеральный бой, решающий всю судьбу кампании. Подходят последние резервы, ждут с минуты на минуту появления в тылу неприятеля обходной русской колонны. Надо выдержать ужасный натиск врага, надо отстояться во что бы то ни стало. И самый страшный огонь, самые яростные усилия неприятеля направлены на Керенский полк. Солдаты дерутся, как львы, они ни разу не поколебались, хотя ряды их с каждой секундой тают под градом вражеских выстрелов. Исторический момент! Продержаться бы еще минуту, две - и победа будет вырвана у противника. Но полковник Шульгович в смятении; он храбр - это бесспорно, но его нервы не выдерживают этого ужаса. Он закрывает глаза, содрогается, бледнеет... Вот он уже сделал знак горнисту играть отступление, вот уже солдат приложил рожок к губам, но в эту секунду из-за холма на взмыленной арабской лошади вылетает начальник дивизионного штаба, полковник Ромашов. "Полковник, не сметь отступать! Здесь решается судьба России!.." Шульгович вспыхивает: "Полковник! Здесь я командую, и я отвечаю перед богом и государем! Горнист, отбой!" Но Ромашов уже выхватил из рук трубача рожок. "Ребята, вперед! Царь и родина смотрят на вас! Ура!" Бешено, с потрясающим криком ринулись солдаты вперед, вслед за Ромашовым. Все смешалось, заволоклось дымом, покатилось куда-то в пропасть. Неприятельские ряды дрогнули и отступают в беспорядке. А сзади их, далеко за холмами, уже блестят штыки свежей, обходной колонны. "Ура, братцы, победа!.."

Ромашов, который теперь уже не шел, а бежал, оживленно размахивая руками, вдруг остановился и с трудом пришел в себя. По его спине, по рукам и ногам, под одеждой, по голому телу, казалось, бегали чьи-то холодные пальцы, волосы на голове шевелились, глаза резало от восторженных слез. Он и сам не заметил, как дошел до своего дома, и теперь, очнувшись от пылких грез, с удивлением глядел на хорошо знакомые ему ворота, на жидкий фруктовый сад за ними и на белый крошечный флигелек в глубине сада.

- Какие, однако, глупости лезут в башку! - прошептал он сконфуженно. И его голова робко ушла в приподнятые кверху плечи.

## III

Придя к себе, Ромашов, как был, в пальто, не сняв даже шашки, лег на кровать и долго лежал, не двигаясь, тупо и пристально глядя в потолок. У него болела голова и ломило спину, а в душе была такая пустота, точно там никогда не рождалось ни мыслей, ни воспоминаний, ни чувств; не ощущалось даже ни раздражения, ни скуки, а просто лежало что-то большое, темное и равнодушное.

За окном мягко гасли грустные и нежные зеленоватые апрельские сумерки. В сенях тихо возился денщик, осторожно гремя чем-то металлическим.

"Вот странно, - говорил про себя Ромашов, - где-то я читал, что человек не может ни одной секунды не думать. А я вот лежу и ни о чем не думаю. Так ли это? Нет, я сейчас думал о том, что ничего не думаю, - значит, все-таки какое-то колесо в мозгу вертелось. И вот сейчас опять проверяю себя, стало быть, опять-таки думаю..."

И он до тех пор разбирался в этих нудных, запутанных мыслях, пока ему вдруг не стало почти физически противно: как будто у него под черепом расплылась серая, грязная паутина, от которой никак нельзя было освободиться. Он поднял голову с подушки и крикнул:

- Гайнан!..

В сенях что-то грохнуло и покатилось - должно быть, самоварная труба. В комнату ворвался денщик, так быстро и с таким шумом отворив и затворив дверь, точно за ним гнались сзади.

- Я, ваше благородие! - крикнул Гайнан испуганным голосом.

- От поручика Николаева никто не был?

- Никак нет, ваше благородие! - крикнул Гайнан.

Между офицером и денщиком давно уже установились простые,

доверчивые, даже несколько любовно-фамильярные отношения. Но когда дело доходило до казенных официальных ответов, вроде "точно так", "никак нет", "здравия желаю", "не могу знать", то Гайнан невольно выкрикивал их тем деревянным, сдавленным, бессмысленным криком, каким всегда говорят солдаты с офицерами в строю. Это была бессознательная привычка, которая въелась в него с первых дней его новобранства и, вероятно, засела на всю жизнь.

Гайнан был родом черемис, а по религии - идолопоклонник. Последнее обстоятельство почему-то очень льстило Ромашову. В полку между молодыми офицерами была распространена довольно наивная, мальчишеская, смехотворная игра: обучать денщиков разным диковинным, необыкновенным вещам. Веткин, например, когда к нему приходили в гости товарищи, обыкновенно спрашивал своего денщика-молдаванина: "А что, Бузескул, осталось у нас в погребе еще шампанское?" Бузескул отвечал на это совершенно серьезно: "Никак нет, ваше благородие, вчера изволили выпить последнюю дюжину". Другой офицер, подпоручик Епифанов, любил задавать своему денщику мудреные, пожалуй, вряд ли ему самому понятные вопросы. "Какого ты мнения, друг мой, - спрашивал он, - о реставрации монархического начала в современной Франции?" И денщик, не сморгнув, отвечал: "Точно так, ваше благородие, это выходит очень хорошо". Поручик Бобетинский учил денщика катехизису, и тот без запинки отвечал на самые удивительные, оторванные от всего вопросы: "Почему сие важно в-третьих?" - "Сие в-третьих не важно", или: "Какого мнения о сем святая церковь?" - "Святая церковь о сем умалчивает". У него же денщик декламировал с нелепыми трагическими жестами монолог Пимена из "Бориса Годунова". Распространена была также манера заставлять денщиков говорить по-французски: бонжур, мусье; бонн нюит, мусье; вуле ву дюте, мусье[1], - и все в том же роде, что придумывалось, как оттяжка, от скуки, от узости замкнутой жизни, от отсутствия других интересов, кроме служебных.

Ромашов часто разговаривал с Гайнаном о его богах, о которых, впрочем, сам черемис имел довольно темные и скудные понятия, а также, в особенности, о том, как он принимал присягу на верность престолу и родине. А принимал он присягу действительно весьма оригинально. В то время когда формулу присяги читал православным - священник, католикам - ксендз, евреям - раввин, протестантам, за неимением пастора - штабс-капитан Диц, а магометанам - поручик Бек-Агамалов, - с Гайнаном была совсем особая история. Подковой адъютант поднес поочередно ему и двум его землякам и единоверцам по куску хлеба с солью на острие шашки, и те, не касаясь хлеба руками, взяли его ртом и

[1] здравствуйте, сударь; доброй ночи, сударь; хотите чаю, сударь (фр.)

тут же съели. Символический смысл этого обряда, был, кажется, таков: вот я съел хлеб и соль на службе у нового хозяина, пусть же меня покарает железо, если я буду неверен. Гайнан, по-видимому, несколько гордился этим исключительным обрядом и охотно о нем вспоминал. А так как с каждым новым разом он вносил в свой рассказ все новые и новые подробности, то в конце концов у него получилась какая-то фантастическая, невероятно нелепая и вправду смешная сказка, весьма занимавшая Ромашова и приходивших к нему подпоручиков.

- Гайнан и теперь думал, что поручик сейчас же начнет с ним привычный разговор о богах и о присяге, и потому стоял и хитро улыбался в ожидании. Но Ромашов сказал вяло:

- Ну, хорошо... ступай себе...

- Суртук тебе новый приготовить, ваше благородие? - заботливо спросил Гайнан.

Ромашов молчал и колебался. Ему хотелось сказать - да... потом - нет, потом опять - да. Он глубоко, по-детски, в несколько приемов, вздохнул и ответил уныло:

- Нет уж, Гайнан... зачем уж... бог с ним... Давай, братец, самовар, да потом сбегаешь в собрание за ужином. Что уж!

"Сегодня нарочно не пойду, - упрямо, но бессильно подумал он. Невозможно каждый день надоедать людям, да и... вовсе мне там, кажется, не рады".

В уме это решение казалось твердым, но где-то глубоко и потаенно в душе, почти не проникая в сознание, копошилась уверенность, что он сегодня, как и вчера, как делал это почти ежедневно в последние три месяца, все-таки пойдет к Николаевым. Каждый день, уходя от них в двенадцать часов ночи, он, со стыдом и раздражением на собственную бесхарактерность, давал себе честное слово пропустить неделю или две, а то и вовсе перестать ходить к ним. И пока он шел к себе, пока ложился в постель, пока засыпал, он верил тому, что ему будет легко сдержать свое слово. Но проходила ночь, медленно и противно влачился день, наступал вечер, и его опять неудержимо тянуло в этот чистый, светлый дом, в уютные комнаты, к этим спокойным и веселым людям и, главное, к сладостному обаянию женской красоты, ласки и кокетства.

Ромашов сел на кровати. Становилось темно, но он еще хорошо видел всю свою комнату. О, как надоело ему видеть каждый день все те же убогие немногочисленные предметы его "обстановки". Лампа с розовым колпаком-тюльпаном на крошечном письменном столе, рядом с круглым, торопливо стучащим будильником и чернильницей в виде мопса; на стене вдоль кровати войлочный ковер с изображением тигра и верхового арапа с копьем; жиденькая этажерка с книгами в одном углу, а в другом фантастический силуэт виолончельного футляра; над единственным окном соломенная штора, свернутая в трубку; около двери простыня, закрывающая вешалку с платьем. У каждого холостого офицера, у каждого подпрапорщика были неизменно точно такие же вещи, за исключением, впрочем, виолончели; ее Ромашов взял из полкового оркестра, где она была совсем не нужна, но, не выучив даже мажорной гаммы, забросил и ее и музыку еще год тому назад.

Год тому назад с небольшим Ромашов, только что выйдя из военного училища, с наслаждением и гордостью обзаводился этими пошлыми предметами. Конечно - своя квартира, собственные вещи, возможность покупать, выбирать по своему усмотрению, устраиваться по своему вкусу - все это наполняло самолюбивым восторгом душу двадцатилетнего мальчика, вчера только сидевшего на ученической скамейке и ходившего к чаю и завтраку в строю, вместе с товарищами. И как много было надежд и планов в то время, когда покупались эти жалкие предметы роскоши!.. Какая строгая программа жизни намечалась! В первые два года - основательное знакомство с классической литературой, систематическое изучение французского и немецкого языков, занятия музыкой. В последний год - подготовка к академии. Необходимо было следить за общественной жизнью, за литературой и наукой, и для этого Ромашов подписался на газету и на ежемесячный популярный журнал. Для самообразования были приобретены: "Психология" Вундта, "Физиология" Льюиса, "Самодеятельность" Смайльса...

И вот книги лежат уже девять месяцев на этажерке, и Гайнан забывает сметать с них пыль, газеты с неразорванными бандеролями валяются под письменным столом, журнал больше не высылают за невзнос очередной полугодовой платы, а сам подпоручик Ромашов пьет много водки в собрании, имеет длинную, грязную и скучную связь с полковой дамой, с которой вместе обманывает ее чахоточного и ревнивого мужа, играет в штосе и все чаще и чаще тяготится и службой, и товарищами, и собственной жизнью.

- Виноват, ваше благородие! - крикнул денщик, внезапно с грохотом выскочив из сеней. Но тотчас же он заговорил совершенно другим, простым и добродушным тоном: - Забыл сказать. Тебе от барыни Петерсон письма пришла. Денщик принес, велел тебе ответ писать.

Ромашов, поморщившись, разорвал длинный, узкий розовый конверт, на углу которого летел голубь с письмом в клюве.

- Зажги лампу, Гайнан, - приказал он денщику.

"Милый, дорогой, усатенький Жоржик, - читал Ромашов хорошо знакомые ему, катящиеся вниз, неряшливые строки. - Ты не был у нас вот уже целую неделю, и я так за тобой скучилась, что всю прошлую ночь проплакала. Помни одно, что если ты хочешь с меня смеяться, то я этой измены не перенесу. Один глоток с пузырька с морфием, и я перестану навек страдать, а тебя сгрызет совесть. Приходи непременно сегодня в 7 1/2 часов вечера. Его не будет дома, он будет на тактических занятиях, и я тебя крепко, крепко, крепко расцелую, как только смогу. Приходи же. Целую тебя 1.000.000.000... раз. Вся твоя Раиса.

P.S. Помнишь ли, милая, ветки могучие

Ивы над этой рекой,

Ты мне дарила лобзания жгучие,

Их разделял я с тобой.

P.P.S. Вы непременно, непременно должны быть в собрании на вечере в следующую субботу. Я вас заранее приглашаю на 3-ю кадриль. По значению!!!!!!

Д.Р."

От письма пахло знакомыми духами - персидской сиренью; капли этих духов желтыми пятнами засохли кое-где на бумаге, и под ними многие буквы расплылись в разные стороны. Этот приторный запах, вместе с пошло-игривым тоном письма, вместе с выплывшим в воображении рыжеволосым, маленьким, лживым лицом, вдруг поднял в Ромашове нестерпимое отвращение. Он со злобным наслаждением разорвал письмо пополам, потом сложил и разорвал на четыре части, и еще, и еще, и когда, наконец, рукам стало трудно рвать, бросил клочки под стол, крепко стиснув и оскалив зубы. И все-таки Ромашов в эту секунду успел по своей привычке подумать о самом себе картинно в третьем лице:

"И он рассмеялся горьким, презрительным смехом".

Вместе с тем он сейчас же понял, что непременно пойдет к Николаевым. "Но это уж в самый, самый последний раз!" - пробовал он обмануть самого себя. И ему сразу стало весело и спокойно:

- Гайнан, одеваться!

Он с нетерпением умылся, надел новый сюртук, надушил чистый носовой платок цветочным одеколоном. Но когда он, уже совсем одетый, собрался выходить, его неожиданно остановил Гайнан.

- Ваше благородие! - сказал черемис необычным мягким и просительным тоном и вдруг затанцевал на месте. Он всегда так танцевал, когда сильно волновался или смущался чем-нибудь: выдвигал то одно, то другое колено вперед, поводил плечами, вытягивал и прямил шею и нервно шевелил пальцами опущенных рук.

- Что тебе еще?

- Ваше благородие, хочу тебе, поджаласта, очень попросить. Подари мне белый господин.

- Что такое? Какой белый господин?

- А который велел выбросить. Вот этот, вот...

Он показал пальцем за печку, где стоял на полу бюст Пушкина, приобретенный как-то Ромашовым у захожего разносчика. Этот бюст, кстати, изображавший, несмотря на надпись на нем, старого еврейского маклера, а не великого русского поэта, был так уродливо сработан, так засижен мухами и так намозолил Ромашову глаза, что он действительно приказал на днях Гайнану выбросить его на двор.

- Зачем он тебе? - спросил подпоручик смеясь. - Да бери, сделай милость, бери. Я очень рад. Мне не нужно. Только зачем тебе?

Гайнан молчал и переминался с ноги на ногу.

- Ну, да ладно, бог с тобой, - сказал Ромашов. - Только ты знаешь, кто это?

Гайнан ласково и смущенно улыбнулся и затанцевал пуще прежнего.

- Я не знай... - И утер рукавом губы.

- Не знаешь - так знай. Это - Пушкин. Александр Сергеич Пушкин. Понял? Повтори за мной: Александр Сергеич...

- Бесиев, - повторил решительно Гайнан.

- Бесиев? Ну, пусть будет Бесиев, - согласился Ромашов. - Однако я ушел. Если придут от Петерсонов, скажешь, что подпоручик ушел, а куда неизвестно. Понял? А если что-нибудь по службе, то беги за мной на квартиру поручика Николаева. Прощай, старина!.. Возьми из собрания мой ужин, и можешь его съесть.

Он дружелюбно хлопнул по плечу черемиса, который в ответ молча улыбнулся ему широко, радостно и фамильярно.

## IV

На дворе стояла совершенно черная, непроницаемая ночь, так что сначала Ромашову приходилось, точно слепому, ощупывать перед собой дорогу. Ноги его в огромных калошах уходили глубоко в густую, как рахат-лукум, грязь и вылезали оттуда со свистом и чавканьем. Иногда одну из калош засасывало так сильно, что из нее выскакивала нога, и тогда Ромашову приходилось, балансируя на одной ноге, другой ногой впотьмах наугад отыскивать исчезнувшую калошу.

Местечко точно вымерло, даже собаки не лаяли. Из окон низеньких белых домов кое-где струился туманными прямыми полосами свет и длинными косяками ложился на желто-бурую блестящую землю. Но от мокрых и липких заборов, вдоль которых все время держался Ромашов, от сырой коры тополей, от дорожной грязи пахло чем-то весенним, крепким, счастливым, чем-то бессознательно и весело раздражающим. Даже сильный ветер, стремительно носившийся по улицам, дул по-весеннему неровно, прерывисто, точно вздрагивая, путаясь и шаля.

Перед домом, который занимали Николаевы, подпоручик остановился, охваченный минутной слабостью и колебанием. Маленькие окна были закрыты плотными коричневыми занавесками, но за ними чувствовался ровный, яркий свет. В одном месте портьера загнулась, образовав длинную, узкую щель. Ромашов припал головой к стеклу, волнуясь и стараясь дышать как можно тише, точно его могли услышать в комнате.

Он увидел лицо и плечи Александры Петровны, сидевшей глубоко и немного сгорбившись на знакомом диване из зеленого рипса. По этой позе и по легким движениям тела, по опущенной низко голове видно было, что она занята рукодельем.

Вот она внезапно выпрямилась, подняла голову кверху и глубоко передохнула... Губы ее шевелятся... "Что она говорит? - думал Ромашов. Вот улыбнулась. Как это странно - глядеть сквозь окно на говорящего человека и не слышать его!"

Улыбка внезапно сошла с лица Александры Петровны, лоб нахмурился. Опять быстро, с настойчивым выражением зашевелились губы, и вдруг опять улыбка шаловливая и насмешливая. Вот покачала головой медленно и отрицательно. "Может быть, это про меня?" - робко подумал Ромашов. Чем-то тихим, чистым, беспечно-спокойным веяло на него от этой молодой женщины, которую он рассматривал теперь, точно нарисованную на какой-то живой, милой давно знакомой картине. "Шурочка!" - прошептал Ромашов нежно.

Александра Петровна неожиданно подняла лицо от работы и быстро, с тревожным выражением повернула его к окну. Ромашову показалось, что она смотрит прямо ему в глаза. У него от испуга сжалось и похолодело сердце, и он поспешно отпрянул за выступ стены. На одну минуту ему стало совестно. Он уже почти готов был вернуться домой, но преодолел себя и через калитку прошел в кухню.

В то время как денщик Николаевых снимал с него грязные калоши и очищал ему кухонной тряпкой сапоги, а он протирал платком запотевшие в тепле очки, поднося их вплотную к близоруким глазам, из гостиной послышался звонкий голос Александры Петровны:

- Степан, это приказ принесли?

"Это она нарочно! - подумал, точно казня себя, подпоручик. - Знает ведь, что я всегда в такое время прихожу".

- Нет, это я, Александра Петровна! - крикнул он в дверь фальшивым голосом.

- А! Ромочка! Ну, входите, входите. Чего вы там застряли? Володя, это Ромашов пришел.

Ромашов вошел, смущенно и неловко сгорбившись и без нужды потирая руки.

- Воображаю, как я вам надоел, Александра Петровна.

Он сказал это, думая, что у него выйдет весело и развязно, но вышло неловко и, как ему тотчас же показалось, страшно неестественно.

- Опять за глупости! - воскликнула Александра Петровна.- Садитесь, будем чай пить.

Глядя ему в глаза внимательно и ясно, она, по обыкновению энергично пожала своей маленькой, теплой и мягкой рукой его холодную руку.

Николаев сидел спиной к ним, у стола, заваленного книгами атласами и чертежами. Он в этом году должен был держать экзамен в академию генерального штаба и весь год упорно, без отдыха готовился к нему. Это был уже третий экзамен, так как два года подряд он проваливался.

Не оборачиваясь назад, глядя в раскрытую перед ним книгу, Николаев протянул Ромашову руку через плечо и сказал спокойным, густым голосом:

- Здравствуйте, Юрий Алексеич. Новостей нет? Шурочка! Дай ему чаю. Уж простите меня, я занят.

"Конечно, я напрасно пришел, - опять с отчаянием подумал Ромашов. - О, я дурак!"

- Нет, какие же новости... Центавр разнес в собрании подполковника Леха. Тот был совсем пьян, говорят. Везде в ротах требует рубку чучел... Епифана закатал под арест.

- Да? - рассеянно переспросил Николаев. - Скажите пожалуйста.

- Мне тоже влетело - на четверо суток... Одним словом; новости старые.

Ромашову казалось, что голос у него какой-то чужой и такой сдавленный, точно в горле что-то застряло. "Каким я, должно быть, кажусь жалким!" подумал он, но тотчас же успокоил себя тем обычным приемом, к которому часто прибегают застенчивые люди: "Ведь это всегда, когда конфузишься, то думаешь, что все это видят, а на самом деле только тебе это заметно, а другим вовсе нет".

Он сел на кресло рядом с Шурочкой, которая, быстро мелькая крючком, вязала какое-то кружево. Она никогда не сидела без дела, и все скатерти, салфеточки, абажуры и занавески в доме были связаны ее руками.

Ромашов осторожно взял пальцами нитку, шедшую от клубка к ее руке, и спросил:

- Как называется это вязанье?

- Гипюр. Вы в десятый раз спрашиваете.

Шурочка вдруг быстро, внимательно взглянула на подпоручика и так же быстро опустила глаза на вязанье. Но сейчас же опять подняла их и засмеялась.

- Да вы ничего, Юрий Алексеич... вы посидите и оправьтесь немного. "Оправьсь!" - как у вас командуют.

Ромашов вздохнул и покосился на могучую шею Николаева, резко белевшую над воротником серой тужурки.

- Счастливец Владимир Ефимыч, - сказал он. - Вот летом в Петербург поедет... в академию поступит.

- Ну, это еще надо посмотреть! - задорно, по адресу мужа, воскликнула Шурочка. - Два раза с позором возвращались в полк. Теперь уж в последний.

Николаев обернулся назад. Его воинственное и доброе лицо с пушистыми усами покраснело, а большие, темные, воловьи глаза сердито блеснули.

- Не болтай глупостей, Шурочка! Я сказал: выдержу - и выдержу. - Он крепко стукнул ребром ладони по столу. - Ты только сидишь и каркаешь. Я сказал!..

- Я сказал! - передразнила его жена и тоже, как и он, ударила маленькой смуглой ладонью по колену. - А ты вот лучше скажи-ка мне, каким условиям должен удовлетворять боевой порядок части? Вы знаете, - бойко и лукаво засмеялась она глазами Ромашову, - я ведь лучше его тактику знаю. Ну-ка, ты, Володя, офицер генерального штаба, - каким условиям?

- Глупости, Шурочка, отстань, - недовольно буркнул Николаев.

Но вдруг он вместе со стулом повернулся к жене, и в его широко раскрывшихся красивых и глуповатых глазах показалось растерянное недоумение, почти испуг.

- Постой, девочка, а ведь я и в самом деле не все помню. Боевой порядок? Боевой порядок должен быть так построен, чтобы он как можно меньше терял от огня, потом, чтобы было удобно командовать... Потом... постой...

- За постой деньги платят, - торжествующе перебила Шурочка.

И она заговорила скороговоркой, точно первая ученица, опустив веки и покачиваясь:

- Боевой порядок должен удовлетворять следующим условиям: поворотливости, подвижности, гибкости, удобству командования, приспособляемости к местности; он должен возможно меньше терпеть от огня, легко свертываться и развертываться и быстро переходить в походный порядок... Все!..

Она открыла глаза, с трудом перевела дух и, обратив смеющееся, подвижное лицо к Ромашову, спросила:

- Хорошо?

- Черт, какая память! - завистливо, но с восхищением произнес Николаев, углубляясь в свои тетрадки.

- Мы ведь все вместе, - пояснила Шурочка. - Я бы хоть сейчас выдержала экзамен. Самое главное, - она ударила по воздуху вязальным крючком, самое главное - система. Наша система - это мое изобретение, моя гордость. Ежедневно мы проходим кусок из математики, кусок из военных наук - вот артиллерия мне, правда, не дается: все какие-то противные формулы, особенно в баллистике, - потом кусочек из уставов. Затем через день оба языка и через день география с историей.

- А русский? - спросил Ромашов из вежливости.

- Русский? Это - пустое. Правописание по Гроту мы уже одолели. А сочинения ведь известно какие. Одни и те же каждый год. "Para pacem, para bellum"[2]. "Характеристика Онегина в связи с его эпохой"...

И вдруг, вся оживившись, отнимая из рук подпоручика нитку как бы для того, чтобы его ничто не развлекало, она страстно заговорила о том, что составляло весь интерес, всю главную суть ее теперешней жизни.

- Я не могу, не могу здесь оставаться, Ромочка! Поймите меня! Остаться здесь - это значит опуститься, стать полковой дамой, ходить на ваши дикие вечера, сплетничать, интриговать и злиться по поводу разных суточных и прогонных... каких-то грошей!.. бррр... устраивать поочередно с приятельницами эти пошлые "балки", играть в винт... Вот, вы говорите, у нас уютно. Да посмотрите же, ради бога, на это мещанское благополучие! Эти филе и гипюрчики - я их сама связала, это платье, которое я сама переделывала, этот омерзительный мохнатенький ковер из кусочков... все это гадость, гадость! Поймите же, милый Ромочка, что мне нужно общество, большое, настоящее общество, свет, музыка, поклонение, тонкая лесть, умные собеседники. Вы знаете, Володя пороху не выдумает, но он честный, смелый, трудолюбивый человек. Пусть он только пройдет в генеральный штаб, и клянусь - я ему сделаю блестящую карьеру. Я знаю языки, я сумею себя держать в каком угодно обществе, во мне есть - я не знаю, как это выразить, - есть такая гибкость души, что я всюду найдусь, ко всему сумею приспособиться... Наконец, Ромочка, поглядите на меня, поглядите внимательно. Неужели я уж так неинтересна как человек и некрасива как женщина, чтобы мне всю жизнь киснуть в этой трущобе, в этом гадком местечке, которого нет ни на одной географической карте!

И она, поспешно закрыв лицо платком, вдруг расплакалась злыми, самолюбивыми, гордыми слезами.

Муж, обеспокоенный, с недоумевающим и растерянным видом, тотчас же подбежал к ней. Но Шурочка уже успела справиться с собой и отняла

---

[2] "Если хочешь мира, готовься к войне" (лат.)

платок от лица. Слез больше не было, хотя глаза ее еще сверкали злобным, страстным огоньком,

- Ничего, Володя, ничего, милый, - отстранила она его рукой.

И, уже со смехом обращаясь к Ромашову и опять отнимая у него из рук нитку, она спросила с капризным и кокетливым смехом:

- Отвечайте же, неуклюжий Ромочка, хороша я или нет? Если женщина напрашивается на комплимент, то не ответить ей - верх невежливости!

- Шурочка, ну как тебе не стыдно, - рассудительно произнес с своего места Николаев.

Ромашов страдальчески-застенчиво улыбнулся, но вдруг ответил чуть-чуть задрожавшим голосом, серьезно и печально:

- Очень красивы!..

Шурочка крепко зажмурила глаза и шаловливо затрясла головой, так что разбившиеся волосы запрыгали у нее по лбу.

- Ро-омочка, какой вы смешно-ой! - пропела она тоненьким детским голоском.

А подпоручик, покраснев, подумал про себя, по обыкновению: "Его сердце было жестоко разбито..."

Все помолчали. Шурочка быстро мелькала крючком. Владимир Ефимович, переводивший на немецкий язык фразы из самоучителя Туссена и Лангеншейдта, тихонько бормотал их себе под нос. Слышно было, как потрескивал и шипел огонь в лампе, прикрытой желтым шелковым абажуром в виде шатра. Ромашов опять завладел ниткой и потихоньку, еле заметно для самого себя, потягивал ее из рук молодой женщины. Ему доставляло тонкое и нежное наслаждение чувствовать, как руки Шурочки бессознательно сопротивлялись его осторожным усилиям. Казалось, что какой-то таинственный, связывающий и волнующий ток струился по этой нитке.

В то же время он сбоку, незаметно, но неотступно глядел на ее склоненную вниз голову и думал, едва-едва шевеля губами, произнося слова внутри себя, молчаливым шепотом, точно ведя с Шурочкой интимный и чувственный разговор:

"Как она смело спросила; хороша ли я? О! Ты прекрасна! Милая! Вот я сижу и гляжу на тебя - какое счастье! Слушай же: я расскажу тебе, как ты красива. Слушай. У тебя бледное и смуглое лицо. Страстное лицо. И на нем красные, горящие губы - как они должны целовать! - и глаза, окруженные желтоватой тенью... Когда ты смотришь прямо, то белки твоих глаз чуть-чуть голубые, а в больших зрачках мутная, глубокая синева. Ты не брюнетка, но в тебе есть что-то цыганское. Но зато твои волосы так чисты и тонки и сходятся сзади в узел с таким аккуратным, наивным и деловитым выражением, что хочется тихонько потрогать их пальцами. Ты маленькая, ты легкая, я бы поднял тебя на руки, как ребенка. Но ты гибкая и сильная, у тебя грудь, как у девушки, и ты вся - порывистая, подвижная. На левом ухе, внизу, у тебя маленькая родинка, точно след от сережки, - это прелестно!.."

- Вы не читали в газетах об офицерском поединке? - спросила вдруг Шурочка.

Ромашов встрепенулся и с трудом отвел от нее глаза.

- Нет, не читал. Но слышал. А что?

- Конечно, вы, по обыкновению, ничего не читаете. Право, Юрий Алексеевич, вы опускаетесь. По-моему, вышло что-то нелепое. Я понимаю: поединки между офицерами - необходимая и разумная вещь. - Шурочка убедительно прижала вязанье к груди. - Но зачем такая бестактность? Подумайте: один поручик оскорбил другого. Оскорбление тяжелое, и общество офицеров постановляет поединок. Но дальше идет чепуха и глупость. Условия - прямо вроде смертной казни: пятнадцать шагов дистанции и драться до тяжелой раны... Если оба противника стоят на ногах, выстрелы возобновляются. Но ведь это - бойня, это... я не знаю что! Но, погодите, это только цветочки. На место дуэли приезжают все офицеры полка, чуть ли даже не полковые дамы, и даже где-то в кустах помещается фотограф. Ведь это ужас, Ромочка! И несчастный подпоручик, фендрик, как говорит Володя, вроде вас, да еще вдобавок обиженный, а не обидчик, получает после третьего выстрела страшную рану в живот и к вечеру умирает в мучениях. А у него, оказывается, была старушка мать и сестра, старая барышня, которые с ним жили, вот как у нашего Михина... Да послушайте же: для чего, кому нужно было делать из поединка такую кровавую буффонаду? И это, заметьте, на самых первых порах, сейчас же после разрешения поединков. И вот поверьте мне, поверьте! - воскликнула Шурочка, сверкая загоревшимися глазами, - сейчас же сентиментальные противники офицерских дуэлей, - о, я знаю этих презренных либеральных трусов! - сейчас же они загалдят: "Ах, варварство! Ах, пережиток диких времен! Ах, братоубийство!"

- Однако вы кровожадны, Александра Петровна! - вставил Ромашов.

- Не кровожадна, - нет! - резко возразила она. - Я жалостлива. Я жучка, который мне щекочет шею, сниму и постараюсь не сделать ему больно. Но, попробуйте понять, Ромашов, здесь простая логика. Для чего офицеры? Для войны. Что для войны раньше всего требуется? Смелость, гордость, уменье не сморгнуть перед смертью. Где эти качества всего ярче проявляются в мирное время? В дуэлях. Вот и все. Кажется, ясно. Именно не французским офицерам необходимы поединки, - потому что понятие о чести, да еще преувеличенное, в крови у каждого француза, - не немецким, - потому что от рождения все немцы порядочны и дисциплинированны, - а нам, нам, нам! Тогда у нас не будет в офицерской среде карточных шулеров, как Арчаковский, или беспросыпных пьяниц, вроде вашего Назанского; тогда само собой выведется амикошонство, фамильярное зубоскальство в собрании, при прислуге, это ваше взаимное сквернословие, пускание в голову друг другу графинов, с целью все-таки не попасть, а промахнуться. Тогда вы не будете за глаза так поносить друг друга. У офицера каждое слово должно быть взвешено. Офицер это образец корректности. И потом, что за нежности: боязнь выстрела! Ваша профессия - рисковать жизнью. Ах, да что!

Она капризно оборвала свою речь и с сердцем ушла в работу. Опять стало тихо.

- Шурочка, как перевести по-немецки - соперник? - спросил Николаев, подымая голову от книги.

- Соперник? - Шурочка задумчиво потрогала крючком пробор своих мягких волос. - А скажи всю фразу.

- Тут сказано... сейчас, сейчас... Наш заграничный соперник...

- Unser auslandischer Nebenbuhler, - быстро, тотчас же перевела Шурочка.

- Унзер, - повторил шепотом Ромашов, мечтательно заглядевшись на огонь лампы. "Когда ее что-нибудь взволнует, - подумал он, - то слова у нее вылетают так стремительно, звонко и отчетливо, точно сыплется дробь на серебряный поднос". Унзер - какое смешное слово... Унзер, унзер, унзер...

- Что вы шепчете, Ромочка? - вдруг строго спросила Александра Петровна. - Не смейте бредить в моем присутствии.

Он улыбнулся рассеянной улыбкой.

- Я не брежу... Я все повторял про себя: унзер, унзер. Какое смешное слово...

- Что за глупости... Унзер? Отчего смешное?

- Видите ли... - Он затруднялся, как объяснить свою мысль. - Если долго повторять какое-нибудь одно слово и вдумываться в него, то оно вдруг потеряет смысл и станет таким... как бы вам сказать?..

- Ах, знаю, знаю! - торопливо и радостно перебила его Шурочка. - Но только это теперь не так легко делать, а вот раньше, в детстве, - ах как это было забавно!..

- Да, да, именно в детстве. Да.

- Как же, я отлично помню. Даже помню слово, которое меня особенно поражало: "может быть". Я все качалась с закрытыми глазами и твердила: "Может быть, может быть..." И вдруг - совсем позабывала, что оно значит, потом старалась - и не могла вспомнить. Мне все казалось, будто это какое-то коричневое, красноватое пятно с двумя хвостиками. Правда ведь?

Ромашов с нежностью поглядел на нее.

- Как это странно, что у нас одни и те же мысли, - сказал он тихо. - А унзер, понимаете, это что-то высокое-высокое, что-то худощавое и с жалом. Вроде как какое-то длинное, тонкое насекомое, и очень злое.

- Унзер? - Шурочка подняла голову и, прищурясь, посмотрела вдаль, в темный угол комнаты, стараясь представить себе то, о чем говорил Ромашов. - Нет, погодите: это что-то зеленое, острое. Ну да, ну да, конечно же насекомое! Вроде кузнечика, только противнее и злее... Фу, какие мы с вами глупые, Ромочка.

- А то вот еще бывает, - начал таинственно Ромашов, - и опять-таки в детстве это было гораздо ярче. Произношу я какое-нибудь слово и стараюсь тянуть его как можно дольше. Растягиваю бесконечно каждую букву. И вдруг на один момент мне сделается так странно, странно, как будто бы все вокруг меня исчезло. И тогда мне делается удивительно, что это я говорю, что я живу, что я думаю.

- О, я тоже это знаю! - весело подхватила Шурочка. - Но только не так. Я, бывало, затаиваю дыхание, пока хватит сил, и думаю: вот я не дышу, и теперь еще не дышу, и вот до сих пор, и до сих, и до сих... И тогда наступало это странное. Я чувствовала, как мимо меня проходило время. Нет, это не то: может быть, вовсе времени не было. Это нельзя объяснить.

Ромашов глядел на нее восхищенными глазами и повторял глухим, счастливым, тихим голосом:

- Да, да... этого нельзя объяснить... Это странно... Это необъяснимо...

- Ну, однако, господа психологи, или как вас там, довольно, пора ужинать, - сказал Николаев, вставая со стула.

От долгого сиденья у него затекли ноги и заболела спина. Вытянувшись во весь рост, он сильно потянулся вверх руками и выгнул грудь, и все его большое, мускулистое тело захрустело в суставах от этого мощного движения.

В крошечной, но хорошенькой столовой, ярко освещенной висячей фарфоровой матово-белой лампой, была накрыта холодная закуска. Николаев не пил, но для Ромашова был поставлен графинчик с водкой. Собрав свое милое лицо в брезгливую гримасу, Шурочка спросила небрежно, как она и часто спрашивала:

- Вы, конечно, не можете без этой гадости обойтись?

Ромашов виновато улыбнулся и от замешательства поперхнулся водкой и закашлялся.

- Как вам не совестно! - наставительно заметила хозяйка. - Еще и пить не умеете, а тоже... Я понимаю, вашему возлюбленному Назанскому простительно, он отпетый человек, но вам-то зачем? Молодой такой, славный, способный мальчик, а без водки не сядете за стол... Ну зачем? Это все Назанский вас портит.

Ее муж, читавший в это время только что принесенный приказ, вдруг воскликнул:

- Ах, кстати: Назанский увольняется в отпуск на один месяц по домашним обстоятельствам. Тю-тю-у! Это значит - запил. Вы, Юрий Алексеич, наверно, его видели? Что он, закурил?

Ромашов смущенно заморгал веками.

- Нет, я-не заметил. Впрочем, кажется, пьет...

- Ваш Назанский - противный! - с озлоблением, сдержанным низким голосом сказала Шурочка. - Если бы от меня зависело, я бы этаких людей стреляла, как бешеных собак. Такие офицеры - позор для полка, мерзость!

Тотчас же после ужина Николаев, который ел так же много и усердно, как и занимался своими науками, стал зевать и, наконец, откровенно заметил:

- Господа, а что, если бы на минутку пойти поспать? "Соснуть", как говорилось в старых добрых романах.

- Это совершенно справедливо, Владимир Ефимыч, - подхватил Ромашов с какой-то, как ему самому показалось, торопливой и угодливой развязностью. В то же время, вставая из-за стола, он подумал уныло: "Да, со мной здесь не церемонятся. И только зачем я лезу?"

У него было такое впечатление, как будто Николаев с удовольствием выгоняет его из дому. Но тем не менее, прощаясь с ним нарочно раньше, чем с Шурочкой, он думал с наслаждением, что вот сию минуту он почувствует крепкое и ласкающее пожатие милой женской руки. Об этом он думал каждый раз уходя. И когда этот момент наступил, то он до такой степени весь ушел душой в это очаровательное пожатие, что не слышал, как Шурочка сказала ему:

- Вы, смотрите, не забывайте нас. Здесь вам всегда рады. Чем пьянствовать со своим Назанским, сидите лучше у нас. Только помните: мы с вами не церемонимся.

Он услышал эти слова в своем сознании и понял их, только выйдя на улицу.

- Да, со мной не церемонятся, - прошептал он с той горькой обидчивостью, к которой так болезненно склонны молодые и самолюбивые люди его возраста.

## V

Ромашов вышел на крыльцо. Ночь стала точно еще гуще, еще чернее и теплее. Подпоручик ощупью шел вдоль плетня, держась за него руками, и дожидался, пока его глаза привыкнут к мраку. В это время дверь, ведущая в кухню Николаевых, вдруг открылась, выбросив на мгновение в темноту большую полосу туманного желтого света. Кто-то зашлепал по грязи, и Ромашов услышал сердитый голос денщика Николаевых, Степана:

- Ходить, ходить кажын день. И чего ходить, черт его знает!..

А другой солдатский голос, незнакомый подпоручику, ответил равнодушно, вместе с продолжительным, ленивым зевком:

- Дела, братец ты мой... С жиру это все. Ну, прощевай, что ли, Степан.

- Прощай, Баулин. Заходи когда.

Ромашов прилип к забору. От острого стыда он покраснел, несмотря на темноту; все тело его покрылось сразу испариной, и точно тысячи иголок закололи его кожу на ногах и на спине. "Конечно! Даже денщики смеются", подумал он с отчаянием. Тотчас же ему припомнился весь сегодняшний вечер, и в разных словах, в тоне фраз, во взглядах, которыми обменивались хозяева, он сразу увидел много не замеченных им раньше мелочей, которые, как ему теперь казалось, свидетельствовали о небрежности и о насмешке, о нетерпеливом раздражении против надоедливого гостя.

- Какой позор, какой позор! - шептал подпоручик, не двигаясь с места. Дойти до того, что тебя едва терпят, когда ты приходишь... Нет, довольно. Теперь я уж твердо знаю, что довольно!

В гостиной у Николаевых потух огонь. "Вот они уже в спальне", - подумал Ромашов и необыкновенно ясно представил себе, как Николаевы, ложась спать, раздеваются друг при друге с привычным равнодушием и бесстыдством давно женатых людей и говорят о нем. Она в одной юбке причесывает перед зеркалом на ночь волосы. Владимир Ефимович сидит в нижнем белье на кровати, снимает сапог и, краснея от усилия, говорит сердито и сонно: "Мне, знаешь, Шурочка, твой Ромашов надоел вот до каких пор. Удивляюсь, чего ты с ним так возишься?" А Шурочка, не выпуская изо рта шпилек и не оборачиваясь, отвечает ему в зеркало недовольным тоном: "Вовсе он не мой, а твой!.."

Прошло еще пять минут, пока Ромашов, терзаемый этими мучительными и горькими мыслями, решился двинуться дальше. Мимо всего длинного плетня, ограждавшего дом Николаевых, он прошел крадучись, осторожно вытаскивая ноги из грязи, как будто его могли услышать и поймать на чем-то нехорошем. Домой идти ему не хотелось:

даже было жутко и противно вспоминать о своей узкой и длинной, об одном окне, комнате со всеми надоевшими до отвращения предметами. "Вот, назло ей, пойду к Назанскому, - решил он внезапно и сразу почувствовал в этом какое-то мстительное удовлетворение. - Она выговаривала мне за дружбу с Назанским, так вот же назло! И пускай!.."

Подняв глаза к небу и крепко прижав руку к груди, он с жаром сказал про себя: "Клянусь, клянусь, что я в последний раз приходил к ним. Не хочу больше испытывать такого унижения. Клянусь!"

И сейчас же, по своей привычке, прибавил мысленно:

"Его выразительные черные глаза сверкали решимостью и презрением!"

Хотя глаза у него были вовсе не черные, а самые обыкновенные желтоватые, с зеленым ободком.

Назанский снимал комнату у своего товарища, поручика Зегржта. Этот Зегржт был, вероятно, самым старым поручиком во всей русской армии, несмотря на безукоризненную службу и на участие в турецкой кампании. Каким-то роковым и необъяснимым образом ему не везло в чинопроизводстве. Он был вдов, с четырьмя маленькими детьми, и все-таки кое-как изворачивался на своем сорокавосьмирублевом жалованье. Он снимал большие квартиры и сдавал их по комнатам холостым офицерам, держал столовников, разводил кур и индюшек, умел как-то особенно дешево и заблаговременно покупать дрова. Детей своих он сам купал в корытцах, сам лечил их домашней аптечкой и сам шил им на швейной машине лифчики, панталончики и рубашечки. Еще до женитьбы Зегржт, как и очень многие холостые офицеры, пристрастился к ручным женским работам, теперь же его заставляла заниматься ими крутая нужда. Злые языки говорили про него, что он тайно, под рукой отсылает свои рукоделия куда-то на продажу.

Но все эти мелочные хозяйственные ухищрения плохо помогали Зегржту. Домашняя птица дохла от повальных болезней, комнаты пустовали, нахлебники ругались из-за плохого стола и не платили денег, и периодически, раза четыре в год, можно было видеть, как худой, длинный, бородатый Зегржт с растерянным потным лицом носился по городу в чаянии перехватить где-нибудь денег, причем его блинообразная фуражка сидела козырьком на боку, а древняя николаевская шинель, сшитая еще до войны, трепетала и развевалась у него за плечами наподобие крыльев.

Теперь у него в комнатах светился огонь, и, подойдя к окну, Ромашов увидел самого Зегржта. Он сидел у круглого стола под висячей лампой и, низко наклонив свою плешивую голову с измызганным, морщинистым и кротким лицом, вышивал красной бумагой какую-то полотняную вставку

- должно быть, грудь для малороссийской рубашки. Ромашов побарабанил в стекло. Зегржт вздрогнул, отложил работу в сторону и подошел к окну.

- Это я, Адам Иванович. Отворите-ка на секунду, - сказал Ромашов.

Зегржт влез на подоконник и просунул в форточку свой лысый лоб и свалявшуюся на один бок жидкую бороду.

- Это вы, подпоручик Ромашов? А что?

- Назанский дома?

- Дома, дома. Куда же ему идти? Ах, господи, - борода Зегржта затряслась в форточке, - морочит мне голову ваш Назанский. Второй месяц посылаю ему обеды, а он все только обещает заплатить. Когда он переезжал, я его убедительно просил, во избежание недоразумений...

- Да, да, да... это... в самом деле... - перебил рассеянно Ромашов. А, скажите, каков он? Можно его видеть?

- Думаю, можно... Ходит все по комнате. - Зегржт на секунду прислушался. - Вот и теперь ходит. Вы понимаете, я ему ясно говорил: во избежание недоразумений условимся, чтобы плата...

- Извините, Адам Иванович, я сейчас, - прервал его Ромашов. - Если позволите, я зайду в другой раз. Очень спешное дело...

Он прошел дальше и завернул за угол. В глубине палисадника, у Назанского горел огонь. Одно из окон было раскрыто настежь. Сам Назанский, без сюртука, в нижней рубашке, расстегнутой у ворота, ходи-л взад и вперед быстрыми шагами по комнате; его белая фигура и золотоволосая голова то мелькали в просветах окон, то скрывались за простенками. Ромашов перелез через забор палисадника и окликнул его.

- Кто это? - спокойно, точно он ожидал оклика, спросил Назанский, высунувшись наружу через подоконник. - А, это вы, Георгий Алексеич? Подождите: через двери вам будет далеко и темно. Лезьте в окно. Давайте вашу руку.

Комната у Назанского была еще беднее, чем у Ромашова. Вдоль стены у окна стояла узенькая, низкая, вся вогнувшаяся дугой кровать, такая тощая, точно на ее железках лежало всего одно только розовое пикейное одеяло; у другой стены - простой некрашеный стол и две грубых табуретки. В одном из углов комнаты был плотно пригнан, на манер кивота, узенький деревянный поставец. В ногах кровати помещался кожаный рыжий чемодан, весь облепленный железнодорожными бумажками. Кроме этих предметов, не считая лампы на столе, в комнате не было больше ни одной вещи.

- Здравствуйте, мой дорогой, - сказал Назанский, крепко пожимая и встряхивая руку Ромашова и глядя ему прямо в глаза задумчивыми, прекрасными голубыми глазами. - Садитесь-ка вот здесь, на кровать. Вы слышали, что я подал рапорт о болезни?

- Да. Мне сейчас об этом говорил Николаев.

Опять Ромашову вспомнились ужасные слова денщика Степана, и лицо его страдальчески сморщилось.

- А! Вы были у Николаевых? - вдруг с живостью и с видимым интересом спросил Назанский. - Вы часто бываете у них?

Какой-то смутный инстинкт осторожности, вызванный необычным тоном этого вопроса, заставил Ромашова солгать, и он ответил небрежно:

- Нет, совсем не часто. Так, случайно зашел.

Назанский, ходивший взад и вперед по комнате, остановился около поставца и отворил его. Там на полке стоял графин с водкой и лежало яблоко, разрезанное аккуратными, тонкими ломтями. Стоя спиной к гостю, он торопливо налил себе рюмку и выпил. Ромашов видел, как конвульсивно содрогнулась его спина под тонкой полотняной рубашкой.

- Не хотите ли? - предложил Назанский, указывая на поставец. - Закуска небогатая, но, если голодны, можно соорудить яичницу. Можно воздействовать на Адама, ветхого человека.

- Спасибо. Я потом.

Назанский прошелся по комнате, засунув руки в карманы. Сделав два конца, он заговорил, точно продолжая только что прерванную беседу:

- Да. Так вот я все хожу и все думаю. И, знаете, Ромашов, я счастлив. В полку завтра все скажут, что у меня запой. А что ж, это, пожалуй, и верно, только это не совсем так. Я теперь счастлив, а вовсе не болен и не страдаю. В обыкновенное время мой ум и моя воля подавлены. Я сливаюсь тогда с голодной, трусливой серединой и бываю пошл, скучен самому себе, благоразумен и рассудителен. Я ненавижу, например, военную службу, но служу. Почему я служу? Да черт его знает почему! Потому что мне с детства твердили и теперь все кругом говорят, что самое главное в жизни - это служить и быть сытым и хорошо одетым. А философия, говорят они, это чепуха, это хорошо тому, кому нечего делать, кому маменька оставила наследство. И вот я делаю вещи, к которым у меня совершенно не лежит душа, исполняю ради животного страха жизни приказания, которые мне кажутся порой жестокими, а порой бессмысленными. Мое существование однообразно, как забор, и серо, как солдатское сукно. Я не смею задуматься, - не говорю о том, чтобы рассуждать вслух, - о любви, о красоте, о моих отношениях к человечеству, о природе, о равенстве и счастии людей, о поэзии, о боге. Они смеются: ха-ха-ха, это все философия!.. Смешно, и дико, и непозволительно думать офицеру армейской пехоты о возвышенных материях. Это философия, черт возьми, следовательно - чепуха, праздная и нелепая болтовня.

- Но это - главное в жизни, - задумчиво произнес Ромашов.

- И вот наступает для меня это время, которое они зовут таким жестоким именем, - продолжал, не слушая его, Назанский. Он все ходил взад и вперед и по временам делал убедительные жесты, обращаясь, впрочем, не к Ромашову, а к двум противоположным углам, до которых по очереди доходил. - Это время моей свободы, Ромашов, свободы духа, воли и ума! Я живу тогда, может быть, странной, но глубокой, чудесной внутренней жизнью. Такой полной жизнью! Все, что я видел, о чем читал или слышал, - все оживляется во мне, все приобретает необычайно яркий свет и глубокий, бездонный смысл. Тогда память моя - точно музей редких откровений. Понимаете - я Ротшильд! Беру первое, что мне попадается, и размышляю о нем, долго, проникновенно, с наслаждением. О лицах, о встречах, о характерах, о книгах, о женщинах ах, особенно о женщинах и о женской любви!.. Иногда я думаю об ушедших великих людях, о мучениках науки, о мудрецах и героях и об их удивительных словах. Я не верю в бога, Ромашов, но иногда я думаю о святых угодниках, подвижниках и страстотерпцах и возобновляю в памяти каноны и умилительные акафисты. Я ведь, дорогой мой, в бурсе учился, и память у меня чудовищная. Думаю я обо всем об этом, и случается, так вдруг иногда горячо прочувствую чужую радость, или чужую скорбь, или бессмертную красоту какого-нибудь поступка, что хожу вот так, один... и плачу, - страстно, жарко плачу...

Ромашов потихоньку встал с кровати и сел с ногами на открытое окно, так что его спина и его подошвы упирались в противоположные косяки рамы. Отсюда, из освещенной комнаты, ночь казалась еще темнее, еще глубже, еще таинственнее. Теплый, порывистый, но беззвучный ветер шевелил внизу, под окном черные листья каких-то низеньких кустов. И в этом мягком воздухе, полном странных весенних ароматов, в этой тишине, темноте, в этих преувеличенно ярких и точно теплых звездах - чувствовалось тайное и страстное брожение, угадывалась жажда материнства и расточительное сладострастие земли, растений, деревьев - целого мира.

А Назанский все ходил по комнате и говорил, не глядя на Ромашова, точно обращаясь к стенам и к углам комнаты:

- Мысль в эти часы бежит так прихотливо, так пестро и так неожиданно. Ум становится острым и ярким, воображение - точно поток! Все вещи и лица, которые я вызываю, стоят передо мною так рельефно и так восхитительно ясно, точно я вижу их в камер-обскуре. Я знаю, я знаю, мой милый, что это обострение чувств, все это духовное озарение - увы! - не что иное, как физиологическое действие алкоголя на нервную систему. Сначала, когда я впервые испытал этот чудный подъем внутренней жизни, я думал, что это само вдохновение. Но нет: в нем нет ничего творческого, нет даже ничего прочного. Это просто болезненный процесс. Это просто внезапные приливы, которые с каждым разом все больше и больше разъедают дно. Да. Но все-таки это безумие сладко мне, и... к черту спасительная бережливость и вместе с ней к черту дурацкая надежда прожить до ста десяти лет и попасть в газетную смесь, как редкий пример долговечия... Я счастлив - и все тут!

Назанский опять подошел к поставцу и, выпив, аккуратно притворил дверцы. Ромашов лениво, почти бессознательно, встал и сделал то же самое.

- О чем же вы думали перед моим приходом, Василий Нилыч? - спросил он, садясь по-прежнему на подоконник.

Но Назанский почти не слыхал его вопроса.

- Какое, например, наслаждение мечтать о женщинах! - воскликнул он, дойдя до дальнего угла и обращаясь к этому углу с широким, убедительным жестом. - Нет, не грязно думать. Зачем? Никогда не надо делать человека, даже в мыслях, участником зла, а тем более грязи. Я думаю часто о нежных, чистых, изящных женщинах, об их светлых и прелестных улыбках, думаю о молодых, целомудренных матерях, о любовницах, идущих ради любви на смерть, о прекрасных, невинных и гордых девушках с белоснежной душой, знающих все и ничего не боящихся. Таких женщин нет. Впрочем, я не прав. Наверно, Ромашов, такие женщины есть, но мы с вами их никогда не увидим. Вы еще, может быть, увидите, но я - нет.

Он стоял теперь перед Ромашовым и глядел ему прямо в лицо, но по мечтательному выражению его глаз и по неопределенной улыбке, блуждавшей вокруг его губ, было заметно, что он не видит своего собеседника. Никогда еще лицо Назанского, даже в его Лучшие, трезвые минуты, не казалось Ромашову таким красивым Си интересным. Золотые волосы падали крупными цельными локонами вокруг его высокого, чистого лба, густая, четырехугольной формы, рыжая, небольшая борода лежала правильными волнами, точно нагофрированная, и вся его массивная и изящная голова, с обнаженной шеей благородного рисунка, была похожа на голову одного из тех греческих героев или мудрецов, великолепные бюсты которых Ромашов видел где-то на гравюрах. Ясные, чуть-чуть влажные голубые глаза смотрели оживленно, умно и кротко. Даже цвет этого красивого, правильного лица поражал своим ровным, нежным, розовым тоном, и только очень опытный взгляд различил бы в этой кажущейся свежести, вместе с некоторой опухлостью черт, результат алкогольного воспаления крови.

- Любовь! К женщине! Какая бездна тайны! Какое наслаждение и какое острое, сладкое страдание! - вдруг воскликнул восторженно Назанский.

Он в волнении схватил себя руками за волосы и опять метнулся в угол, но, дойдя до него, остановился, повернулся лицом к Ромашову и весело захохотал. Подпоручик с тревогой следил за ним.

- Вспомнилась мне одна смешная история, - добродушно и просто заговорил Назанский. - Эх, мысли-то у меня как прыгают!.. Сидел я однажды в Рязани на станции "Ока" и ждал парохода. Ждать приходилось, пожалуй, около суток, - это было во время весеннего разлива, - и я - вы, конечно, понимаете свил себе гнездо в буфете. А за буфетом стояла девушка, так лет восемнадцати, - такая, знаете ли, некрасивая, в оспинках, по бойкая такая, черноглазая, с чудесной улыбкой и в конце концов премилая. И было нас только трое на станции: она, я и маленький белобрысый телеграфист. Впрочем, был и ее отец, знаете - такая красная, толстая, сивая подрядческая морда, вроде старого и свирепого меделянского пса. Но отец был как бы за кулисами. Выйдет на две минуты за прилавок и все зевает, и все чешет под жилетом брюхо, не может никак глаз разлепить. Потом уйдет опять спать. Но телеграфистик приходил постоянно. Помню, облокотился он на стойку локтями и молчит. И она молчит, смотрит в окно, на разлив. А там вдруг юноша запоет говорком:

Лю-юбовь - что такое?
Что тако-ое любовь?
Это чувство неземное,
Что волнует нашу кровь.

И опять замолчит. А через пять минут она замурлычет: "Любовь - что такое? Что такое любовь?.." Знаете, такой пошленький-пошленький мотивчик. Должно быть, оба слышали его где-нибудь в оперетке или с эстрады... небось нарочно в город пешком ходили. Да. Попоют и опять помолчат. А потом она, как будто незаметно, все поглядывая в окошечко, глядь - и забудет руку на стойке, а он возьмет ее в свои руки и перебирает палец за пальцем. И опять: "Лю-юбовь - что такое?.." На дворе - весна, разлив, томность. И так они круглые сутки. Тогда эта "любовь" мне порядком надоела, а теперь, знаете, трогательно вспомнить. Ведь таким манером они, должно быть, любезничали до меня недели две, а может быть, и после меня с месяц. И я только потом почувствовал, какое это счастие, какой луч света в их бедной, узенькой-узенькой жизни, ограниченной еще больше, чем наша нелепая жизнь о, куда! - в сто раз больше!.. Впрочем... Постойте-ка, Ромашов. Мысли у меня путаются. К чему это я о телеграфисте?

Назанский опять подошел к поставцу. Но он не вил, а, повернувшись спиной к Ромашову, мучительно тер лоб и крепко сжимал виски пальцами правой руки. И в этом нервном движении было что-то жалкое, бессильное, приниженное.

– Вы говорили о женской любви - о бездне, о тайне, о радости, напомнил Ромашов.

- Да, любовь! - воскликнул Назанский ликующим голосом. Он быстро выпил рюмку, отвернулся с загоревшимися глазами от поставца и торопливо утер губы рукавом рубашки. - Любовь! Кто понимает ее? Из нее сделали тему для грязных, помойных оперетох, для похабных карточек, для мерзких анекдотов, для мерзких-мерзких стишков. Это мы, офицеры, сделали. Вчера у меня был Диц. Он сидел на том же самом месте, где теперь сидите вы. Он играл своим золотым пенсне и говорил о женщинах. Ромашов, дорогой мой, если бы животные, например собаки, обладали даром понимания человеческой речи и если бы одна из них услышала вчера Дица, ей-богу, она ушла бы из комнаты от стыда. Вы знаете - Диц хороший человек, да и все хорошие, Ромашов: дурных людей нет. Но он стыдится иначе говорить о женщинах, стыдится из боязни потерять свое реноме циника, развратника и победителя. Тут какой-то общий обман, какое-то напускное мужское молодечество, какое-то хвастливое презрение к женщине. И все это оттого, что для большинства в любви, в обладании женщиной, понимаете, в окончательном обладании, - таится что-то грубо-животное, что-то эгоистичное, только для себя, что-то сокровенно-низменное, блудливое и постыдное - черт! - я не умею этого выразить. И оттого-то у большинства вслед за обладанием идет холодность, отвращение, вражда. Оттого-то люди и отвели для любви ночь, так же как для воровства и для убийства... Тут, дорогой мой, природа устроила для людей какую-то засаду с приманкой и с петлей.

- Это правда, - тихо и печально согласился Ромашов.

- Нет, неправда! - громко крикнул Назанский. - А я вам говорю неправда. Природа, как и во всем, распорядилась гениально. То-то и дело, что для поручика Дица вслед за любовью идет брезгливость и пресыщение, а для Данте вся любовь - прелесть, очарование, весна! Нет, нет, не думайте: я говорю о любви в самом прямом, телесном смысле. Но она - удел избранников. Вот вам пример: все люди обладают музыкальным слухом, но у миллионов он, как у рыбы трески или как у штабс-капитана Васильченки, а один из этого миллиона - Бетховен. Так во всем: в поэзии, в художестве, в мудрости... И любовь, говорю я вам, имеет свои вершины, доступные лишь единицам из миллионов.

Он подошел к окну, прислонился лбом к углу стены рядом с Ромашовым и, задумчиво глядя в теплый мрак весенней ночи, заговорил вздрагивающим, глубоким, проникновенным голосом:

- О, как мы не умеем ценить ее тонких, неуловимых прелестей, мы грубые, ленивые, недальновидные. Понимаете ли вы, сколько разнообразного счастия и очаровательных мучений заключается в нераздельной, безнадежной любви? Когда я был помоложе, во мне жила одна греза: влюбиться в недосягаемую, необыкновенную женщину, такую, знаете ли, с которой у меня никогда и ничего не может быть общего. Влюбиться и всю жизнь, все мысли посвятить ей. Все равно: наняться поденщиком, поступить в лакеи, в кучера - переодеваться, хитрить, чтобы только хоть раз в год случайно увидеть ее, поцеловать следы ее ног на лестнице, чтобы - о, какое безумное блаженство! - раз в жизни прикоснуться к ее платью.

- И кончить сумасшествием, - мрачно сказал Ромашов.

- Ах, милый мой, не все ли равно! - возразил с пылкостью Назанский и опять нервно забегал по комнате. - Может быть, - почем знать? - вы тогда-то и вступите в блаженную сказочную жизнь. Ну, хорошо: вы сойдете с ума от этой удивительной, невероятной любви, а поручик Диц сойдет с ума от прогрессивного паралича и от гадких болезней. Что же лучше? Но подумайте только, какое счастье - стоять целую ночь на другой стороне улицы, в тени, и глядеть в окно обожаемой женщины. Вот осветилось оно изнутри, на занавеске движется тень. Не она ли это? Что она делает? Что думает? Погас свет. Спи мирно, моя радость, спи, возлюбленная моя!.. И день уже полон это победа! Дни, месяцы, годы употреблять все силы изобретательности и настойчивости, и вот - великий, умопомрачительный восторг: у тебя в руках ее платок, бумажка от конфеты, оброненная афиша. Она ничего не знает о тебе, никогда не услышит о тебе, глаза ее скользят по тебе, не видя, но ты тут, подле, всегда обожающий, всегда готовый отдать за нее - нет, зачем за нее - за ее каприз, за ее мужа, за любовника, за ее любимую собачонку отдать и жизнь, и честь, и все, что только возможно отдать! Ромашов, таких радостей не знают красавцы и победители.

- О, как это верно! Как хорошо все, что вы говорите! - воскликнул взволнованный Ромашов. Он уже давно встал с подоконника и так же, как и Назанский, ходил по узкой, длинной комнате, ежеминутно сталкиваясь с ним и останавливаясь. - Какие мысли приходят вам в голову! Я вам расскажу про себя. Я был влюблен в одну... женщину. Это было не здесь, не здесь... еще в Москве... я был... юнкером. Но она не знала об этом. И мне доставляло чудесное удовольствие сидеть около нее и, когда она что-нибудь работала, взять нитку и тихонько тянуть к себе. Только и всего. Она не замечала этого, совсем не замечала, а у меня от счастья дружилась голова.

- Да, да, я понимаю, - кивал головой Назанский, весело и ласково улыбаясь. - Я понимаю вас. Это - точно проволока, точно электрический ток? Да? Какое-то тонкое, нежное общение? Ах, милый мой, жизнь так прекрасна!..

Назанский замолчал, растроганный своими мыслями, и его голубые глаза, наполнившись слезами, заблестели. Ромашова также охватила какая-то неопределенная, мягкая жалость и немного истеричное умиление. Эти чувства относились одинаково и к Назанскому и к нему самому.

- Василий Нилыч, я удивляюсь вам, - сказал он, взяв Назанского за обе руки и крепко сжимая их. - Вы - такой талантливый, чуткий, широкий человек, и вот... точно нарочно губите себя. О нет, нет, я не смею читать вам пошлой морали... Я сам... Но что, если бы вы встретили в своей жизни женщину, которая сумела бы вас оценить и была бы вас достойна. Я часто об этом думаю...

Назанский остановился и долго смотрел в раскрытое окно.

- Женщина... - протянул он задумчиво. - Да! Я вам расскажу! воскликнул он вдруг решительно. - Я встретился один-единственный раз в жизни с чудной, необыкновенной женщиной. С девушкой... Но знаете, как это у Гейне: "Она была достойна любви, и он любил ее, но он был недостоин любви, и она не любила его". Она разлюбила меня за то, что я пью... впрочем, я не знаю, может быть, я пью оттого, что она меня разлюбила. Она... ее здесь тоже нет... это было давно. Ведь вы знаете, я прослужил сначала три года, потом был четыре года в запасе, а потом три года тому назад опять поступил в полк. Между нами не было романа. Всего десять пятнадцать встреч, пять-шесть интимных разговоров. Но - думали ли вы когда-нибудь о неотразимой, обаятельной власти прошедшего? Так вот, в этих невинных мелочах - все мое богатство. Я люблю ее до сих пор. Подождите, Ромашов... Вы стоите этого. Я вам прочту ее единственное письмо - первое и последнее, которое она мне написала.

Он сел на корточки перед чемоданом и стал неторопливо переворачивать в нем какие-то бумаги. В то же время он продолжал говорить:

- Пожалуй, она никогда и никого не любила, кроме себя. В ней пропасть властолюбия, какая-то злая и гордая сила. И в то же время она - такая добрая, женственная, бесконечно милая. Точно в ней два человека: один - с сухим, эгоистичным умом, другой - с нежным и страстным сердцем. Вот оно, читайте, Ромашов. Что сверху - это лишнее. - Назанский отогнул несколько строк сверху. - Вот отсюда. Читайте.

Что-то, казалось, постороннее ударило Ромашову в голову, и вся комната пошатнулась перед его глазами. Письмо было написано крупным, нервным, тонким почерком, который мог принадлежать только одной Александре Петровне - так он был своеобразен, неправилен и изящен. Ромашов, часто получавший от нее записки с приглашениями на обед и на партию винта, мог бы узнать этот почерк из тысячи различных писем.

"...и горько и тяжело произнести его, - читал он из-под руки Назанского. - Но вы сами сделали все, чтобы привести наше знакомство к такому печальному концу. Больше всего в жизни я стыжусь лжи, всегда идущей от трусости и от слабости, и потому не стану вам лгать. Я любила вас и до сих пор еще люблю, и знаю, что мне не скоро и нелегко будет уйти от этого чувства. Но в конце концов я все-таки одержу над ним победу. Что было бы, если бы я поступила иначе? Во мне, правда, хватило бы сил и самоотверженности быть вожатым, нянькой, сестрой милосердия при безвольном, опустившемся, нравственно разлагающемся человеке, но я ненавижу чувства жалости и постоянного унизительного всепрощения и не хочу, чтобы вы их во мне возбуждали. Я не хочу, чтобы вы питались милостыней сострадания и собачьей преданности. А другим вы быть не можете, несмотря на ваш ум и прекрасную душу. Скажите честно, искренно, ведь не можете? Ах, дорогой Василий Нилыч, если бы вы могли! Если бы! К вам стремится все мое сердце, все мои желания, я люблю вас. Но вы сами не захотели меня. Ведь для любимого человека можно перевернуть весь мир, а я вас просила так о немногом. Вы не можете?

Прощайте. Мысленно целую вас в лоб... как покойника, потому что вы умерли для меня. Советую это письмо уничтожить. Не потому, чтобы я чего-нибудь боялась, но потому, что со временем оно будет для вас источником тоски и мучительных воспоминаний. Еще раз повторяю..."

- Дальше вам не интересно, - сказал Назанский, вынимая из рук Ромашова письмо. - Это было ее единственное письмо ко мне.

- Что же было потом? - с трудом спросил Ромашов.

- Потом? Потом мы не видались больше. Она... она уехала куда-то и, кажется, вышла замуж за... одного инженера. Это второстепенное.

- И вы никогда не бываете у Александры Петровны?

Эти слова Ромашов сказал совсем шепотом, но оба офицера вздрогнули от них и долго не могли отвести глаз друг от друга. В эти несколько секунд между ними точно раздвинулись все преграды человеческой хитрости, притворства и непроницаемости, и они свободно читали в душах друг у друга. Они сразу поняли сотню вещей, которые до сих пор таили про себя, и весь их сегодняшний разговор принял вдруг какой-то особый, глубокий, точно трагический смысл.

- Как? И вы - тоже? - тихо, с выражением безумного страха в глазах, произнес наконец Назанский.

Но он тотчас же опомнился и с натянутым смехом воскликнул:

- Фу, какое недоразумение! Мы с вами совсем удалились от темы. Письмо, которое я вам показал, писано сто лет тому назад, и эта женщина живет теперь где-то далеко, кажется, в Закавказье... Итак, на чем же мы остановились?

- Мне пора домой, Василий Нилыч. Поздно, - сказал Ромашов, вставая.

Назанский не стал его удерживать. Простились они не холодно и не сухо, но точно стыдясь друг друга. Ромашов теперь еще более был уверен, что письмо писано Шурочкой. Идя домой, он все время думал об этом письме и сам не мог понять, какие чувства оно в нем возбуждало. Тут была и ревнивая зависть к Назанскому - ревность к прошлому, и какое-то торжествующее злое сожаление к Николаеву, но в то же время была и какая-то новая надежда неопределенная, туманная, но сладкая и манящая. Точно это письмо и ему давало в руки какую-то таинственную, незримую нить, идущую в будущее.

Ветер утих.

Ночь была полна глубокой тишиной, и темнота ее казалась бархатной и теплой. Но тайная творческая жизнь чуялась в бессонном воздухе, в спокойствии невидимых деревьев, в запахе земли. Ромашов шел, не видя дороги, и ему все представлялось, что вот-вот кто-то могучий, властный и ласковый дохнет ему в лицо жарким дыханием. И была у него в душе ревнивая грусть по его прежним, детским, таким ярким и невозвратимым веснам, была тихая, беззлобная зависть к своему чистому, нежному прошлому...

Придя к себе, он застал вторую записку от Раисы Александровны Петерсон. Она нелепым и выспренним слогом писала о коварном обмане, о том, что она все понимает, и о всех ужасах мести, на которые способно разбитое женское сердце.

"Я знаю, что мне теперь делать! - говорилось в письме. - Если только я не умру на чахотку от вашего подлого поведения, то, поверьте, я жестоко отплачу вам. Может быть, вы думаете, что никто не знает, где вы бываете каждый вечер? Слепец! И у стен есть уши. Мне известен каждый ваш шаг. Но, все равно, с вашей наружностью и красноречием вы там ничего не добьетесь, кроме того, что N вас вышвырнет за дверь, как щенка. А со мною советую вам быть осторожнее. Я не из тех женщин, которые прощают нанесенные обиды.

Владеть кинжалом я умею,

Я близ Кавказа рождена!!!

Прежде ваша, теперь ничья Раиса.

P.S. Непременно будьте в ту субботу в собрании. Нам надо объясниться. Я для вас оставлю 3-ю кадриль, но уж теперь _не по значению_.

Р.П."

Глупостью, пошлостью, провинциальным болотом и злой сплетней повеяло на Ромашова от этого безграмотного и бестолкового письма. И сам себе он показался с ног до головы запачканным тяжелой, несмываемой грязью, которую на него наложила эта связь с нелюбимой женщиной - связь, тянувшаяся почти полгода. Он лег в постель, удрученный, точно раздавленный всем нынешним днем, и, уже засыпая, подумал про себя словами, которые он слышал вечером от Назанского:

"Его мысли были серы, как солдатское сукно".

Он заснул скоро, тяжелым сном. И, как это всегда с ним бывало в последнее время после крупных огорчений, он увидел себя во сне мальчиком. Не было грязи, тоски, однообразия жизни, в теле чувствовалась бодрость, душа была светла и чиста и играла бессознательной радостью. И весь мир был светел и чист, а посреди его - милые, знакомые улицы Москвы блистали тем прекрасным сиянием, какое можно видеть только во сне. Но где-то на краю этого ликующего мира, далеко на горизонте, оставалось темное, зловещее пятно: там притаился серенький, унылый городишко с тяжелой и скучной службой, с ротными школами, с пьянством в собрании, с тяжестью и противной любовной связью, с тоской и одиночеством. Вся жизнь звенела и сияла радостью, но темное враждебное пятно тайно, как черный призрак, подстерегало Ромашова и ждало своей очереди. И один маленький Ромашов чистый, беззаботный, невинный - страстно плакал о своем старшем двойнике, уходящем, точно расплывающемся в этой злобной тьме.

Среди ночи он проснулся и заметил, что его подушка влажна от слез. Он не мог сразу удержать их, и они еще долго сбегали по его щекам теплыми, мокрыми, быстрыми струйками.

## VI

За исключением немногих честолюбцев и карьеристов, все офицеры несли службу как принудительную, неприятную, опротивевшую барщину, томясь ею и не любя ее. Младшие офицеры, совсем по-школьнически, опаздывали на занятия и потихоньку убегали с них, если знали, что им за это не достанется. Ротные командиры, большею частью люди многосемейные, погруженные в домашние дрязги и в романы своих жен, придавленные жестокой бедностью и жизнью сверх средств, кряхтели под бременем непомерных расходов и векселей. Они строили заплату на заплате, хватая деньги в одном месте, чтобы заткнуть долг в другом; многие из них решались - и чаще всего по настоянию своих жен - заимствовать деньги из ротных сумм или из платы, приходившейся солдатам за вольные работы; иные по месяцам и даже годам задерживали денежные солдатские письма, которые они, по правилам, должны были распечатывать. Некоторые только и жили, что винтом, штосом и ландскнехтом: кое-кто играл нечисто, - об этом знали, но смотрели сквозь пальцы. При этом все сильно пьянствовали как в собрании, так и в гостях друг у друга, иные же, вроде Сливы, - в одиночку.

Таким образом, офицерам даже некогда было серьезно относиться к своим обязанностям. Обыкновенно весь внутренний механизм роты приводил в движение и регулировал фельдфебель; он же вел всю канцелярскую отчетность и держал ротного командира незаметно, но крепко, в своих жилистых, многоопытных руках. На службу ротные ходили с таким же отвращением, как и субалтерн-офицеры, и "подтягивали фендриков" только для соблюдения престижа, а еще реже из властолюбивого самодурства.

Батальонные командиры ровно ничего не делали, особенно зимой. Есть в армии два таких промежуточных звания - батальонного и бригадного командиров: начальники эти всегда находятся в самом неопределенном и бездеятельном положении. Летом им все-таки приходилось делать батальонные учения, участвовать в полковых и дивизионных занятиях и нести трудности маневров. В свободное же время они сидели в собрании, с усердием читали "Инвалид" и спорили о чинопроизводстве, играли в карты, позволяли охотно младшим офицерам угощать себя, устраивали у себя на домах вечеринки и старались выдавать своих многочисленных дочерей замуж.

Однако перед большими смотрами все, от мала до велика, подтягивались и тянули друг друга. Тогда уже не знали отдыха, наверстывая лишними часами занятий и напряженной, хотя и бестолковой энергией то, что было пропущено. С силами солдат не считались, доводя людей до изнурения. Ротные жестоко резали и осаживали младших офицеров, младшие офицеры сквернословили неестественно, неумело и безобразно, унтер-офицеры, охрипшие от ругани, жестоко дрались. Впрочем, дрались и не одни только унтер-офицеры.

Такие дни бывали настоящей страдой, и о воскресном отдыхе с лишними часами сна мечтал, как о райском блаженстве, весь полк, начиная с командира до последнего затрепанного и замурзанного денщика.

Этой весной в полку усиленно готовились к майскому параду. Стало наверно известным, что смотр будет производить командир корпуса, взыскательный боевой генерал, известный в мировой военной литературе своими записками о войне карлистов и о франко-прусской кампании 1870 года, в которых он участвовал в качестве волонтера. Еще более широкою известностью пользовались его приказы, написанные в лапидарном суворовском духе. Провинившихся подчиненных он разделывал в этих приказах со свойственным ему хлестким и грубым сарказмом, которого офицеры боялись больше всяких дисциплинарных наказаний. Поэтому в ротах шла, вот уже две недели, поспешная, лихорадочная работа, и воскресный день с одинаковым нетерпением ожидался как усталыми офицерами, так и задерганными, ошалевшими солдатами.

Но для Ромашова благодаря аресту пропала вся прелесть этого сладкого отдыха. Встал он очень рано и, как ни старался, не мог потом заснуть. Он вяло одевался, с отвращением пил чай и даже раз за что-то грубо прикрикнул на Гайнана, который, как и всегда, был весел, подвижен и неуклюж, как молодой щенок.

В серой расстегнутой тужурке кружился Ромашов по своей крошечной комнате, задевая ногами за ножки кровати, а локтями за шаткую пыльную этажерку. В первый раз за полтора года - и то благодаря несчастному и случайному обстоятельству - он остался наедине сам с собою. Прежде этому мешала служба, дежурства, вечера в собрании, карточная игра, ухаживание за Петерсон, вечера у Николаевых. Иногда, если и случался свободный, ничем не заполненный час, то Ромашов, томимый скукой и бездельем, точно боясь самого себя, торопливо бежал в клуб, или к знакомым, или просто на улицу, до встречи с кем-нибудь из холостых товарищей, что всегда кончалось выпивкой. Теперь же он с тоской думал, что впереди - целый день одиночества, и в голову ему лезли все такие странные, неудобные и ненужные мысли.

В городе зазвонили к поздней обедне. Сквозь вторую, еще не выставленную раму до Ромашова доносились дрожащие, точно рождающиеся один из другого звуки благовеста, по-весеннему очаровательно грустные. Сейчас же за окном начинался сад, где во множестве росли черешни, все белые от цветов, круглые и кудрявые, точно стадо белоснежных овец, точно толпа девочек в белых платьях. Между ними там и сям возвышались стройные, прямые тополи с ветками, молитвенно устремленными вверх, в небо, и широко раскидывали свои мощные купообразные вершины старые каштаны; деревья были еще пусты и чернели голыми сучьями, но уже начинали, едва заметно для глаза, желтеть первой, пушистой, радостной зеленью. Утро выдалось ясное, яркое, влажное. Деревья тихо вздрагивали и медленно качались. Чувствовалось, что между ними бродит ласковый прохладный ветерок и заигрывает, и шалит, и, наклоняя цветы книзу, целует их.

Из окна направо была видна через ворота часть грязной, черной улицы, с чьим-то забором по ту сторону. Вдоль этого забора, бережно ступая ногами в сухие места, медленно проходили люди. "У них целый день еще впереди, думал Ромашов, завистливо следя за ними глазами, - оттого они не торопятся. Целый свободный день!"

И ему вдруг нетерпеливо, страстно, до слез захотелось сейчас же одеться и уйти из комнаты. Его потянуло не в собрание, как всегда, а просто на улицу, на воздух. Он как будто не знал раньше цены свободе и теперь сам удивлялся тому, как много счастья может заключаться в простой возможности идти, куда хочешь, повернуть в любой переулок, выйти на площадь, зайти в церковь и делать это не боясь, не думая о последствиях. Эта возможность вдруг представилась ему каким-то огромным праздником души.

И вместе с тем вспомнилось ему, как в раннем детстве, еще до корпуса, мать наказывала его тем, что привязывала его тоненькой ниткой за ногу к кровати, а сама уходила. И маленький Ромашов сидел покорно целыми часами. В другое время он ни на секунду не задумался бы над тем, чтобы убежать из дому на весь день, хотя бы для этого пришлось спускаться по водосточному желобу из окна второго этажа. Он часто, ускользнув таким образом, увязывался на другой конец Москвы за военной музыкой или за похоронами, он отважно воровал у матери сахар, варенье и папиросы для старших товарищей, но нитка! - нитка оказывала на него странное, гипнотизирующее действие. Он даже боялся натягивать ее немного посильнее, чтобы она как-нибудь не лопнула. Здесь был не страх наказания, и, конечно, не добросовестность и не раскаяние, а именно гипноз, нечто вроде суеверного страха перед могущественными и непостижимыми действиями взрослых, нечто вроде почтительного ужаса дикаря перед магическим кругом шамана.

"И вот я теперь сижу, как школьник, как мальчик, привязанный за ногу, думал Ромашов, слоняясь по комнате. - Дверь открыта, мне хочется идти, куда хочу, делать, что хочу, говорить, смеяться, - а я сижу на нитке. Это я сижу. Я. Ведь это - Я! Но ведь это только он решил, что я должен сидеть. Я не давал своего согласия".

- Я! - Ромашов остановился среди комнаты и с расставленными врозь ногами, опустив голову вниз, крепко задумался. - Я! Я! Я! - вдруг воскликнул он громко, с удивлением, точно в первый раз поняв это короткое слово. - Кто же это стоит здесь и смотрит вниз, на черную щель в полу? Это - Я. О, как странно!.. Я-а, - протянул он медленно, вникая всем сознанием в этот звук.

Он рассеянно и неловко улыбнулся, но тотчас же нахмурился и побледнел от напряжения мысли. Подобное с ним случалось нередко за последние пять-шесть лет, как оно бывает почти со всеми молодыми людьми в период созревания души. Простая истина, поговорка, общеизвестное изречение, смысл которого он давно уже механически знал, вдруг благодаря какому-то внезапному внутреннему освещению приобретали глубокое философское значение, и тогда ему казалось, что он впервые их слышит, почти сам открыл их. Он даже помнил, как это было с ним в первый раз. В корпусе, на уроке закона божия, священник толковал притчу о работниках, переносивших камни. Один носил сначала мелкие, а потом приступил к тяжелым и последних камней уже не мог дотащить; другой же поступил наоборот и кончил свою работу благополучно. Для Ромашова вдруг сразу отверзлась целая бездна практической мудрости, скрытой в этой бесхитростной притче, которую он знал и понимал с тех пор, как выучился читать. То же самое случилось вскоре с знакомой поговоркой "Семь раз отмерь - один раз отрежь". В один какой-то счастливый, проникновенный миг он понял в ней все: благоразумие, дальновидность, осторожную бережливость, расчет. Огромный житейский опыт уложился в этих пяти-шести словах. Так и теперь его вдруг ошеломило и потрясло неожиданное яркое сознание своей индивидуальности...

"Я - это внутри, - думал Ромашов, - а все остальное - это постороннее, это - не Я. Вот эта комната, улица, деревья, небо, полковой командир, поручик Андрусевич, служба, знамя, солдаты - все это не Я. Нет, нет, это не Я. Вот мои руки и ноги, - Ромашов с удивлением посмотрел на свои руки, поднеся их близко к лицу и точно впервые разглядывая их, - нет, это все не Я. А вот я ущипну себя за руку... да, вот так... это Я. Я вижу руку, подымаю ее кверху - это Я. То, что я теперь думаю, это тоже Я. И если я захочу пойти, это Я. И вот я остановился - это Я.

О, как это странно, как просто и как изумительно. Может быть, у всех есть это Я? А может быть, не у всех? Может быть, ни у кого, кроме меня? А что - если есть? Вот - стоят передо мной сто солдат, я кричу им: "Глаза направо!" - и сто человек, из которых у каждого есть свое Я и которые во мне видят что-то чужое, постороннее, не Я, - они все сразу поворачивают головы направо. Но я не различаю их друг от друга, они - масса. А для полковника Шульговича, может быть, и я, и Веткин, и Лбов, и все поручики, и капитаны также сливаются в одно лицо, и мы ему также чужие, и он не отличает нас друг от друга?"

Загремела дверь, и в комнату вскочил Гайнан. Переминаясь с ноги на ногу и вздергивая плечами, точно приплясывая, он крикнул:

- Ваша благородия. Буфенчик больше на даваит папиросов. Говорит, поручик Скрябин не велел тебе в долг давать.

- Ах, черт! - вырвалось у Ромашова. - Ну, иди, иди себе... Как же я буду без папирос?.. Ну, все равно, можешь идти, Гайнан.

"О чем я сейчас думал? - спросил самого себя Ромашов, оставшись один. Он утерял нить мыслей и, по непривычке думать последовательно, не мог сразу найти ее. - О чем я сейчас думал? О чем-то важном и нужном... Постой: надо вернуться назад... Сижу под арестом... по улице ходят люди... в детстве мама привязывала... Меня привязывала... Да, да... У солдата тоже - Я... Полковник Шульгович... Вспомнил... Ну, теперь дальше, дальше...

Я сижу в комнате. Не заперт. Хочу и не смею выйти из нее. Отчего не смею? Сделал ли я какое-нибудь преступление? Воровство? Убийство? Нет; говоря с другим, посторонним мне человеком, я не держал ног вместе и что-то сказал. Может быть, я был должен держать ноги вместе? Почему? Неужели это - важно? Неужели это - главное в жизни? Вот пройдет еще двадцать - тридцать лет - одна секунда в том времени, которое было до меня и будет после меня. Одна секунда! Мое Я погаснет, точно лампа, у которой прикрутили фитиль. Но лампу зажгут снова, и снова, и снова, а Меня уже не будет. И не будет ни этой комнаты, ни неба, ни полка, ни всего войска, ни звезд, ни земного шара, ни моих рук и ног... Потому что не будет Меня...

Да, да... это так... Ну, хорошо... подожди... надо постепенно... ну, дальше... Меня не будет. Было темно, кто-то зажег мою жизнь и сейчас же потушил ее, и опять стало темно навсегда, на веки веков... Что же я делал в этот коротенький миг? Я держал руки по швам и каблуки вместе, тянул носок вниз при маршировке, кричал во все горло: "На плечо!", - ругался и злился из-за приклада, "недовернутого на себя", трепетал перед сотнями людей... Зачем? Эти призраки, которые умрут с моим Я, заставляли меня делать сотни ненужных мне и неприятных вещей и за это оскорбляли и унижали Меня. Меня!!! Почему же мое Я подчинялось призракам?"

Ромашов сел к столу, облокотился на него и сжал голову руками. Он с трудом удерживал эти необычные для него, разбегающиеся мысли.

"Гм... а ты позабыл? Отечество? Колыбель? Прах отцов? Алтари?.. А воинская честь и дисциплина? Кто будет защищать твою родину, если в нее вторгнутся иноземные враги?.. Да, но я умру, и не будет больше ни родины, ни врагов, ни чести. Они живут, пока живет мое сознание. Но исчезни родина, и честь, и мундир, и все великие слова, - мое Я останется неприкосновенным. Стало быть, все-таки мое Я важнее всех этих понятий о долге, о чести, о любви? Вот я служу... А вдруг мое Я скажет: не хочу! Нет - не мое Я, а больше... весь миллион Я, составляющих армию, нет - еще больше - все Я, населяющие земной шар, вдруг скажут: "Не хочу!" И сейчас же война станет немыслимой, и уж никогда, никогда не будет этих "ряды вздвой!" и "полуоборот направо!" - потому что в них не будет надобности. Да, да, да! Это верно, это верно! - закричал внутри Ромашова какой-то торжествующий голос. - Вся эта военная доблесть, и дисциплина, и чинопочитание, и честь мундира, и вся военная наука, - все зиждется только на том, что человечество не хочет, или не умеет, или не смеет сказать "не хочу!".

Что же такое все это хитро сложенное здание военного ремесла? Ничто. Пуф, здание, висящее на воздухе, основанное даже не на двух коротких словах "не хочу", а только на том, что эти слова почему-то до сих пор не произнесены людьми. Мое Я никогда ведь не скажет "не хочу есть, не хочу дышать, не хочу видеть". Но если ему предложат умереть, оно непременно, непременно скажет - "не хочу". Что же такое тогда война с ее неизбежными смертями и все военное искусство, изучающее лучшие способы убивать? Мировая ошибка? Ослепление?

Нет, ты постой, подожди... Должно быть, я сам ошибаюсь. Не может быть, чтобы я не ошибался, потому что это "не хочу" - так просто, так естественно, что должно было бы прийти в голову каждому. Ну, хорошо; ну, разберемся. Положим, завтра, положим, сию секунду эта мысль пришла в голову всем: русским, немцам, англичанам, японцам... И вот уже нет больше войны, нет офицеров и солдат, все разошлись по домам. Что же будет? Да, что будет тогда? Я знаю, Шульгович мне на это ответит: "Тогда придут к нам нежданно и отнимут у нас земли и дома, вытопчут пашни, уведут наших жен и сестер". А бунтовщики? Социалисты? Революционеры?.. Да нет же, это неправда. Ведь все, все человечество сказало: не хочу кровопролития. Кто же тогда пойдет с оружием и с насилием? Никто. Что же случится? Или, может быть, тогда "все помирятся? Уступят друг другу? Поделятся? Простят? Господи, господи, что же будет?"

Ромашов не заметил, занятый своими мыслями, как Гайнан тихо подошел к нему сзади и вдруг протянул через его плечо руку. Он вздрогнул и слегка вскрикнул от испуга:

- Что тебе надо, черт!..

Гайнан положил на стол коричневую бумажную пачку.

- Тебе! - сказал он фамильярно и ласково, и Ромашов почувствовал, что он дружески улыбается за его спиной. - Тебе папиросы. Куры!

Ромашов посмотрел на пачку. На ней было напечатано: папиросы "Трубач", цена 3 коп. 20 шт.

- Что это такое? Зачем? - спросил он с удивлением. - Откуда ты взял?

- Вижу, тебе папиросов нет. Купил за свой деньга. Куры, пожалюста, куры. Ничего. Дару тебе.

Гайнан сконфузился и стремглав выбежал из комнаты, оглушительно хлопнув дверью. Подпоручик закурил папиросу. В комнате запахло сургучом и жжеными перьями.

"О, милый! - подумал растроганный Ромашов. - Я на него сержусь, кричу, заставляю его по вечерам снимать с меня не только сапоги, но носки и брюки. А он вот купил мне папирос за свои жалкие, последние солдатские копейки. "Куры, пожалюста!" За что же это?.."

Он опять встал и, заложив руки за спину, зашагал по комнате.

"Вот их сто человек в нашей роте. И каждый из них - человек с мыслями, с чувствами, со своим особенным характером, с житейским опытом, с личными привязанностями и антипатиями. Знаю ли я что-нибудь о них? Нет - ничего, кроме их физиономий. Вот они с правого фланга: Солтыс, Рябошапка, Веденеев, Егоров, Яшишин... Серые, однообразные лица. Что я сделал, чтобы прикоснуться душой к их душам, своим Я к ихнему Я? - Ничего".

Ромашову вдруг вспомнился один ненастный вечер поздней осени. Несколько офицеров, и вместе с ними Ромашов, сидели в собрании и пили водку, когда вбежал фельдфебель девятой роты Гуменюк и, запыхавшись, крикнул своему ротному командиру:

- Ваше высокоблагородие, молодых пригнали!..

Да, именно пригнали. Они стояли на полковом дворе, сбившись в кучу, под дождем, точно стадо испуганных и покорных животных, глядели недоверчиво, исподлобья. Но у всех у них были особые липа. Может быть, это так казалось от разнообразия одежд? "Этот вот, наверно, был слесарем, - думал тогда Ромашов, проходя мимо и вглядываясь в лица, - а этот, должно быть, весельчак и мастер играть на гармонии. Этот - грамотный, расторопный и жуликоватый, с быстрым складным говорком - не был ли он раньше в половых?" И видно было также, что их действительно пригнали, что еще несколько дней тому назад их с воем и причитаниями провожали бабы и дети и что они сами молодечествовали и крепились, чтобы не заплакать сквозь пьяный рекрутский угар... Но прошел год, и вот они стоят длинной, мертвой шеренгой - серые, обезличенные, деревянные - солдаты! Они не хотели идти. Их Я не хотело. Господи, где же причины этого страшного недоразумения? Где начало этого узла? Или все это - то же самое, что известный опыт с петухом? Наклонят петуху голову к столу - он бьется. Но проведут ему мелом черту по носу и потом дальше по столу, и он уже думает, что его привязали, и сидит, не шелохнувшись, выпучив глаза, в каком-то сверхъестественном ужасе.

Ромашов дошел до кровати и повалился на нее.

"Что же мне остается делать в таком случае? - сурово, почти злобно спросил он самого себя. - Да, что мне делать? Уйти со службы? Но что ты знаешь? Что умеешь делать? Сначала пансион, потом кадетский корпус, военное училище, замкнутая офицерская жизнь... Знал ли ты борьбу? Нужду? Нет, ты жил на всем готовом, думая, как институтка, что французские булки растут на деревьях. Попробуй-ка, уйди. Тебя заклюют, ты сопьешься, ты упадешь на первом шагу к самостоятельной жизни. Постой. Кто из офицеров, о которых ты знаешь, ушел добровольно со службы? Да никто. Все они цепляются за свое офицерство, потому что ведь они больше никуда не годятся, ничего не знают. А если и уйдут, то ходят потом в засаленной фуражке с околышком: "Эйе ла бонте... благородный русский офицер... компрене ву[3]..." Ах, что же мне делать! Что же мне делать!.."

- Арестантик, арестантик! - зазвенел под окном ясный женский голос.

Ромашов вскочил с кровати и подбежал к окну. На дворе стояла Шурочка. Она, закрывая глаза с боков ладонями от света, близко прильнула смеющимся, свежим лицом к стеклу и говорила нараспев:

---

[3] "Будьте так добры... вы понимаете..." (фр.)

- Пода-айте бе-едному заключенненькому...

Ромашов взялся было за скобку, но вспомнил, что окно еще не выставлено. Тогда, охваченный внезапным порывом веселой решимости, он изо всех сил дернул к себе раму. Она подалась и с треском распахнулась, осыпав голову Ромашова кусками известки и сухой замазки. Прохладный воздух, наполненный нежным, тонким и радостным благоуханием белых цветов, потоком ворвался в комнату.

"Вот так! Вот так надо искать выхода!" - закричал в душе Ромашова смеющийся, ликующий голос.

- Ромочка! Сумасшедший! Что вы делаете?

Он взял ее протянутую через окно маленькую руку, крепко облитую коричневой перчаткой, и смело поцеловал ее сначала сверху, а потом снизу, в сгибе, в кругленькую дырочку над пуговицами. Он никогда не делал этого раньше, но она бессознательно, точно подчиняясь той волне восторженной отваги, которая так внезапно взмыла в нем, не противилась его поцелуям и только глядела на него со смущенным удивлением и улыбаясь.

- Александра Петровна! Как мне благодарить вас? Милая!

- Ромочка, да что это с вами? Чему вы обрадовались? - сказала она, смеясь, но все еще пристально и с любопытством вглядываясь в Ромашова. - У вас глаза блестят. Постойте, я вам калачик принесла, как арестованному. Сегодня у нас чудесные яблочные пирожки, сладкие... Степан, да несите же корзинку.

Он смотрел на нее сияющими, влюбленными глазами, не выпуская ее руки из своей, - она опять не сопротивлялась этому, - и говорил поспешно:

- Ах, если бы вы знали, о чем я думал нынче все утро... Если бы вы только знали! Но это потом...

- Да, потом... Вот идет мой супруг и повелитель... Пустите руку. Какой вы сегодня удивительный, Юрий Алексеевич. Даже похорошели.

К окну подошел Николаев. Он хмурился и не совсем любезно поздоровался с Ромашовым.

- Иди, Шурочка, иди, - торопил он жену. - Это же бог знает что такое. Вы, право, оба сумасшедшие. Дойдет до командира - что хорошего! Ведь он под арестом. Прощайте, Ромашов. Заходите,

- Заходите, Юрий Алексеевич, - повторила и Шурочка.

Она отошла от окна, но тотчас же вернулась и сказала быстрым шепотом:

- Слушайте, Ромочка: нет, правда, не забывайте нас. У меня единственный человек, с кем я, как с другом, - это вы. Слышите? Только не смейте делать на меня таких бараньих глаз. А то видеть вас не хочу. Пожалуйста, Ромочка, не воображайте о себе. Вы и не мужчина вовсе.

## VII

В половине четвертого к Ромашову заехал полковой адъютант, поручик Федоровский. Это был высокий и, как выражались полковые дамы, представительный молодой человек с холодными глазами и с усами, продолженными до плеч густыми подусниками. Он держал себя преувеличенно-вежливо, но строго-официально с младшими офицерами, ни с кем не дружил и был высокого мнения о своем служебном положении. Ротные командиры в нем заискивали.

Зайдя в комнату, он бегло окинул прищуренными глазами всю жалкую обстановку Ромашова. Подпоручик, который в это время лежал на кровати, быстро вскочил и, краснея, стал торопливо застегивать пуговицы тужурки.

- Я к вам по поручению командира полка, - сказал Федоровский сухим тоном, - потрудитесь одеться и ехать со мною.

- Виноват... я сейчас... форма одежды обыкновенная? Простите, я по-домашнему.

- Пожалуйста, не стесняйтесь. Сюртук. Если вы позволите, я бы присел?

- Ах, извините. Прошу вас. Не угодно ли чаю? - заторопился Ромашов.

- Нет, благодарю. Пожалуйста, поскорее.

Он, не снимая пальто и перчаток, сел на стул, и, пока Ромашов одевался, волнуясь, без надобности суетясь и конфузясь за свою не особенно чистую сорочку, он сидел все время прямо и неподвижно с каменным лицом, держа руки на эфесе шашки.

- Вы не знаете, зачем меня зовут?

Адъютант пожал плечами.

- Странный вопрос. Откуда же я могу знать? Вам это, должно быть, без сомнения, лучше моего известно... Готовы? Советую вам продеть портупею под погон, а не сверху. Вы знаете, как командир полка этого не любит. Вот так... Ну-с, поедемте.

У ворот стояла коляска, запряженная парою рослых, раскормленных полковых коней. Офицеры сели и поехали. Ромашов из вежливости старался держаться боком, чтобы не теснить адъютанта, а тот как будто вовсе не замечал этого. По дороге им встретился Веткин. Он обменялся с адъютантом честью, но тотчас же за спиной его сделал обернувшемуся Ромашову особый, непередаваемый юмористический жест, который как будто говорил: "Что, брат, поволокли тебя на расправу?" Встречались и еще офицеры. Иные из них внимательно, другие с удивлением, а некоторые точно с насмешкой глядели на Ромашова, и он невольно ежился под их взглядами.

Полковник Шульгович не сразу принял Ромашова: у него был кто-то в кабинете. Пришлось ждать в полутемной передней, где пахло яблоками, нафталином, свежелакированной мебелью и еще чем-то особенным, не неприятным, чем пахнут одежда и вещи в зажиточных, аккуратных немецких семействах. Топчась в передней, Ромашов несколько раз взглядывал на себя в стенное трюмо, оправленное в светлую ясеневую раму, и всякий раз его собственное лицо казалось ему противно-бледным, некрасивым и каким-то неестественным, сюртук - слишком заношенным, а погоны - чересчур помятыми.

Сначала из кабинета доносился только глухой однотонный звук низкого командирского баса. Слов не было слышно, но по сердитым раскатистым интонациям можно было догадаться, что полковник кого-то распекает с настойчивым и непреклонным гневом. Это продолжалось минут пять. Потом Шульгович вдруг замолчал; послышался чей-то дрожащий, умоляющий голос, и вдруг, после мгновенной паузы, Ромашов явственно, до последнего оттенка, услышал слова, произнесенные со страшным выражением высокомерия, негодования и презрения:

- Что вы мне очки втираете? Дети? Жена? Плевать я хочу на ваших детей! Прежде чем наделать детей, вы бы подумали, чем их кормить. Что? Ага, теперь - виноват, господин полковник. Господин полковник в вашем деле ничем не виноват. Вы, капитан, знаете, что если господин полковник теперь не отдает вас под суд, то я этим совершаю преступление по службе. Что-о-о? Извольте ма-алчать! Не ошибка-с, а преступление-с. Вам место не в полку, а вы сами знаете - где. Что?

Опять задребезжал робкий, молящий голос, такой жалкий, что в нем, казалось не было ничего человеческого. "Господи, что же это? - подумал Ромашов, который точно приклеился около трюмо, глядя прямо в свое побледневшее лицо и не видя его, чувствуя, как у него покатилось и болезненно затрепыхалось сердце. - Господи, какой ужас!.."

Жалобный голос говорил довольно долго. Когда он кончил, опять раскатился глубокий бас командира, но теперь более спокойный и смягченный, точно Шульгович уже успел вылить свой гнев в крике и удовлетворил свою жажду власти видом чужого унижения.

Он говорил отрывисто:

- Хорошо-с. В последний раз. Но пом-ни-те, это в последний раз. Слышите? Зарубите это на своем красном, пьяном носу. Если до меня еще раз дойдут слухи, что вы пьянствуете... Что? Ладно ладно, знаю я ваши обещания. Роту мне чтоб подготовили к смотру. Не рота, а б.....! Через неделю приеду сам и посмотрю... Ну, а затем вот вам мой совет-с: первым делом очиститесь вы с солдатскими деньгами и с отчетностью. Слышите? Это чтобы завтра же было сделано. Что? А мне что за дело? Хоть родите... Затем, капитан, я вас не держу. Имею честь кланяться.

Кто-то нерешительно завозился в кабинете и на цыпочках, скрипя сапогами, пошел к выходу. Но его сейчас же остановил голос командира, ставший вдруг чересчур суровым, чтобы не быть поддельным:

- Постой-ка, поди сюда, чертова перечница... Небось побежишь к жидишкам? А? Векселя писать? Эх ты, дура, дура, дурья ты голова... Ну, уж на тебе, дьявол тебе в печень. Одна, две... раз, две, три, четыре... Триста. Больше не могу. Отдашь, когда сможешь. Фу, черт, что за гадость вы делаете, капитан! - заорал полковник, возвышая голос по восходящей гамме. - Не смейте никогда этого делать! Это низость!.. Однако марш, марш, марш! К черту-с, к черту-с. Мое почте ни е-с!..

В переднюю вышел, весь красный, с каплями на носу и на висках и с перевернутым, смущенным лицом, маленький капитан Световидов. Правая рука была у него в кармане и судорожно хрустела новенькими бумажками. Увидев Ромашова, он засеменил ногами, шутовски-неестественно захихикал и крепко вцепился своей влажной, горячей, трясущейся рукой в руку подпоручика. Глаза у него напряженно и конфузливо бегали и в то же время точно щупали Ромашова: слыхал он или нет?

- Лют! Аки тигра! - развязно и приниженно зашептал он, кивая по направлению кабинета. - Но ничего! - Световидов быстро и нервно перекрестился два раза. - Ничего. Слава тебе, господи, слава тебе, господи!

- Бон-да-рен-ко! - крикнул из-за стены полковой командир, и звук его огромного голоса сразу наполнил все закоулки дома и, казалось, заколебал тонкие перегородки передней. Он никогда не употреблял в дело звонка, полагаясь на свое необыкновенное горло. - Бондаренко! Кто там есть еще? Проси.

- Аки скимен! - шепнул Световидов с кривой улыбкой. - Прощайте, поручик. Желаю вам легкого пару.

Из дверей выюркнул денщик - типичный командирский денщик, с благообразно-наглым лицом, с масленым пробором сбоку головы, в белых нитяных перчатках. Он сказал почтительным тоном, но в то же время дерзко, даже чуть-чуть прищурившись, глядя прямо в глаза подпоручику:

- Их высокоблагородие просят ваше благородие.

Он отворил дверь в кабинет, стоя боком, и сам попятился назад, давая дорогу. Ромашов вошел.

Полковник Шульгович сидел за столом, в левом углу от входа. Он был в серой тужурке, из-под которой виднелось великолепное блестящее белье. Мясистые красные руки лежали на ручках деревянного кресла. Огромное старческое лицо с седой короткой щеткой волос на голове и с седой бородой клином было сурово и холодно. Бесцветные светлые глаза глядели враждебно. На поклон подпоручика он коротко кивнул головой.

Ромашов вдруг заметил у него в ухе серебряную серьгу в виде полумесяца с крестом и подумал: "А ведь я этой серьги раньше не видал".

- Нехорошо-с, - начал командир рычащим басом, раздавшимся точно из глубины его живота, и сделал длинную паузу. - Стыдно-с! - продолжал он, повышая голос. - Служите без году неделю, а начинаете хвостом крутить. Имею многие основания быть вами недовольным. Помилуйте, что же это такое? Командир полка делает ему замечание, а он, несчастный прапорщик, фендрик, позволяет себе возражать какую-то ерундистику. Безобразие! - вдруг закричал полковник так оглушительно, что Ромашов вздрогнул. - Немысленно! Разврат!

Ромашов угрюмо смотрел вбок, и ему казалось, что никакая сила в мире не может заставить его перевести глаза и поглядеть в лицо полковнику. "Где мое Я! - вдруг насмешливо пронеслось у него в голове. - Вот ты должен стоять навытяжку и молчать".

- Какими путями до меня дошло, я уж этого не буду вам передавать, но мне известно доподлинно, что вы пьете. Это омерзительно. Мальчишка, желторотый птенец, только что вышедший из школы, и напивается в собрании, как последний сапожный подмастерье. Я, милый мой, все знаю; от меня ничто не укроется. Мне известно многое, о чем вы даже не подозреваете. Что же, если хотите катиться вниз по наклонной плоскости - воля ваша. Но говорю вам в последний раз: вникните в мои слова. Так всегда бывает, мой друг: начинают рюмочкой, потом другой, а потом, глядь, и кончают жизнь под забором. Внедрите себе это в голову-с. А кроме того, знайте: мы терпеливы, но ведь и ангельское терпение может лопнуть... Смотрите, не доводите нас до крайности. Вы один, а общество офицеров - это целая семья. Значит, всегда можно и того... за хвост и из компании вон.

"Я стою, я молчу, - с тоской думал Ромашов, глядя неотступно на серьгу в ухе полковника, - а мне нужно было бы сказать, что я и сам не дорожу этой семьей и хоть сейчас готов вырваться из нее, уйти в запас. Сказать? Посмею ли я?"

Сердце у Ромашова опять дрогнуло и заколотилось, он даже сделал какое-то бессильное движение губами и проглотил слюну, но по-прежнему остался неподвижным.

- Да и вообще ваше поведение... - продолжал жестоким тоном Шульгович. Вот вы в прошлом году, не успев прослужить и года, просились, например, в отпуск. Говорили что-то такое о болезни вашей матушки, показывали там письмо какое-то от нее. Что ж, я не смею, понимаете ли - не смею не верить своему офицеру. Раз вы говорите - матушка, пусть будет матушка. Что ж, всяко бывает. Но знаете - все это как-то одно к одному, и, понимаете...

Ромашов давно уже чувствовал, как у него начало, сначала едва заметно, а потом все сильнее и сильнее, дрожать колено правой ноги. Наконец это непроизвольное нервное движение стало так заметно, что от него задрожало все тело. Это было очень неловко и очень неприятно, и Ромашов со стыдом думал, что Шульгович может принять эту дрожь за проявление страха перед ним. Но когда полковник заговорил о его матери, кровь вдруг горячим, охмеляющим потоком кинулась в голову Ромашову, и дрожь мгновенно прекратилась. В первый раз он поднял глаза кверху и в упор посмотрел прямо в переносицу Шульговичу с ненавистью, с твердым и - это он сам чувствовал у себя на лице - с дерзким выражением, которое сразу как будто уничтожило огромную лестницу, разделяющую маленького подчиненного от грозного начальника. Вся комната вдруг потемнела, точно в ней задернулись занавески. Густой голос командира упал в какую-то беззвучную глубину. Наступил промежуток чудовищной темноты и тишины - без мыслей, без воли, без всяких внешних впечатлений, почти без сознания, кроме одного страшного убеждения, что сейчас, вот сию минуту, произойдет что-то нелепое, непоправимое, ужасное. Странный, точно чужой голос шепнул вдруг извне в ухо Ромашову: "Сейчас я его ударю", - и Ромашов медленно перевел глаза на мясистую, большую старческую щеку и на серебряную серьгу в ухе, с крестом и полумесяцем.

Затем, как во сне, увидел он, еще не понимая этого, что в глазах Шульговича попеременно отразились удивление, страх, тревога, жалость... Безумная, неизбежная волна, захватившая так грозно и так стихийно душу Ромашова, вдруг упала, растаяла, отхлынула далеко. Ромашов, точно просыпаясь, глубоко и сильно вздохнул. Все стало сразу простым и обыденным в его глазах. Шульгович суетливо показывал ему на стул и говорил с неожиданной грубоватой лаской:

- Фу, черт... какой же вы обидчивый... Да садитесь же, черт вас задери! Ну да... все вы вот так. Глядите на меня, как на зверя. Кричит, мол, старый хрен без толку, без смысла, черт бы его драл. А я, - густой голос заколыхался теплыми, взволнованными нотами, - а я, ей-богу, мой милый, люблю вас всех, как своих детей. Что же, вы думаете, не страдаю я за вас? Не болею? Эх, господа, господа, не понимаете вы меня. Ну, ладно, ну, погорячился я, перехватил через край - разве же можно на старика сердиться? Э-эх, молодежь. Ну, мир - кончено. Руку. И пойдем обедать.

Ромашов молча поклонился и пожал протянутую ему руку, большую, пухлую и холодную руку. Чувство обиды у него прошло, но ему не было легче. После сегодняшних утренних важных и гордых мыслей он чувствовал себя теперь маленьким, жалким, бледным школьником, каким-то нелюбимым, робким и заброшенным мальчуганом, и этот переход был постыден. И потому-то, идя в столовую вслед за полковником, он подумал про себя, по своей привычке, в третьем лице: "Мрачное раздумье бороздило его чело".

Шульгович был бездетен. К столу вышла его жена, полная, крупная, важная и молчаливая дама, без шеи, со многими подбородками. Несмотря на пенсне и на высокомерный взгляд, лицо у нее было простоватое и производило такое впечатление, как будто его наспех, боком, выпекли из теста, воткнув изюминки вместо глаз. Вслед за ней, часто шаркая ногами, приплелась древняя мамаша полковника, маленькая, глухая, но еще бодрая, ядовитая и властная старушонка. Пристально и бесцеремонно разглядывая Ромашова снизу вверх, через верх очков, она протянула ему и ткнула прямо в губы свою крошечную, темную, всю сморщенную руку, похожую на кусочек мощей. Затем обратилась к полковнику и спросила таким тоном, как будто бы, кроме их двоих, в столовой никого не было:

- Это кто же такой? Не помню что-то.

Шульгович сложил ладони рук в трубу около рта и закричал старушке в самое ухо:

- Подпоручик Ромашов, мамаша. Прекрасный офицер... фронтовик и молодчинище... из кадетского корпуса... Ах, да! - спохватился он вдруг. Ведь вы, подпоручик, кажется, наш, пензенский?

- Точно так, господин полковник, пензенский.

- Ну да, ну да... Я теперь вспомнил. Ведь мы же земляки с вами. Наровчатского уезда, кажется?

- Точно так. Наровчатского.

- Ну да... Как же это я забыл? Наровчат, одни колышки торчат. А мы инсарские. Мамаша! - опять затрубил он матери на ухо, - подпоручик Ромашов - наш, пензенский!.. Из Наровчата!.. Земляк!..

- А-а! - Старушка многозначительно повела бровями. - Так, так, так... То-то, я думаю... Значит, вы, выходит, сынок Сергея Петровича Шишкина?

- Мамаша! Ошиблись! Подпоручика фамилия - Ромашов, а совсем не Шишкин!..

- Вот, вот, вот... Я и говорю... Сергей-то Петровича я не знала... Понаслышке только. А вот Петра Петровича - того даже очень часто видела. Именья, почитай, рядом были. Очень, оч-чень приятно, молодой человек... Похвально с вашей стороны.

- Ну, пошла теперь скрипеть, старая скворечница, - сказал полковник вполголоса, с грубым добродушием. - Садитесь, подпоручик... Поручик Федоровский! - крикнул он в дверь. - Кончайте там и идите пить водку!..

В столовую быстро вошел адъютант, который, по заведенному во многих полках обычаю, обедал всегда у командира. Мягко и развязно позвякивая шпорами, он подошел к отдельному майоликовому столику с закуской, налил себе водки и не торопясь выпил и закусил. Ромашов почувствовал к нему зависть и какое-то смешное, мелкое уважение.

- А вы водки? - спросил Шульгович. - Ведь пьете?

- Нет. Благодарю покорно. Мне что-то не хочется, - ответил Ромашов сиплым голосом и прокашлялся.

- И-и пре-екрасно. Самое лучшее. Желаю и впредь так же.

Обед был сытный в вкусный. Видно было, что бездетные полковник и полковница прилепились к невинной страстишке - хорошо поесть. Подавали душистый суп из молодых кореньев и зелени, жареного леща с кашей, прекрасно откормленную домашнюю утку и спаржу. На столе стояли три бутылки - с белым и красным вином и с мадерой, - правда, уже начатые и заткнутые серебряными фигурными пробками, но дорогие, хороших иностранных марок. Полковник - точно недавний гнев прекрасно повлиял на его аппетит - ел с особым вкусом в так красиво, что на него приятно было смотреть. Он все время мило и грубо шутил. Когда подали спаржу, он, глубже засовывая за воротник тужурки ослепительно белую жесткую салфетку, сказал весело:

- Если бы я был царь, всегда бы ел спаржу!

Но раньше, за рыбой, он не утерпел и закричал на Ромашова начальническим тоном:

- Подпоручик! Извольте отложить ножик в сторону. Рыбу и котлеты едят исключительно вилкой. Нехорошо-с! Офицер должен уметь есть. Каждый офицер может быть приглашен к высочайшему столу. Помните это.

Ромашов сидел за обедом неловкий, стесненный, не зная, куда девать руки, большею частью держа их под столом и заплетая в косички бахромку скатерти. Он давно уже отвык от хорошей семейной обстановки, от приличной и комфортабельной мебели, от порядка за столом. И все время терзала его одна и та же мысль: "Ведь это же противно, это такая слабость и трусость с моей стороны, что я не мог, не посмел отказаться от этого унизительного обеда. Ну вот я сейчас встану, сделаю общий поклон и уйду. Пусть думают что хотят. Ведь не съест же он меня? Не отнимет моей души, мыслей, сознания? Уйду ли?" И опять, с робко замирающим сердцем, бледнея от внутреннего волнения, досадуя на самого себя, он чувствовал, что не в, состоянии это сделать.

Наступил уже вечер, когда подали кофе. Красные, косые лучи солнца ворвались в окна и заиграли яркими медными пятнами на темных обоях, на скатерти, на хрустале, на лицах обедающих. Все притихли в каком-то грустном обаянии этого вечернего часа.

- Когда я был еще прапорщиком, - заговорил вдруг Шульгович, - у нас был командир бригады, генерал Фофанов. Такой милый старикашка, боевой офицер, но чуть ли не из кантонистов. Помню, он, бывало, подойдет на смотру к барабанщику, - ужасно любил барабан, - подойдет и скажет: "А ну-ка, братец, шыграй мне что-нибудь меланхоличешкое". Да. Так этот генерал, когда у него собирались гости, всегда уходил спать аккуратно в одиннадцать. Бывало, обратится к гостям и скажет: "Ну, гошпода, ешьте, пейте, вешелитесь, а я иду в объятия Нептуна". Ему говорят: "Морфея, ваше превосходительство?" - "Э, вше равно: иж одной минералогии..." Так я теперь, господа, - Шульгович встал и положил на спинку стула салфетку, тоже иду в объятия Нептуна. Вы свободны, господа офицеры.

Офицеры встали и вытянулись.

"Ироническая горькая улыбка показалась на его тонких губах", - подумал Ромашов, но только подумал, потому что лицо у него в эту минуту было жалкое, бледное и некрасиво-почтительное.

Опять шел Ромашов домой, чувствуя себя одиноким, тоскующим, потерявшимся в каком-то чужом, темном и враждебном месте. Опять горела на западе в сизых нагроможденных тяжелых тучах красно-янтарная заря, и опять Ромашову чудился далеко за чертой горизонта, за домами и полями, прекрасный фантастический город с жизнью, полной красоты, изящества и счастья.

На улицах быстро темнело. По шоссе бегали с визгом еврейские ребятишки. Где-то на завалинках, у ворот, у калиток, в садах звенел женский смех, звенел непрерывно и возбужденно, с какой-то горячей, животной, радостной дрожью, как звенит он только ранней весной. И вместе с тихой, задумчивой грустью в душе Ромашова рождались странные, смутные воспоминания и сожаления о никогда не бывшем счастье и о прошлых, еще более прекрасных веснах, а в сердце шевелилось неясное и сладкое предчувствие грядущей любви...

Когда он пришел домой, то застал Гайнана в его темном чулане перед бюстом Пушкина. Великий поэт был весь вымазан маслом, и горевшая перед ним свеча бросала глянцевитые пятна на нос, на толстые губы и на жилистую шею. Сам же Гайнан, сидя по-турецки на трех досках, заменявших ему кровать, качался взад и вперед и бормотал нараспев что-то тягучее и монотонное.

- Гайнан! - окликнул его Ромашов.

Денщик вздрогнул и, вскочив с кровати, вытянулся. На лице его отразились испуг и замешательство.

- Алла? - спросил Ромашов дружелюбно.

Безусый мальчишеский рот черемиса весь растянулся в длинную улыбку, от которой при огне свечи засверкали его великолепные белые зубы.

- Алла, ваша благородия!

- Ну, ну, ну... Сиди себе, сиди. - Ромашов ласково погладил денщика по плечу. - Все равно, Гайнан, у тебя алла, у меня алла. Один, братец, алла у всех человеков.

"Славный Гайнан, - подумал подпоручик, идя в комнату. - А я вот не смею пожать ему руку. Да, не могу, не смею. О, черт! Надо будет с нынешнего дня самому одеваться и раздеваться. Свинство заставлять это делать за себя другого человека".

В этот вечер он не пошел в собрание, а достал из ящика толстую разлинованную тетрадь, исписанную мелким неровным почерком, и писал до глубокой ночи. Это была третья, по счету, сочиняемая Ромашовым повесть, под заглавием: "Последний роковой дебют". Подпоручик сам стыдился своих литературных занятий и никому в мире ни за что не признался бы в них.

## VIII

Казармы для помещения полка только что начали строить на окраине местечка, за железной дорогой, на так называемом выгоне, а до их окончания полк со всеми своими учреждениями был расквартирован по частным квартирам. Офицерское собрание занимало небольшой одноэтажный домик, который был расположен глаголем: в длинной стороне, шедшей вдоль улицы, помещались танцевальная зала и гостиная, а короткую, простиравшуюся в глубь грязного двора, занимали - столовая, кухня и "номера" для приезжих офицеров. Эти две половины были связаны между собою чем-то вроде запутанного, узкого, коленчатого коридора; каждое колено соединялось с другими дверями, и таким образом получился ряд крошечных комнатушек, которые служили - буфетом, бильярдной, карточной, передней и дамской уборной. Так как все эти помещения, кроме столовой, были обыкновенно необитаемы и никогда не проветривались, то в них стоял сыроватый, кислый, нежилой воздух, к которому примешивался особый запах от старой ковровой обивки, покрывавшей мебель.

Ромашов пришел в собрание в девять часов. Пять-шесть холостых офицеров уже сошлись на вечер, но дамы еще не съезжались. Между ними издавна существовало странное соревнование в знании хорошего тона, а этот тон считал позорным для дамы являться одной из первых на бал. Музыканты уже сидели на своих местах в стеклянной галерее, соединявшейся одним большим многостекольным окном с залой. В зале по стенам горели в простенках между окнами трехлапые бра, а с потолка спускалась люстра с хрустальными дрожащими подвесками. Благодаря яркому освещению эта большая комната с голыми стенами, оклеенными белыми обоями, с венскими стульями по бокам, с тюлевыми занавесками на окнах, казалась особенно пустой.

В бильярдной два батальонных адъютанта, поручики Бек-Агамалов и Олизар, которого все в полку называли графом Олизаром, играли в пять шаров на пиво. Олизар - длинный, тонкий, прилизанный, напомаженный - молодой старик, с голым, но морщинистым, хлыщеватым лицом, все время сыпал бильярдными прибаутками. Бек-Агамалов проигрывал и сердился. На их игру глядел, сидя на подоконнике, штабс-капитан Лещенко, унылый человек сорока пяти лет, способный одним своим видом навести тоску; все у него в лице и фигуре висело вниз с видом самой безнадежной меланхолии: висел вниз, точно стручок перца, длинный, мясистый, красный и дряблый нос; свисали до подбородка двумя тонкими бурыми нитками усы; брови спускались от переносья вниз к вискам, придавая его глазам вечно плаксивое выражение; даже старенький сюртук болтался на его покатых плечах и впалой груди, как на вешалке. Лещенко ничего не пил, не играл в карты и даже не курил. Но ему доставляло странное, непонятное другим удовольствие торчать в карточной, или в бильярдной комнате за спинами игроков, или в столовой, когда там особенно кутили. По целым часам он просиживал там, молчаливый и унылый, не произнося ни слова. В полку к этому все привыкли, и даже игра и попойка как-то не вязались, если в собрании не было безмолвного Лещенки.

Поздоровавшись с тремя офицерами, Ромашов сел рядом с Лещенкой, который предупредительно отодвинулся в сторону, вздохнул и поглядел на молодого офицера грустными и преданными собачьими глазами.

- Как здоровье Марьи Викторовны? - спросил Ромашов тем развязным и умышленно громким голосом, каким говорят с глухими и туго понимающими людьми и каким с Лещенкой в полку говорили все, даже прапорщики.

- Спасибо, голубчик, - с тяжелым вздохом ответил Лещенко. - Конечно, нервы у нее... Такое время теперь.

- А отчего же вы не вместе с супругой? Или, может быть, Марья Викторовна не собирается сегодня?

- Нет. Как же. Будет. Она будет, голубчик. Только, видите ли, мест нет в фаэтоне. Они с Раисой Александровной пополам взяли экипаж, ну и, понимаете, голубчик, говорят мне: "У тебя, говорят, сапожища грязные, ты нам платья испортишь".

- Круазе в середину! Тонкая резь. Вынимай шара из лузы, Бек! - крикнул Олизар.

- Ты сначала делай шара, а потом я выну, - сердито отозвался Бек-Агамалов.

Лещенко забрал в рот бурые кончики усов и сосредоточенно пожевал их.

- У меня к вам просьба, голубчик Юрий Алексеич, - сказал он просительно и запинаясь, - сегодня ведь вы распорядитель танцев?

- Да. Черт бы их побрал. Назначили. Я крутился-крутился перед полковым адъютантом, хотел даже написать рапорт о болезни. Но разве с ним сговоришь? "Подайте, говорит, свидетельство врача".

- Вот я вас и хочу попросить, голубчик, - продолжал Лещенко умильным тоном. - Бог уж с ней, устройте, чтобы она не очень сидела. Знаете, прошу вас по-товарищески.

- Марья Викторовна?

- Ну да. Пожалуйста уж.

- Желтый дуплет в угол, - заказал Бек-Агамалов. - Как в аптеке будет.

Ему было неудобно играть вследствие его небольшого роста, и он должен был тянуться на животе через бильярд. От напряжения его лицо покраснело, и на лбу вздулись, точно ижица, две сходящиеся к переносью жилы.

- Жамаис! - уверенно дразнил его Олизар. - Этого даже я не сделаю.

Кий Агамалова с сухим треском скользнул по шару, но шар не сдвинулся с места.

- Кикс! - радостно закричал Олизар и затанцевал канкан вокруг бильярда. - Когда ты спышь - храпышь, дюша мой?

Агамалов стукнул толстым концом кия о пол.

- А ты не смей под руку говорить! - крикнул он, сверкая черными глазами. - Я игру брошу.

- Нэ кирпичись, дюша мой, кровь испортышь. Модистку в угол!..

К Ромашову подскочил один из вестовых, наряженных на дежурство в переднюю, чтобы раздевать приезжающих дам.

- Ваше благородие, вас барыня просят в залу.

Там уже прохаживались медленно взад и вперед три дамы, только что приехавшие, все три - пожилые. Самая старшая из них, жена заведующего хозяйством, Анна Ивановна Мигунова, обратилась к Ромашову строгим и жеманным тоном, капризно растягивая концы слов и со светской важностью кивая головой:

- Подпоручик Ромашо-ов, прикажите сыграть что-нибудь для слу-уха. Пожа-алуйста...

- Слушаю-с. - Ромашов поклонился и подошел к музыкантскому окну. Зиссерман, - крикнул он старосте оркестра, - валяй для слуха!

Сквозь раскрытое окно галереи грянули первые раскаты увертюры из "Жизни за царя", и в такт им заколебались вверх и вниз языки свечей.

Дамы понемногу съезжались. Прежде, год тому назад, Ромашов ужасно любил эти минуты перед балом, когда, по своим дирижерским обязанностям, он встречал в передней входящих дам. Какими таинственными и прелестными казались они ему, когда, возбужденные светом, музыкой и ожиданием танцев, они с веселой суетой освобождались от своих капоров, боа и шубок. Вместе с женским смехом и звонкой болтовней тесная передняя вдруг наполнялась запахом мороза, духов, пудры и лайковых перчаток, - неуловимым, глубоко волнующим запахом нарядных и красивых женщин перед балом. Какими блестящими и влюбленными казались ему их глаза в зеркалах, перед которыми они наскоро поправляли свои прически! Какой музыкой звучал шелест и шорох их юбок! Какая ласка чувствовалась в прикосновении их маленьких рук, их шарфов и вееров!..

Теперь это очарование прошло, и Ромашов знал, что навсегда. Он не без некоторого стыда понимал теперь, что многое в этом очаровании было почерпнуто из чтения французских плохих романов, в которых неизменно описывается, как Густав и Арман, приехав на бал в русское посольство, проходили через вестибюль. Он знал также, что полковые дамы по годам носят одно и то же "шикарное" платье, делая жалкие попытки обновлять его к особенно пышным вечерам, а перчатки чистят бензином. Ему смешным и претенциозным казалось их общее пристрастие к разным эгреткам, шарфикам, огромным поддельным камням, к перьям и обилию лент: в этом сказывалась какая-то тряпичная, безвкусная, домашнего изделия роскошь. Они употребляли жирные белила и румяна, во неумело и грубо до наивности: у иных от этих средств лица принимали зловещий синеватый оттенок. Но неприятнее всего было для Ромашова то, что он, как и все в полку, знал закулисные истории каждого бала, каждого платья, чуть ли не каждой кокетливой фразы; он знал, как за ними скрывались: жалкая бедность, усилия, ухищрения, сплетни, взаимная ненависть, бессильная провинциальная игра в светскость и, наконец, скучные, пошлые связи...

Приехал капитан Тальман с женой: оба очень высокие, плотные; она нежная, толстая, рассыпчатая блондинка, он - со смуглым, разбойничьим лицом, с беспрестанным кашлем и хриплым голосом. Ромашов уже заранее знал, что сейчас Тальман скажет свою обычную фразу, и он, действительно, бегая цыганскими глазами, просипел:

- А что, подпоручик, в карточной уже винтят?

- Нет еще. Все в столовой.

- Нет еще? Знаешь, Сонечка, я того... пойду в столовую - "Инвалид" пробежать. Вы, милый Ромашов, попасите ее... ну, там какую-нибудь кадриленцию.

Потом в переднюю впорхнуло семейство Лыкачевых - целый выводок хорошеньких, смешливых и картавых барышень во главе с матерью - маленькой, живой женщиной, которая в сорок лет танцевала без устали и постоянно рожала детей - "между второй и третьей кадрилью", как говорил про нее полковой остряк Арчаковский.

Барышни, разнообразно картавя, смеясь и перебивая друг дружку, набросились на Ромашова:

- Отчего вы к нам не пыходили?

- Звой, звой, звой!

- Нехолосый, нехолосый, нехолосый!

- Звой, звой!

- Пыиглашаю вас на пейвую кадъиль.

- Mesdames!.. Mesdames! - говорил Ромашов, изображая собою против воли любезного кавалера и расшаркиваясь во все стороны.

В это время он случайно взглянул на входную дверь и увидал за ее стеклом худое и губастое лицо Раисы Александровны Петерсон под белым платком, коробкой надетым поверх шляпы. Ромашов поспешно, совсем по-мальчишески, юркнул в гостиную. Но как ни короток был этот миг и как ни старался подпоручик уверить себя, что Раиса его не заметила, - все-таки он чувствовал тревогу; в выражении маленьких глаз его любовницы почудилось ему что-то новое и беспокойное, какая-то жестокая, злобная и уверенная угроза.

Он прошел в столовую. Там уже набралось много народа; почти все места за длинным, покрытым клеенкой столом были заняты. Синий табачный дым колыхался в воздухе. Пахло горелым маслом из кухни. Две или три группы офицеров уже начинали выпивать и закусывать. Кое-кто читал газеты. Густой и пестрый шум голосов сливался со стуком ножей, щелканьем бильярдных шаров и хлопаньем кухонной двери. По ногам тянуло холодом из сеней.

Ромашов отыскал поручика Бобетинского и подошел к нему. Бобетинский стоял около стола, засунув руки в карманы брюк, раскачиваясь на носках и на каблуках и щуря глаза от дыма папироски. Ромашов тронул его за рукав.

- Что? - обернулся он и, вынув одну руку из кармана, не переставая щуриться, с изысканным видом покрутил длинный рыжий ус, скосив на него глаза и отставив локоть вверх. - А-а! Это вы? Эчень приятно...

Он всегда говорил таким ломаным, вычурным тоном, подражая, как он сам думал, гвардейской золотой молодежи. Он был о себе высокого мнения, считая себя знатоком лошадей и женщин, прекрасным танцором и притом изящным, великосветским, но, несмотря на свои двадцать четыре года, уже пожившим и разочарованным человеком. Поэтому он всегда держал плечи картинно поднятыми кверху, скверно французил, ходил расслабленной походкой и, когда говорил, делал усталые, небрежные жесты.

- Петр Фаддеевич, милый, пожалуйста, подирижируйте нынче за меня, попросил Ромашов.

- Ме, мон ами! - Бобетинский поднял кверху плечи и брови и сделал глупые глаза. - Но... мой дрюг, - перевел он по-русски. - С какой стати? Пуркуа?[4] Право, вы меня... как это говорится?.. Вы меня эдивляете!..

- Дорогой мой, пожалуйста...

- Постойте... Во-первых, без фэ-миль-ярностей. Чтэ это тэкое - дорогой, тэкой-сякой е цетера?[5]

- Ну, умоляю вас, Петр Фаддеич... Голова болит... и горло... положительно не могу.

Ромашов долго и убедительно упрашивал товарища. Наконец он даже решил пустить в дело лесть.

Ведь никто же в полку не умеет так красиво и разнообразно вести танцы, как Петр Фаддеевич. И кроме того, об этом также просила одна дама...

- Дама?.. - Бобетинский сделал рассеянное и меланхолическое лицо. Дама? Дрюг мой, в мои годы... - Он рассмеялся с деланной горечью и разочарованием. - Что такое женщина? Ха-ха-ха... Юн енигм![6] Ну, хорошо, я, так и быть, согласен... Я согласен.

И таким же разочарованным голосом он вдруг прибавил:

- Мон шер ами, а нет ли у вас... как это называется... трех рюблей?

- К сожалению!.. - вздохнул Ромашов.

- А рубля?

- Мм!..

- Дезагреабль-с[7]... Ничего не поделаешь. Ну, пойдемте в таком случае выпьем водки.

- Увы! И кредита нет, Петр Фаддеевич.

- Да-а? О, повр апфан![8].. Все равно, пойдем. Бобетинский сделал широкий и небрежный жест великодушия. - Я вас приветствую.

В столовой между тем разговор становился более громким и в то же время более интересным для всех присутствующих. Говорили об

[4] Почему? (фр.)

[5] и так далее (фр.)

[6] Загадка! (фр.)

[7] Неприятно-с... (фр.)

[8] Бедный ребенок!.. (фр.)

офицерских поединках, только что тогда разрешенных, и мнения расходились.

Больше всех овладел беседой поручик Арчаковский - личность довольно темная, едва ли не шулер. Про него втихомолку рассказывали, что еще до поступления в полк, во время пребывания в запасе, он служил смотрителем на почтовой станции и был предан суду за то, что ударом кулака убил какого-то ямщика.

- Это хорошо дуэль в гвардии - для разных там лоботрясов и фигель-миглей, - говорил грубо Арчаковский, - а у нас... Ну, хорошо, я холостой... положим, я с Василь Василичем Липским напился в собрании и в пьяном виде закатил ему в ухо. Что же нам делать? Если он со мной не захочет стреляться - вон из полка; спрашивается, что его дети будут жрать? А вышел он на поединок, я ему влеплю пулю в живот, и опять детям кусать нечего... Чепуха все.

- Гето... ты подожди... ты повремени, - перебил его старый и пьяный подполковник Лех, держа в одной руке рюмку, а кистью другой руки делая слабые движения в воздухе, - ты понимаешь, что такое честь мундира?.. Гето, братец ты мой, та-акая штука... Честь, она... Вот, я помню, случай у нас был в Темрюкском полку в тысячу восемьсот шестьдесят втором году.

- Ну, знаете, ваших случаев не переслушаешь, - развязно перебил его Арчаковский, - расскажете еще что-нибудь, что было за царя Гороха.

- Гето, братец... ах, какой ты дерзкий... Ты еще мальчишка, а я, гето... Был, я говорю, такой случай...

- Только кровь может смыть пятно обиды, - вмешался напыщенным тоном поручик Бобетинский и по-петушиному поднял кверху плечи.

- Гето, был у нас прапорщик Солуха, - силился продолжать Лех.

К столу подошел, выйдя из буфета, командир первой роты, капитан Осадчий.

- Я слышу, что у вас разговор о поединках. Интересно послушать, сказал он густым, рыкающим басом, сразу покрывая все голоса. - Здравия желаю, господин подполковник. Здравствуйте, господа.

- А, колосс родосский, - ласково приветствовал его Лех. - Гето... садись ты около меня, памятник ты этакий... Водочки выпьешь со мною?

- И весьма, - низкой октавой ответил Осадчий.

Этот офицер всегда производил странное и раздражающее впечатление на Ромашова, возбуждая в нем чувство, похожее на страх и на любопытство. Осадчий славился, как и полковник Шульгович, не только в полку, но и во всей дивизии своим необыкновенным по размерам и красоте голосом, а также огромным ростом и страшной физической силой. Был он известен также и своим замечательным знанием строевой службы. Его иногда, для пользы службы, переводили из одной роты в другую, и в течение полугода он умел делать из самых распущенных, захудалых команд нечто похожее по стройности и исполнительности на огромную машину, пропитанную нечеловеческим трепетом перед своим начальником. Его обаяние и власть были тем более непонятны для товарищей, что он не только никогда не дрался, но даже и бранился лишь в редких, исключительных случаях. Ромашову всегда чуялось в его прекрасном сумрачном лице, странная бледность которого еще сильнее оттенялась черными, почти синими волосами, что-то напряженное, сдержанное и жестокое, что-то присущее не человеку, а огромному, сильному зверю. Часто, незаметно наблюдая за ним откуда-нибудь издали, Ромашов воображал себе, каков должен быть этот человек в гневе, и, думая об этом, бледнел от ужаса и сжимал холодевшие пальцы. И теперь он не отрываясь глядел, как этот самоуверенный, сильный человек спокойно садился у стены на предупредительно подвинутый ему стул.

Осадчий выпил водки, разгрыз с хрустом редиску и спросил равнодушно:

- Ну-с, итак, какое же резюме почтенного собрания?

- Гето, братец ты мой, я сейчас рассказываю... Был у нас случай, когда я служил в Темрюкском полку. Поручик фон Зоон, - его солдаты звали "Под-Звон", - так он тоже однажды в собрании...

Но его перебил Липский, сорокалетний штабс-капитан, румяный и толстый, который, несмотря на свои годы, держал себя в офицерском обществе шутом и почему-то усвоил себе странный и смешной тон избалованного, но любимого всеми комичного мальчугана.

- Позвольте, господин капитан, я вкратце. Вот поручик Арчаковский говорит, что дуэль - чепуха. "Треба, каже, як у нас у бурсе - дал раза по потылице и квит". Затем дебатировал поручик Бобетинский, требовавший крови. Потом господин подполковник тщетно тщились рассказать анекдот из своей прежней жизни, но до сих пор им это, кажется, не удалось. Затем, в самом начале рассказа, подпоручик Михин заявили под шумок о своем собственном мнении, но ввиду недостаточности голосовых средств и свойственной им целомудренной стыдливости мнение это выслушано не было.

Подпоручик Михин, маленький, слабогрудый юноша, со смуглым, рябым и веснушчатым лицом, на котором робко, почти испуганно глядели нежные темные глаза, вдруг покраснел до слез.

- Я только, господа... Я, господа, может быть, ошибаюсь, - заговорил он, заикаясь и смущенно комкая свое безбородое лицо руками. - Но, по-моему, то есть я полагаю... нужно в каждом отдельном случае разбираться. Иногда дуэль полезна, это безусловно, и каждый из нас, конечно, выйдет к барьеру. Безусловно. Но иногда, знаете, это... может быть, высшая честь заключается в том, чтобы... это... безусловно простить... Ну, я не знаю, какие еще могут быть случаи... вот...

- Эх вы, Декадент Иванович, - грубо махнул на него рукой Арчаковский, тряпку вам сосать.

- Гето, да дайте же мне, братцы, высказаться!

Сразу покрывая все голоса могучим звуком своего голоса, заговорил Осадчий:

- Дуэль, господа, непременно должна быть с тяжелым исходом, иначе это абсурд! Иначе это будет только дурацкая жалость, уступка, снисходительность, комедия. Пятьдесят шагов дистанции и по одному выстрелу. Я вам говорю: из этого выйдет одна только пошлость, вот именно вроде тех французских дуэлей, о которых мы читаем в газетах. Пришли, постреляли из пистолетов, а потом в газетах сообщают протокол поединка: "Дуэль, по счастью, окончилась благополучно. Противники обменялись выстрелами, не причинив друг другу вреда, но выказав при этом отменное мужество. За завтраком недавние враги обменялись дружеским рукопожатием". Такая дуэль, господа, чепуха. И никакого улучшения в наше общество она не внесет,

Ему сразу ответило несколько голосов. Лех, который в продолжение его речи не раз покушался докончить свой рассказ, опять было начал: "А вот, гето, я, братцы мои... да слушайте же, жеребцы вы". Но его не слушали, и он попеременно перебегал глазами от одного офицера к другому, ища сочувствующего взгляда. От него все небрежно отворачивались, увлеченные спором, и он скорбно поматывал отяжелевшей головой. Наконец он поймал глазами глаза Ромашова. Молодой офицер по опыту знал, как тяжело переживать подобные минуты, когда слова, много раз повторяемые, точно виснут без поддержки в воздухе и когда какой-то колючий стыд заставляет упорно и безнадежно к ним возвращаться. Поэтому-то он и не уклонился от подполковника, и тот, обрадованный, потащил его за рукав к столу.

- Гето... хоть ты меня выслушай, прапор, - говорил Лех горестно, садись, выпей-ка водочки... Они, братец мой, все - шалыганы. - Лех слабо махнул на спорящих офицеров кистью руки. - Гав, гав, гав, а опыта у них нет. Я хотел рассказать, какой у нас был случай...

Держа одной рукой рюмку, а свободной рукой размахивая так, как будто бы он управлял хором, и мотая опущенной головой, Лех начал рассказывать один из своих бесчисленных рассказов, которыми он был нафарширован, как колбаса ливером, и которых он никогда не мог довести до конца благодаря вечным отступлениям, вставкам, сравнениям и загадкам. Теперешний его анекдот заключался в том, что один офицер предложил другому - это, конечно, было в незапамятные времена - американскую дуэль, причем в виде жребия им служил чет или нечет на рублевой бумажке. И вот кто-то из них, - трудно было понять, кто именно, - Под-Звон или Солуха, прибегнул к мошенничеству: "Гето, братец ты мой, взял да и склеил две бумажки вместе, и вышло, что на одной стороне чет, а на другой нечет. Стали они, братец ты мой, тянуть... Этот и говорит тому..."

Но и на этот раз подполковник не успел, по обыкновению, докончить своего анекдота, потому что в буфет игриво скользнула Раиса Александровна Петерсон. Стоя в дверях столовой, но не входя в нее (что вообще было не принято), она крикнула веселым и капризным голоском, каким кричат балованные, но любимые всеми девочки:

- Господа, ну что-о же это такое! Дамы уж давно съехались, а вы тут сидите и угощаетесь! Мы хочем танцевать!

Два-три молодых офицера встали, чтобы идти в залу, другие продолжали сидеть и курить и разговаривать, не обращая на кокетливую даму никакого внимания; зато старый Лех косвенными мелкими шажками подошел к ней и, сложив руки крестом и проливая себе на грудь из рюмки водку, воскликнул с пьяным умилением:

- Божественная! И как это начальство позволяет шущештвовать такой красоте! Ру-учку!.. Лобзнуть!..

- Юрий Алексеевич, - продолжала щебетать Петерсон, - ведь вы, кажется, на сегодня назначены? Хорош, нечего сказать, дирижер!

- Миль пардон, мадам[9]. Се ма фот!.. Это моя вина! - воскликнул Бобетинский, подлетая к ней. На ходу он быстро шаркал ногами, приседал, балансировал туловищем и раскачивал опущенными руками с таким видом, как будто он выделывал подготовительные па какого-то веселого балетного танца. - Ваш-шу руку. Вотр мэн, мадам. Господа, в залу, в залу!

Он понесся под руку с Петерсон, гордо закинув кверху голову, и уже из другой комнаты доносился его голос - светского, как он воображал, дирижера:

- Месье, приглашайте дам на вальс! Музыканты, вальс!

- Простите, господин подполковник, мои обязанности призывают меня, сказал Ромашов.

- Эх, братец ты мой, - с сокрушением поник головой Лех. - И ты такой же перец, как и они все... Гето... постой, постой, прапорщик... Ты слыхал про Мольтке? Про великого молчальника, фельдмаршала... гето... и стратега Мольтке?

- Господин подполковник, право же...

- А ты не егози... Сия притча краткая... Великий молчальник посещал

---

[9] тысяча извинений, сударыня (фр.)

офицерские собрания и, когда обедал, то... гето... клал перед собою на стол кошелек, набитый, братец ты мой, золотом. Решил он в уме отдать этот кошелек тому офицеру, от которого он хоть раз услышит в собрании дельное слово. Но так и умер старик, прожив на свете сто девяносто лет, а кошелек его так, братец ты мой, и остался целым. Что? Раскусил сей орех? Ну, теперь иди себе, братец. Иди, иди, воробышек... попрыгай...

## IX

В зале, которая, казалось, вся дрожала от оглушительных звуков вальса, вертелись две пары. Бобетинский, распустив локти, точно крылья, быстро семенил ногами вокруг высокой Тальман, танцевавшей с величавым спокойствием каменного монумента. Рослый, патлатый Арчаковский кружил вокруг себя маленькую, розовенькую младшую Лыкачеву, слегка согнувшись над нею и глядя ей в пробор; не выделывая па, он лишь лениво и небрежно переступал ногами, как танцуют обыкновенно с детьми. Пятнадцать других дам сидели вдоль стен в полном одиночестве и старались делать вид, что это для них все равно. Как и всегда бывало на полковых собраниях, кавалеров оказалось вчетверо меньше, чем дам, и начало вечера обещало быть скучным.

Петерсон, только что открывшая бал, что всегда для дам служило предметом особой гордости, теперь пошла с тонким, стройным Олизаром. Он держал ее руку точно пришпиленной к своему левому бедру; она же томно опиралась подбородком на другую руку, лежавшую у него на плече, а голову повернула назад, к зале, в манерном и неестественном положении. Окончив тур, она нарочно села неподалеку от Ромашова, стоявшего около дверей дамской уборной. Она быстро обмахивалась веером и, глядя на склонившегося перед ней Олизара, говорила с певучей томностью:

- Нет, ск'жи-ите, граф, отчего мне всегда так жарко? Ум'ляю вас ск'жи-ите!..

Олизар сделал полупоклон, звякнул шпорами и провел рукой по усам в одну и в другую сторону.

- Сударыня, этого даже Мартын Задека не скажет.

И так как в это время Олизар глядел на ее плоское декольте, она стала часто и неестественно глубоко дышать.

- Ах, у меня всегда возвышенная температура! - продолжала Раиса Александровна, намекая улыбкой на то, что за ее словами кроется какой-то особенный, неприличный смысл. - Такой уж у меня горячий темперамент!..

Олизар коротко и неопределенно заржал.

Ромашов стоял, глядел искоса на Петерсон в думал с отвращением: "О, какая она противная!" И от мысли о прежней физической близости с этой женщиной у него было такое ощущение, точно он не мылся несколько месяцев и не переменял белья.

- Да, да, да, вы не смейтесь, граф. Вы не знаете, что моя мать гречанка!

"И говорит как противно, - думал Ромашов. - Странно, что я до сих пор этого не замечал. Она говорит так, как будто бы у нее хронический насморк или полип в носу: "боя бать гречадка".

В это время Петерсон обернулась к Ромашову и вызывающе посмотрела на него прищуренными глазами.

Ромашов по привычке сказал мысленно:

"Лицо его стало непроницаемо, как маска".

- Здравствуйте, Юрий Алексеевич! Что же вы не подойдете поздороваться? - запела Раиса Александровна.

Ромашов подошел. Она со злыми зрачками глаз, ставшими вдруг необыкновенно маленькими и острыми, крепко сжала его руку.

- Я по вашей просьбе оставила вам третью кадриль. Надеюсь, вы не забыли?

Ромашов поклонился.

- Какой вы нелюбезный, - продолжала кривляться Петерсон. - Вам бы следовало сказать: аншанте, мадам[10] ("адшадте, бадаб" - услышал Ромашов)! Граф, правда, он мешок?

- Как же... Я помню, - неуверенно забормотал Ромашов. - Благодарю за честь.

Бобетинский мало способствовал оживлению вечера. Он дирижировал с разочарованным и устало-покровительственным видом, точно исполняя какую-то страшно надоевшую ему, но очень важную для всех других обязанность. Но перед третьей кадрилью он оживился и, пролетая по зале, точно на коньках по льду, быстрыми, скользящими шагами, особенно громко выкрикнул:

- Кадриль-монстр! Кавалье, ангаже во дам![11]

Ромашов с Раисой Александровной стали недалеко от музыкантского окна, имея vis-a-vis[12] Михина и жену Лещенки, которая едва достигала до плеча своего кавалера. К третьей кадрили танцующих заметно прибавилось, так что пары должны были расположиться и вдоль залы и

---

[10] очень рад, сударыня (фр.)

[11] Кавалеры, приглашайте дам! (фр.)

[12] напротив (фр.)

поперек. И тем и другим приходилось танцевать по очереди, и потому каждую фигуру играли по два раза.

"Надо объясниться, надо положить конец, - думал Ромашов, оглушаемый грохотом барабана и медными звуками, рвавшимися из окна. - Довольно!" "На его лице лежала несокрушимая решимость".

У полковых дирижеров установились издавна некоторые особенные приемы и милые шутки. Так, в третьей кадрили всегда считалось необходимым путать фигуры и делать, как будто неумышленно, веселые ошибки, которые всегда возбуждали неизменную сумятицу и хохот. И Бобетинский, начав кадриль-монстр неожиданно со второй фигуры, то заставлял кавалеров делать соло и тотчас же, точно спохватившись, возвращал их к дамам, то устраивал grand-rond[13] и, перемешав его, заставлял кавалеров отыскивать дам.

- Медам, авансе... виноват, рекуле. Кавалье, соло! Пардон, назад, балянсе авек во дам![14] Да назад же!

Раиса Александровна тем временем говорила язвительным тоном, задыхаясь от злобы, но делая такую улыбку, как будто бы разговор шел о самых веселых и приятных вещах:

- Я не позволю так со мной обращаться. Слышите? Я вам не девчонка. Да. И так порядочные люди не поступают. Да.

- Не будем сердиться, Раиса Александровна, - убедительно и мягко попросил Ромашов.

- О, слишком много чести - сердиться! Я могу только презирать вас. Но издеваться над собою я не позволю никому. Почему вы не потрудились ответить на мое письмо?

- Но меня ваше письмо не застало дома, клянусь вам.

- Ха! Вы мне морочите голову! Точно я не знаю, где вы бываете... Но будьте уверены...

- Кавалье, ан аван! Рон де кавалье[15]. А гош! Налево, налево! Да налево же, господа! Эх, ничего не понимают! Плю де ля ви, месье![16] - кричал Бобетинский, увлекая танцоров в быстрый круговорот и отчаянно топая ногами.

- Я знаю все интриги этой женщины, этой лилипутки, - продолжала Раиса, когда Ромашов вернулся на место. - Только напрасно она так много о себе воображает! Что она дочь проворовавшегося нотариуса...

- Я попросил бы при мне так не отзываться о моих знакомых, - сурово остановил Ромашов.

---

[13] большой круг (фр.)

[14] Дамы, вперед... назад! Кавалеры, одни! Простите... направляйте ваших дам! (фр.)

[15] Кавалеры, вперед! Кавалеры, в круг! (фр.)

[16] Больше жизни, господа! (фр.)

Тогда произошла грубая сцена. Петерсон разразилась безобразною бранью по адресу Шурочки. Она уже забыла о своих деланных улыбках и, вся в пятнах, старалась перекричать музыку своим насморочным голосом. Ромашов же краснел до настоящих слез от своего бессилия и растерянности, и от боли за оскорбляемую Шурочку, и оттого, что ему сквозь оглушительные звуки кадрили не удавалось вставить ни одного слова, а главное - потому, что на них уже начинали обращать внимание.

- Да, да, у нее отец проворовался, ей нечего подымать нос! - кричала Петерсон. - Скажите пожалуйста, она нам неглижирует[17]. Мы и про нее тоже кое-что знаем! Да!

- Я вас прошу, - лепетал Ромашов.

- Постойте, вы с ней еще увидите мои когти. Я раскрою глаза этому дураку Николаеву, которого она третий год не может пропихнуть в академию. И куда ему поступить, когда он, дурак, не видит, что у него под носом делается. Да и то сказать - и поклонник же у нее!..

- Мазурка женераль! Променад! - кричал Бобетинский, проносясь вдоль залы, весь наклонившись вперед в позе летящего архангела.

Пол задрожал и ритмично заколыхался под тяжелым топотом ног, в такт мазурке зазвенели подвески у люстры, играя разноцветными огнями, и мерно заколыхались тюлевые занавеси на окнах.

- Отчего нам не расстаться миролюбиво, тихо? - кротко спросил Ромашов. В душе он чувствовал, что эта женщина вселяет в него вместе с отвращением какую-то мелкую, гнусную, но непобедимую трусость. - Вы меня не любите больше... Простимся же добрыми друзьями.

- А-а! Вы мне хотите зубы заговорить? Не беспокойтесь, мой милый, - она произнесла: "бой билый", - я не из тех, кого бросают. Я сама бросаю, когда захочу. Но я не могу достаточно надивиться на вашу низость...

- Кончим же скорее, - нетерпеливо, глухим голосом, стиснув зубы, проговорил Ромашов.

- Антракт пять минут. Кавалье, оккюпе во дам![18] - крикнул дирижер.

- Да, когда я этого захочу. Вы подло обманывали меня. Я пожертвовала для вас всем, отдала вам все, что может отдать честная женщина... Я не смела взглянуть в глаза моему мужу, этому идеальному, прекрасному человеку. Для вас я забыла обязанности жены и матери. О, зачем, зачем я не осталась верной ему!

- По-ло-жим!

Ромашов не мог удержаться от улыбки. Ее многочисленные романы со всеми молодыми офицерами, приезжавшими на службу, были прекрасно

---

[17] пренебрегает (от фр. negliger)

[18] Кавалеры, развлекайте дам! (фр.)

известны в полку, так же, впрочем, как и все любовные истории, происходившие между всеми семьюдесятью пятью офицерами и их женами и родственницами. Ему теперь вспомнились выражения вроде: "мой дурак", "этот презренный человек", "этот болван, который вечно торчит" и другие не менее сильные выражения, которые расточала Раиса в письмах и устно о своем муже.

- А! Вы еще имеете наглость смеяться? Хорошо же! - вспыхнула Раиса. Нам начинать! - спохватилась она и, взяв за руку своего кавалера, засеменила вперед, грациозно раскачивая туловище на бедрах и напряженно улыбаясь.

Когда они кончили фигуру, ее лицо опять сразу приняло сердитое выражение, "точно у разозленного насекомого", - подумал Ромашов.

- Я этого не прощу вам. Слышите ли, никогда! Я знаю, почему вы так подло, так низко хотите уйти от меня. Так не будет же того, что вы затеяли, не будет, не будет, не будет! Вместо того чтобы прямо и честно сказать, что вы меня больше не любите, вы предпочитали обманывать меня и пользоваться мной как женщиной, как самкой... на всякий случай, если там не удастся. Ха-ха-ха!..

- Ну хорошо, будем говорить начистоту, - со сдержанной яростью заговорил Ромашов. Он все больше бледнел и кусал губы. - Вы сами этого захотели. Да, это правда: я не люблю вас.

- Ах, скажи-ите, как мне это обидно!

- И не любил никогда. Как и вы меня, впрочем. Мы оба играли какую-то гадкую, лживую и грязную игру, какой-то пошлый любительский фарс. Я прекрасно, отлично понял вас, Раиса Александровна. Вам не нужно было ни нежности, ни любви, ни простой привязанности. Вы слишком мелки и ничтожны для этого. Потому что, - Ромашову вдруг вспомнились слова Назанского, потому что любить могут только избранные, только утонченные натуры!

- Ха, это, конечно, вы - избранная натура?

Опять загремела музыка. Ромашов с ненавистью поглядел в окно на сияющее медное жерло тромбона, который со свирепым равнодушием точно выплевывал в залу рявкающие и хрипящие звуки. И солдат, который играл на нем, надув щеки, выпучив остекленевшие глаза и посинев от напряжения, был ему ненавистен.

- Не станем спорить. Может, я и не стою настоящей любви, но не в этом дело. Дело в том, что вам, с вашими узкими провинциальными воззрениями и с провинциальным честолюбием, надо непременно, чтобы вас кто-нибудь "окружал" и чтобы другие видели это. Или, вы думаете, я не понимал смысла этой вашей фамильярности со мной на вечерах, этих нежных взглядов, этого повелительного и интимного тона, в то время когда на нас смотрели посторонние? Да, да, непременно чтобы смотрели.

Иначе вся эта игра для вас не имеет смысла. Вам не любви от меня нужно было, а того, чтобы все видели вас лишний раз скомпрометированной.

- Для этого я могла бы выбрать кого-нибудь получше и поинтереснее вас, - с напыщенной гордостью возразила Петерсон.

- Не беспокойтесь, этим вы меня не уязвите. Да, я повторяю: вам нужно только, чтобы кого-нибудь считали вашим рабом, новым рабом вашей неотразимости. А время идет, а рабы все реже и реже. И для того чтобы не потерять последнего вздыхателя, вы, холодная, бесстрастная, приносите в жертву и ваши семейные обязанности, и вашу верность супружескому алтарю.

- Нет, вы еще обо мне услышите! - зло и многозначительно прошептала Раиса.

Через всю залу, пятясь и отскакивая от танцующих пар, к ним подошел муж Раисы, капитан Петерсон. Это был худой, чахоточный человек, с лысым желтым черепом и черными глазами - влажными и ласковыми, но с затаенным злобным огоньком. Про него говорили, что он был безумно влюблен в свою жену, влюблен до такой степени, что вел нежную, слащавую и фальшивую дружбу со всеми ее поклонниками. Также было известно, что он платил им ненавистью, вероломством и всевозможными служебными подвохами, едва только они с облегчением и радостью уходили от его жены.

Он еще издали неестественно улыбался своими синими, облипшими вокруг рта губами.

- Танцуешь, Раечка! Здравствуйте, дорогой Жоржик. Что вас так давно не видно! Мы так к вам привыкли, что, право, уж соскучились без вас.

- Так... как-то... все занятия, - забормотал Ромашов.

- Знаем мы ваши занятия, - погрозил пальцем Петерсон и засмеялся, точно завизжал. Но его черные глаза с желтыми белками пытливо и тревожно перебегали с лица жены на лицо Ромашова.

- А я, признаться, думал, что вы поссорились. Гляжу, сидите и о чем-то горячитесь. Что у вас?

Ромашов молчал, смущенно глядя на худую, темную и морщинистую шею Петерсона. Но Раиса сказала с той наглой уверенностью, которую она всегда проявляла во лжи:

- Юрий Алексеевич все философствует. Говорит, что танцы отжили свое время и что танцевать глупо и смешно.

- А сам пляшет, - с ехидным добродушием заметил Петерсон. - Ну, танцуйте, дети мои, танцуйте, я вам не мешаю.

Едва он отошел, Раиса сказала с напускным чувством:

- И этого святого, необыкновенного человека я обманывала!.. И ради кого же! О, если бы он знал, если б он только знал...

- Маз-зурка женераль! - закричал Бобетинский. - Кавалеры отбивают дам!

От долгого движения разгоряченных тел и от пыли, подымавшейся с паркета, в зале стало душно, и огни свеч обратились в желтые туманные пятна. Теперь танцевало много пар, и так как места не хватало, то каждая пара топталась в ограниченном пространстве: танцующие теснились и толкали друг друга. Фигура, которую предложил дирижер, заключалась в том, что свободный кавалер преследовал какую-нибудь танцующую пару. Вертясь вокруг нее и выделывая в то же время па мазурки, что выходило смешным и нелепым, он старался улучить момент, когда дама станет к нему лицом. Тогда он быстро хлопал в ладоши, что означало, что он отбил даму. Но другой кавалер старался помешать ему сделать это и всячески поворачивал и дергал свою даму из стороны в сторону; а сам то пятился, то скакал боком и даже пускал в ход левый свободный локоть, нацеливая его в грудь противнику. От этой фигуры всегда происходила в зале неловкая, грубая и некрасивая суета.

- Актриса! - хрипло зашептал Ромашов, наклоняясь близко к Раисе. - Вас смешно и жалко слушать.

- Вы, кажется, пьяны! - брезгливо воскликнула Раиса и кинула на Ромашова тот взгляд, которым в романах героини меряют злодеев с головы до ног.

- Нет, скажите, зачем вы обманули меня? - злобно восклицал Ромашов. Вы отдались мне только для того, чтобы я не ушел от вас. О, если б вы это сделали по любви, ну, хоть не по любви, а по одной только чувственности. Я бы понял это. Но ведь вы из одной распущенности, из низкого тщеславия. Неужели вас не ужасает мысль, как гадки мы были с вами оба, принадлежа друг другу без любви, от скуки, для развлечения, даже без любопытства, а так... как горничные в праздники грызут подсолнышки. Поймите же: это хуже того, когда женщина отдается за деньги. Там нужда, соблазн... Поймите, мне стыдно, мне гадко думать об этом холодном, бесцельном, об этом неизвиняемом разврате!

С холодным потом на лбу он потухшими, скучающими глазами глядел на танцующих. Вот проплыла, не глядя на своего кавалера, едва перебирая ногами, с неподвижными плечами и с обиженным видом суровой недотроги величественная Тальман и рядом с ней веселый, скачущий козлом Епифанов. Вот маленькая Лыкачева, вся пунцовая, с сияющими глазками, с обнаженной белой, невинной, девической шейкой... Вот Олизар на тонких ногах, прямых и стройных, точно ножки циркуля. Ромашов глядел и чувствовал головную боль и желание плакать. А рядом с ним Раиса, бледная от злости, говорила с преувеличенным театральным сарказмом:

- Прелестно! Пехотный офицер в роли Иосифа Прекрасного!

- Да, да, именно в роли... - вспыхнул Ромашов. - Сам знаю, что это смешно и пошло... Но я не стыжусь скорбеть о своей утраченной чистоте, о простой физической чистоте. Мы оба добровольно влезли в помойную яму, и я чувствую, что теперь я не посмею никогда полюбить хорошей, свежей любовью. И в этом виноваты вы, - слышите: вы, вы, вы! Вы старше и опытнее меня, вы уже достаточно искусились в деле любви.

Петерсон с величественным негодованием поднялась со стула.

- Довольно! - сказала она драматическим тоном. - Вы добились, чего хотели. Я ненавижу вас! Надеюсь, что с этого дня вы прекратите посещения нашего дома, где вас принимали, как родного, кормили и поили вас, но вы оказались таким негодяем. Как я жалею, что не могу открыть всего мужу. Это святой человек, я молюсь на него, и открыть ему все - значило бы убить его. Но поверьте, он сумел бы отомстить за оскорбленную беззащитную женщину.

Ромашов стоял против нее и, болезненно щурясь сквозь очки, глядел на ее большой, тонкий, увядший рот, искривленный от злости. Из окна неслись оглушительные звуки музыки, с упорным постоянством кашлял ненавистный тромбон, а настойчивые удары турецкого барабана раздавались точно в самой голове Ромашова. Он слышал слова Раисы только урывками и не понимал их. Но ему казалось, что и они, как звуки барабана, бьют его прямо в голову и сотрясают ему мозг.

Раиса с треском сложила веер.

- О, подлец-мерзавец! - прошептала она трагически и быстро пошла через залу в уборную.

Все было кончено, но Ромашов не чувствовал ожидаемого удовлетворения, и с души его не спала внезапно, как он раньше представлял себе, грязная и грубая тяжесть. Нет, теперь он чувствовал, что поступил нехорошо, трусливо и неискренно, свалив всю нравственную вину на ограниченную и жалкую женщину, и воображал себе ее горечь, растерянность и бессильную злобу, воображал ее горькие слезы и распухшие красные глаза там, в уборной.

"Я падаю, я падаю, - думал он с отвращением и со скукой. - Что за жизнь! Что-то тесное, серое и грязное... Эта развратная и ненужная связь, пьянство, тоска, убийственное однообразие службы, и хоть бы одно живое слово, хоть бы один момент чистой радости. Книги, музыка, наука - где все это?"

Он пошел опять в столовую. Там Осадчий и товарищ Ромашова по роте, Веткин, провожали под руки к выходным дверям совершенно опьяневшего Леха, который слабо и беспомощно мотал головой и уверял, что он архиерей. Осадчий с серьезным лицом говорил рокочущей октавой, по-протодьяконски:

- Благослови, преосвященный владыка. Вррремя начатия служения...

По мере того как танцевальный вечер приходил к концу, в столовой становилось еще шумнее. Воздух так был наполнен табачным дымом, что сидящие на разных концах стола едва могли разглядеть друг друга. В одном углу пели, у окна, собравшись кучкой, рассказывали непристойные анекдоты, служившие обычной приправой всех ужинов и обедов.

- Нет, нет, господа... позвольте, вот я вам расскажу! - кричал Арчаковский. - Приходит однажды солдат на постой к хохлу. А у хохла кра-асивая жинка. Вот солдат и думает: как бы мне это...

Едва он кончал, его прерывал ожидавший нетерпеливо своей очереди Василий Васильевич Липский.

- Нет, это что, господа... А вот я знаю один анекдот.

И он еще не успевал кончить, как следующий торопился со своим рассказом.

- А вот тоже, господа. Дело было в Одессе, и притом случай...

Все анекдоты были скверные, похабные и неостроумные, и, как это всегда бывает, возбуждал смех только один из рассказчиков, самый уверенный и циничный.

Веткин, вернувшийся со двора, где он усаживал Леха в экипаж, пригласил к столу Ромашова.

- Садитесь-ка, Жоржинька... Раздавим. Я сегодня богат, как жид. Вчера выиграл и сегодня опять буду метать банк.

Ромашова тянуло поговорить по душе, излить кому-нибудь свою тоску и отвращение к жизни. Выпивая рюмку за рюмкой, он глядел на Веткина умоляющими глазами и говорил убедительным, теплым, дрожащим голосом:

- Мы все, Павел Павлыч, все позабыли, что есть другая жизнь. Где-то, я не знаю где, живут совсем, совсем другие люди, и жизнь у них такая полная, такая радостная, такая настоящая. Где-то люди борются, страдают, любят широко и сильно... Друг мой, как мы живем! Как мы живем!

- Н-да, брат, что уж тут говорить, жизнь, - вяло ответил Павел Павлович. - Но вообще... это, брат, одна натурфилософия и энергетика. Послушай, голубчик, что та-такое за штука - энергетика?

- О, что мы делаем! - волновался Ромашов. - Сегодня напьемся пьяные, завтра в роту - раз, два, левой, правой, - вечером опять будем пить, а послезавтра опять в роту. Неужели вся жизнь в этом? Нет, вы подумайте только - вся, вся жизнь!

Веткин поглядел на него мутными глазами, точно сквозь какую-то пленку, икнул и вдруг запел тоненьким, дребезжащим тенорком:

В тиши жила,
В лесу жила,
И вертено крути-ила...

Плюнь на все, ангел, и береги здоровье.

И от всей своей души
Прялочку любила.

Пойдем играть, Ромашевич-Ромашовский, я тебе займу красненькую.

"Никому это непонятно. Нет у меня близкого человека", - подумал горестно Ромашов. На мгновение вспомнилась ему Шурочка, - такая сильная, такая гордая, красивая, - и что-то томное, сладкое и безнадежное заныло у него около сердца.

Он до света оставался в собрании, глядел, как играют в штос, и сам принимал в игре участие, но без удовольствия и без увлечения. Однажды он увидел, как Арчаковский, занимавший отдельный столик с двумя безусыми подпрапорщиками, довольно неумело передернул, выбросив две карты сразу в свою сторону. Ромашов хотел было вмешаться, сделать замечание, но тотчас же остановился и равнодушно подумал: "Эх, все равно. Ничего этим не поправлю".

Веткин, проигравший свои миллионы в пять минут, сидел на стуле и спал, бледный, с разинутым ртом. Рядом с Ромашовым уныло глядел на игру Лещенко, и трудно было понять, какая сила заставляет его сидеть здесь часами с таким тоскливым выражением лица. Рассвело. Оплывшие свечи горели желтыми длинными огнями и мигали. Лица играющих офицеров были бледны и казались измученными. А Ромашов все глядел на карты, на кучи серебра и бумажек, на зеленое сукно, исписанное мелом, и в его отяжелевшей, отуманенной голове вяло бродили все одни и те же мысли: о своем падении и о нечистоте скучной, однообразной жизни.

# X

Было золотое, но холодное, настоящее весеннее утро. Цвела черемуха.

Ромашов, до сих пор не приучившийся справляться со своим молодым сном, по обыкновению опоздал на утренние занятия и с неприятным чувством стыда и тревоги подходил к плацу, на котором училась его рота. В этих знакомых ему чувствах всегда было много унизительного для молодого офицера, а ротный командир, капитан Слива, умел делать их еще более острыми и обидными.

Этот человек представлял собою грубый и тяжелый осколок прежней, отошедшей в область предания, жестокой дисциплины, с повальным драньем, мелочной формалистикой, маршировкой в три темпа и кулачной расправой. Даже в полку, который благодаря условиям дикой провинциальной жизни не отличался особенно гуманным направлением, он являлся каким-то диковинным памятником этой свирепой военной старины, и о нем передавалось много курьезных, почти невероятных анекдотов. Все, что выходило за пределы строя, устава и роты и что он презрительно называл чепухой и мандрагорией, безусловно для него не существовало. Влача во всю свою жизнь суровую служебную лямку, он не прочел ни одной книги и ни одной газеты, кроме разве официальной части "Инвалида". Всякие развлечения, вроде танцев, любительских спектаклей и т.п., он презирал всей своей загрубелой душой, и не было таких грязных и скверных выражений, какие он не прилагал бы к ним из своего солдатского лексикона. Рассказывали про него, - и это могло быть правдой, - что в одну чудесную весеннюю ночь, когда он сидел у открытого окна и проверял ротную отчетность, в кустах рядом с ним запел соловей. Слива послушал-послушал и вдруг крикнул денщику:

- З-захарчук! П-прогони эту п-тицу ка-камнем. М-мешает...

Этот вялый, опустившийся на вид человек был страшно суров с солдатами в не только позволял драться унтер-офицерам, но и сам бил жестоко, до крови, до того, что провинившийся падал с ног под его ударами. Зато к солдатским нуждам он был внимателен до тонкости: денег, приходивших из деревни, не задерживал и каждый день следил лично за ротным котлом, хотя суммами от вольных работ распоряжался по своему усмотрению. Только в одной пятой роте люди выглядели сытнее и веселее, чем у него.

Но молодых офицеров Слива жучил и подтягивал, употребляя бесцеремонные, хлесткие приемы, которым его врожденный хохлацкий юмор придавал особую едкость. Если, например, на ученье субалтерн-офицер сбивался с ноги, он кричал, слегка заикаясь по привычке:

- От, из-звольте. Уся рота, ч-черт бы ее побрал, идет не в ногу. Один п-подпоручик идет в ногу.

Иногда же, обругав всю роту матерными словами, он поспешно, но едко прибавлял:

- З-за исключением г-господ офицеров и подпрапорщика.

Но особенно он бывал жесток и утеснителен в тех случаях, когда младший офицер опаздывал в роту, и это чаще всего испытывал на себе Ромашов. Еще издали заметив подпоручика, Слива командовал роте "смирно", точно устраивая опоздавшему иронически-почетную встречу, а сам неподвижно, с часами в руках, следил, как Ромашов, спотыкаясь от стыда и путаясь в шашке, долго не мог найти своего места. Иногда же он с яростною вежливостью спрашивал, не стесняясь того, что это слышали солдаты: "Я думаю, подпоручик, вы позволите продолжать?" В другой раз осведомлялся с предупредительной заботливостью, но умышленно громко, о том, как подпоручик спал и что видел во сне. И только проделав одну из этих штучек, он отводил Ромашова в сторону и, глядя на него в упор круглыми рыбьими глазами, делал ему грубый выговор.

"Эх, все равно уж! - думал с отчаянием Ромашов, подходя к роте. - И здесь плохо, и там плохо, - одно к одному. Пропала моя жизнь!"

Ротный командир, поручик Веткин, Лбов и фельдфебель стояли посредине плаца и все вместе обернулись на подходившего Ромашова. Солдаты тоже повернули к нему головы. В эту минуту Ромашов представил себе самого себя - сконфуженного, идущего неловкой походкой под устремленными на него глазами, и ему стало еще неприятнее.

"Но, может быть, это вовсе не так уж позорно? - пробовал он мысленно себя утешить, по привычке многих застенчивых людей. - Может быть, это только мне кажется таким острым, а другим, право, все равно. Ну, вот, я представляю себе, что опоздал не я, а Лбов, а я стою на месте и смотрю, как он подходит. Ну, и ничего особенного: Лбов - как Лбов... Все пустяки, - решил он наконец и сразу успокоился. - Положим, совестно... Но ведь не месяц же это будет длиться, и даже не неделю, не день. Да и вся жизнь так коротка, что все в ней забывается".

Против обыкновения, Слива почти не обратил на него внимания и не выкинул ни одной из своих штучек. Только когда Ромашов остановился в шаге от него, с почтительно приложенной рукой к козырьку и сдвинутыми вместе ногами, он сказал, подавая ему для пожатия свои вялые пальцы, похожие на пять холодных сосисок:

- Прошу помнить, подпоручик, что вы обязаны быть в роте за пять минут до прихода старшего субалтерн-офицера и за десять до ротного командира.

- Виноват, господин капитан, - деревянным голосом ответил Ромашов.

- От, извольте, - виноват!.. Все спите. Во сне шубы не сошьешь. Прошу господ офицеров идти к своим взводам.

Вся рота была по частям разбросана по плацу. Делали повзводно утреннюю гимнастику. Солдаты стояли шеренгами, на шаг расстояния друг от друга, с расстегнутыми, для облегчения движений, мундирами. Расторопный унтер-офицер Бобылев из полуроты Ромашова, почтительно косясь на подходящего офицера, командовал зычным голосом, вытягивая вперед нижнюю челюсть и делая косые глаза:

- Подымание на носки и плавное приседание. Рук-и-и... на бедр!

И потом затянул, нараспев, низким голосом:

- Начина-а-ай!

- Ра-аз! - запели в унисон солдаты и медленно присели на корточки, а

Бобылев, тоже сидя на корточках, обводил шеренгу строгим молодцеватым взглядом.

А рядом маленький вертлявый ефрейтор Сероштан выкрикивал тонким, резким и срывающимся, как у молодого петушка, голосом:

- Выпад с левой и правой ноги, с выбрасываньем соответствующей руки. Товсь! Начинай. Ать-два, ать-два! - И десять молодых здоровых голосов кричали отрывисто и старательно: - Гау, гау, гау, гау!

- Стой! - выкрикнул пронзительно Сероштан. - Ла-апшин! Ты там что так семетрично дурака валяешь! Суешь кулаками, точно рязанская баба уфатом: хоу, хоу!.. Делай у меня движения чисто, матери твоей черт!

Потом унтер-офицеры беглым шагом развели взводы к машинам, которые стояли в разных концах плаца. Подпрапорщик Лбов, сильный, ловкий мальчик и отличный гимнаст, быстро снял с себя шинель и мундир и, оставшись в одной голубой ситцевой рубашке, первый подбежал к параллельным брусьям. Став руками на их концы, он в три приема раскачался, и вдруг, описав всем телом полный круг, так что на один момент его ноги находились прямо над головой, он с силой оттолкнулся от брусьев, пролетел упругой дугой на полторы сажени вперед, перевернулся в воздухе и ловко, по-кошачьи, присел на землю.

- Подпрапорщик Лбов! Опять фокусничаете! - притворно-строго окрикнул его Слива. Старый "бурбон" в глубине души питал слабость к подпрапорщику, как к отличному фронтовику и тонкому знатоку устава. - Показывайте то, что требуется наставлением. Здесь вам не балаган на святой неделе.

- Слушаю, господин капитан! - весело гаркнул Лбов. - Слушаю, но не исполняю, - добавил он вполголоса, подмигнув Ромашову.

Четвертый взвод упражнялся на наклонной лестнице. Один за другим солдаты подходили к ней, брались за перекладину, подтягивались на мускулах и лезли на руках вверх. Унтер-офицер Шаповаленко стоял внизу и делал замечания.

- Не болтай ногами. Носки уверх!

Очередь дошла до левофлангового солдатика Хлебникова, который служил в роте общим посмешищем. Часто, глядя на него, Ромашов удивлялся, как могли взять на военную службу этого жалкого, заморенного человека, почти карлика, с грязным безусым лицом в кулачок. И когда подпоручик встречался с его бессмысленными глазами, в которых, как будто раз навсегда с самого дня рождения, застыл тупой, покорный ужас, то в его сердце шевелилось что-то странное, похожее на скуку и на угрызение совести.

Хлебников висел на руках, безобразный, неуклюжий, точно удавленник.

- Подтягивайся, собачья морда, подтягивайся-а! - кричал унтер-офицер. Ну, уверх!

Хлебников делал усилия подняться, но лишь беспомощно дрыгал ногами и раскачивался из стороны в сторону. На секунду он обернул в сторону и вниз свое серое маленькое лицо, на котором жалко и нелепо торчал вздернутый кверху грязный нос. И вдруг, оторвавшись от перекладины, упал мешком на землю.

- А-а! Не желаешь делать емнастические упражнения! - заорал унтер-офицер. - Ты, подлец, мне весь взвод нарушаешь! Я т-тебе!

- Шаповаленко, не сметь драться! - крикнул Ромашов, весь вспыхнув от стыда и гнева. - Не смей этого делать никогда! - крикнул он, подбежав к унтер-офицеру и схватив его за плечо.

Шаповаленко вытянулся в струнку и приложил руку к козырьку. В его глазах, ставших сразу по-солдатски бессмысленными, дрожала, однако, чуть заметная насмешливая улыбка.

- Слушаю, ваше благородие. Только позвольте вам доложить: никакой с им возможности нет.

Хлебников стоял рядом, сгорбившись; он тупо смотрел на офицера и вытирал ребром ладони нос. С чувством острого и бесполезного сожаления Ромашов отвернулся от него и пошел к третьему взводу.

После гимнастики, когда людям дан был десятиминутный отдых, офицеры опять сошлись вместе на середине плаца, у параллельных брусьев. Разговор сейчас же зашел о предстоящем майском параде.

- От, извольте угадать, где нарвешься! - говорил Слива, разводя руками и пуча с изумлением водянистые глаза. - То есть, скажу я вам: именно, у каждого генерала своя фантазия. Помню я, был у нас генерал-лейтенант Львович, командир корпуса. Он из инженеров к нам попал. Так при нем мы только и занимались одним самоокапыванием. Устав, приемы, маршировка - все побоку. С утра до вечера строили всякие ложементы, матери их бис! Летом из земли, зимой из снега. Весь полк ходил перепачканный с ног до головы в глине. Командир десятой роты, капитан Алейников, царство ему небесное, был представлен к Анне за то, что в два часа построил какой-то там люнет чи барбет.

- Ловко! - вставил Лбов.

- Потом, это уж на вашей памяти, Павел Павлыч, - стрельба при генерале Арагонском.

- А! Примостився стреляти? - засмеялся Веткин.

- Что это такое? - спросил Ромашов.

Слива презрительно махнул рукой.

- А это то, что тогда у нас только и было в уме что наставления для обучения стрельбе. Солдат один отвечал "Верую" на смотру, так он так и сказал, вместо "при Понтийстем Пилате" - "примостився стреляти". До того головы всем забили! Указательный палец звали не указательным, а спусковым, а вместо правого глаза - был прицельный глаз.

- А помните, Афанасий Кириллыч, как теорию зубрили? - сказал Веткин. Траектория, деривация... Ей-богу, я сам ничего не понимал. Бывало, скажешь солдату: вот тебе ружье, смотри в дуло. Что видишь? "Бачу воображаемую линию, которая называется осью ствола". Но зато уж стреляли. Помните, Афанасий Кириллыч?

- Ну, как же. За стрельбу наша дивизия попала в заграничные газеты. Десять процентов свыше отличного - от, извольте. Однако и жулили мы, б-батюшки мои! Из одного полка в другой брали взаймы хороших стрелков. А то, бывало, рота стреляет сама по себе, а из блиндажа младшие офицеры жарят из револьверов. Одна рота так отличилась, что стали считать, а в мишени на пять пуль больше, чем выпустили. Сто пять процентов попадания. Спасибо, фельдфебель успел клейстером замазать.

- А при Слесареве, помните шрейберовскую гимнастику?

- Еще бы не помнить! Вот она у меня где сидит. Балеты танцевали. Да мало ли их еще было, генералов этих, черт бы их драл! Но все это, скажу вам, господа, чепуха и мандрагория в сравнении с теперешним. Это уж, что называется - приидите, последнее целование. Прежде по крайности знали, что с тебя спросят, а теперь? Ах помилуйте, солдатик - ближний, нужна гуманность. Дррать его надо, расподлеца! Ах, развитие умственных способностей, быстрота и соображение. Суворовцы! Не знаешь теперь, чему солдата и учить. От, извольте, выдумал новую штуку, сквозную атаку...

- Да, это не шоколад! - сочувственно кивнул головой Веткин.

- Стоишь, как тот болван, а на тебя казачишки во весь карьер дуют. И насквозь! Ну-ка, попробуй - посторонись-ка. Сейчас приказ: "У капитана такого-то слабые нервы. Пусть помнит, что на службе его никто насильно не удерживает".

- Лукавый старикашка, - сказал Веткин. - Он в К-ском полку какую штуку удрал. Завел роту в огромную лужу и велит ротному командовать: "Ложись!" Тот помялся, однако командует: "Ложись!" Солдаты растерялись, думают, что не расслышали. А генерал при нижних чинах давай пушить командира: "Как ведете роту! Белоручки! Неженки! Если здесь в лужу боятся лечь, то как в военное время вы их подымете, если они под огнем неприятеля залягут куда-нибудь в ров? Не солдаты у вас, а бабы, и командир - баба! На абвахту!"

- А что пользы? При людях срамят командира, а потом говорят о дисциплине. Какая тут к бису дисциплина! А ударить его, каналью, не смей. Не-е-ет... Помилуйте - он личность, он человек! Нет-с, в прежнее время никаких личностев не было, и лупили их, скотов, как Сидоровых коз, а у нас были и Севастополь, и итальянский поход, и всякая такая вещь. Ты меня хоть от службы увольняй, а я все-таки, когда мерзавец этого заслужил, я загляну ему куда следует!

- Бить солдата бесчестно, - глухо возразил молчавший до сих пор Ромашов. - Нельзя бить человека, который не только не может тебе ответить, но даже не имеет права поднять руку к лицу, чтобы защититься от удара. Не смеет даже отклонить головы. Это стыдно!

Слива уничтожающе прищурился и сбоку, сверху вниз, выпятив вперед нижнюю губу под короткими седеющими усами, оглядел с ног до головы Ромашова.

- Что т-тако-е? - протянул он тоном крайнего презрения.

Ромашов побледнел. У него похолодело в груди и в животе, а сердце забилось, точно во всем теле сразу.

- Я сказал, что это нехорошо... Да, и повторяю... вот что, - сказал он несвязно, но настойчиво.

- Скажит-те пож-жалуйста! - тонко пропел Слива. - Видали мы таких миндальников, не беспокойтесь. Сами через год, если только вас не выпрут из полка, будете по мордасам щелкать. В а-атличнейшем виде. Не хуже меня.

Ромашов поглядел на него в упор с ненавистью и сказал почти шепотом:

- Если вы будете бить солдат, я на вас подам рапорт командиру полка.

- Что-с? - крикнул грозно Слива, но тотчас же оборвался. - Однако довольно-с этой чепухи-с, - сказал он сухо. - Вы, подпоручик, еще молоды, чтобы учить старых боевых офицеров, прослуживших с честью двадцать пять лет своему государю. Прошу господ офицеров идти в ротную школу, - закончил он сердито.

Он резко повернулся к офицерам спиной.

- Охота вам было ввязываться? - примирительно заговорил Веткин, идя рядом с Ромашовым. - Сами видите, что эта слива не из сладких. Вы еще не знаете его, как я знаю. Он вам таких вещей наговорит, что не будете знать, куда деваться. А возразите, - он вас под арест законопатит.

- Да послушайте, Павел Павлыч, это же ведь не служба, это - изуверство какое-то! - со слезами гнева и обиды в голосе воскликнул Ромашов. - Эти старые барабанные шкуры издеваются над нами! Они нарочно стараются поддерживать в отношениях между офицерами грубость, солдафонство, какое-то циничное молодечество.

- Ну да, это, конечно, так, - подтвердил равнодушно Веткин и зевнул.

А Ромашов продолжал с горячностью:

- Ну кому нужно, зачем это подтягивание, орание, грубые окрики? Ах, я совсем не то ожидал найти, когда стал офицером. Никогда я не забуду первого впечатления. Я только три дня был в полку, и меня оборвал этот рыжий пономарь Арчаковский. Я в собрании в разговоре назвал его поручиком, потому что и он меня называет подпоручиком. И он, хотя сидел рядом со мной и мы вместе пили пиво, закричал на меня: "Во-первых, я вам не поручик, а господин поручик, а во-вторых... во-вторых, извольте встать, когда вам делает замечание старший чином!" И я встал и стоял перед ним как оплеванный, пока не осадил его подполковник Лех. Нет, нет, не говорите ничего, Павел Павлыч. Мне все это до такой степени надоело и опротивело!..

## XI

В ротной школе занимались "словесностью". В тесной комнате, на скамейках, составленных четырехугольником, сидели лицами внутрь солдаты третьего взвода. В середине этого четырехугольника ходил взад и вперед ефрейтор Сероштан. Рядом, в таком же четырехугольнике, так же ходил взад и вперед другой унтер-офицер полуроты - Шаповаленко.

- Бондаренко! - выкрикнул зычным голосом Сероштан.

Бондаренко, ударившись обеими ногами об пол, вскочил прямо и быстро, как деревянная кукла с заводом.

- Если ты, примерно, Бондаренко, стоишь у строю с ружом, а к тебе подходит начальство и спрашивает: "Что у тебя в руках, Бондаренко?" Что ты должен отвечать?

- Ружо, дяденька? - догадывается Бондаренко.

- Брешешь. Разве же это ружо? Ты бы еще сказал по-деревенски: рушница. То дома было ружо, а на службе зовется просто: малокалиберная скорострельная пехотная винтовка системы Бердана, номер второй, со скользящим затвором. Повтори, сукин сын!

Бондаренко скороговоркой повторяет слова, которые он знал, конечно, и раньше.

- Садись! - командует милостиво Сероштан. - А для чего она тебе дана? На этот вопрос ответит мне... - Он обводит строгими глазами подчиненных поочередно: - Шевчук!

Шевчук встает с угрюмым видом и отвечает глухим басом, медленно и в нос и так отрывая фразы, точно он ставит после них точки:

- Бона мини дана для того. Щоб я в мирное время робил с ею ружейные приемы. А в военное время. Защищал престол и отечество от врагов. - Он помолчал, шмыгнул носом и мрачно добавил: - Как унутренних, так и унешних.

- Так. Ты хорошо знаешь, Шевчук, только мямлишь. Солдат должен иметь в себе веселость, как орел. Садись. Теперь скажи, Овечкин: кого мы называем врагами унешними?

Разбитной орловец Овечкин, в голосе которого слышится слащавая скороговорка бывшего мелочного приказчика, отвечает быстро и щеголевато, захлебываясь от удовольствия:

- Внешними врагами мы называем все те самые государствия, с которыми нам приходится вести войну. Французы, немцы, атальянцы, турки, ивропейцы, инди...

- Годи, - обрывает его Сероштан, - этого уже в уставе не значится. Садись, Овечкин. А теперь скажет мне... Архипов! Кого мы называем врагами у-ну-трен-ни-ми?

Последние два слова он произносит особенно громко и веско, точно подчеркивая их, и бросает многозначительный взгляд в сторону вольноопределяющегося Маркусона.

Неуклюжий рябой Архипов упорно молчит, глядя в окно ротной школы. Дельный, умный и ловкий парень вне службы, он держит себя на занятиях совершенным идиотом. Очевидно, это происходит оттого, что его здоровый ум, привыкший наблюдать и обдумывать простые и ясные явления деревенского обихода, никак не может уловить связи между преподаваемой ему "словесностью" и действительной жизнью. Поэтому он не понимает и не может заучить самых простых вещей, к великому удивлению и негодованию своего взводного начальника.

- Н-ну! Долго я тебя буду ждать, пока ты соберешься? - начинает сердиться Сероштан.

- Нутренними врагами... врагами...

- Не знаешь? - грозно воскликнул Сероштан и двинулся было на Архипова, но, покосившись на офицера, только затряс головой и сделал Архипову страшные глаза. - Ну, слухай. Унутренними врагами мы называем усех сопротивляющихся закону. Например, кого?.. - Он встречает искательные глаза Овечкина. - Скажи хоть ты, Овечкин.

Овечкин вскакивает и радостно кричит:

- Так что бунтовщики, стюденты, конокрады, жиды и поляки!

Рядом занимается со своим взводом Шаповаленко. Расхаживая между скамейками, он певучим тонким голосом задает вопросы по солдатской памятке, которую держит в руках.

- Солтыс, что такое часовой?

Солтыс, литвин, давясь и тараща глаза от старания, выкрикивает:

- Часовой есть лицо неприкосновенное.

- Ну да, так, а еще?

- Часовой есть солдат, поставленный на какой-либо пост с оружием в руках.

- Правильно. Вижу, Солтыс, что ты уже начинаешь стараться. А для чего ты поставлен на пост, Пахоруков?

- Чтобы не спал, не дремал, не курил и ни от кого не принимал никаких вещей и подарков.

- А честь?

- И чтобы отдавал установленную честь господам проезжающим офицерам.

- Так. Садись.

Шаповаленко давно уже заметил ироническую улыбку вольноопределяющегося Фокина и потому выкрикивает с особенной строгостью:

- Вольный определяющий! Кто же так встает? Если начальство спрашивает, то вставать надо швидко, как пружина. Что есть знамя?

Вольноопределяющийся Фокин, с университетским значком на груди, стоит перед унтер-офицером в почтительной позе. Но его молодые серые глаза искрятся веселой насмешкой.

- Знамя есть священная воинская хоругвь, под которой...

- Брешете! - сердито обрывает его Шаповаленко и ударяет памяткой по ладони.

- Нет, я говорю верно, - упрямо, но спокойно говорит Фокин.

- Что-о?! Если начальство говорит нет, значит, нет!

- Посмотрите сами в уставе.

- Як я унтер-офицер, то я и устав знаю лучше вашего. Скаж-ите! Всякий вольный определяющий задается на макароны. А может, я сам захочу податься в юнкерское училище на обучение? Почему вы знаете? Что это такое за хоругь? хе-руг-ва! А отнюдь не хоругь. Свяченая воинская херугва, вроде как образ.

- Шаповаленко, не спорь, - вмешивается Ромашов. - Продолжай занятия.

- Слушаю, ваше благородие! - вытягивается Шаповаленко. - Только дозвольте вашему благородию доложить - все этот вольный определяющий умствуют.

- Ладно, ладно, дальше!

- Слушаю, вашбродь... Хлебников! Кто у нас командир корпуса?

Хлебников растерянными глазами глядит на унтер-офицера. Из его раскрытого рта вырывается, точно у осипшей вороны, одинокий шипящий звук.

- Раскачивайся! - злобно кричит на него унтер-офицер.

- Его...

- Ну, - его... Ну, что ж будет дальше?

Ромашов, который в эту минуту отвернулся в сторону, слышит, как Шаповаленко прибавляет пониженным тоном, хрипло:

- Вот погоди, я тебе после учения разглажу морду-то!

И так как Ромашов в эту секунду повертывается к нему, он произносит громко и равнодушно:

- Его высокопревосходительство... Ну, что ж ты, Хлебников, дальше!..

- Его... инфантерии... лентинант, - испуганно и отрывисто бормочет Хлебников.

- А-а-а! - хрипит, стиснув зубы, Шаповаленко. - Ну, что я с тобой, Хлебников, буду делать? Бьюсь, бьюсь я с тобой, а ты совсем как верблюд, только рогов у тебя нема. Никакого старания. Стой так до конца словесности столбом. А после обеда явишься ко мне, буду отдельно с тобой заниматься. Греченко! Кто у нас командир корпуса?

"Так сегодня, так будет завтра и послезавтра. Все одно и то же до самого конца моей жизни, - думал Ромашов, ходя от взвода к взводу. Бросить все, уйти?.. Тоска!.."

После словесности люди занимались на дворе приготовительными к стрельбе упражнениями. В то время как в одной части люди целились в зеркало, а в другой стреляли дробинками в мишень, - в третьей наводили винтовки в цель на приборе Ливчака. Во втором взводе подпрапорщик Лбов заливался на весь плац веселым звонким тенорком:

- Пря-мо... по колонне... па-альба ротою... ать, два! Рота-а... - он затягивал последний звук, делал паузу и потом отрывисто бросал: - Пли!

Щелкали ударники. А Лбов, радостно щеголяя голосом, снова заливался:

- К но-о-о... ип!

Слива ходил от взвода к взводу, сгорбленный, вялый, поправлял стойку и делал короткие, грубые замечания.

- Убери брюхо! Стоишь, как беременная баба! Как ружье держишь? Ты не дьякон со свечой! Что рот разинул, Карташов? Каши захотел? Где трыньчик? Фельдфебель, поставить Карташова на час после учения под ружье. Кан-налья! Как шинель скатал, Веденеев? Ни начала, ни конца, ни бытия своего не имеет. Балбес!

После стрельбы люди составили ружья и легли около них на молодой весенней травке, уже выбитой кое-где солдатскими сапогами. Было тепло и ясно. В воздухе пахло молодыми листочками тополей, которые двумя рядами росли вдоль шоссе. Веткин опять подошел к Ромашову.

- Плюньте, Юрий Алексеевич, - сказал он Ромашову, беря его под руку. Стоит ли? Вот кончим учение, пойдем в собрание, тяпнем по рюмке, и все пройдет. А?

- Скучно мне, милый Павел Павлыч, - тоскливо произнес Ромашов.

- Что говорить, невесело, - сказал Веткин. - Но как же иначе? Надо же людей учить делу. А вдруг война?

- Разве что война, - уныло согласился Ромашов. - А зачем война?

Может быть, все это какая-то общая ошибка, какое-то всемирное заблуждение, помешательство? Разве естественно убивать?

- Э-э, развели философию. Какого черта! А если на нас вдруг нападут немцы? Кто будет Россию защищать?

- Я ведь ничего не знаю и не говорю, Павел Павлыч, - жалобно и кротко возразил Ромашов, - я ничего, ничего не знаю. Но вот, например, североамериканская война или тоже вот освобождение Италии, а при Наполеоне - гверильясы... и еще шуаны во время революции... Дрались же, когда приходила надобность! Простые землепашцы, пастухи...

- То американцы... Эк вы приравняли... Это дело десятое. А по-моему, если так думать, то уж лучше не служить. Да и вообще в нашем деле думать не полагается. Только вопрос: куда же мы с вами денемся, если не будем служить? Куда мы годимся, когда мы только и знаем - левой, правой, - а больше ни бе, ни ме, ни кукуреку. Умирать мы умеем, это верно. И умрем, дьявол нас задави, когда потребуют. По крайности не даром хлеб ели. Так-то, господин философ. Пойдем после ученья со мной в собрание?

- Что ж, пойдемте, - равнодушно согласился Ромашов. - Собственно говоря, это свинство так ежедневно проводить время. А вы правду говорите, что если так думать, то уж лучше совсем не служить.

Разговаривая, они ходили взад и вперед по плацу и остановились около четвертого взвода. Солдаты сидели и лежали на земле около составленных ружей. Некоторые ели хлеб, который солдаты едят весь день, с утра до вечера, и при всех обстоятельствах: на смотрах, на привалах во время маневров, в церкви перед исповедью и даже перед телесным наказанием.

Ромашов услышал, как чей-то равнодушно-задирающий голос окликнул:

- Хлебников, а Хлебников!..

- А? - угрюмо в нос отозвался Хлебников.

- Ты что дома делал?

- Робил, - сонно ответил Хлебников.

- Да что робил-то, дурья голова?

- Все. Землю пахал, за скотиной ходил.

- Чего ты к нему привязался? - вмешивается старослуживый солдат, дядька Шпынев. - Известно, чего робил: робят сиськой кормил.

Ромашов мимоходом взглянул на серое, жалкое, голое лицо Хлебникова, и опять в душе его заскребло какое-то неловкое, больное чувство.

- В ружье! - крикнул с середины плаца Слива. - Господа офицеры, по местам!

Залязгали ружья, цепляясь штыком за штык. Солдаты, суетливо одергиваясь, становились на свои места.

- Рравняйсь! - скомандовал Слива. - Смирна!

Затем, подойдя ближе к роте, он закричал нараспев:

- Ружейные приемы, по разделениям, счет вслух... Рота, ша-ай... на краул!

- Рраз! - гаркнули солдаты и коротко взбросили ружья кверху.

Слива медленно обошел строй, делая отрывистые замечания: "доверни приклад", "выше штык", "приклад на себя". Потом он опять вернулся перед роту и скомандовал:

- Дела-ай... два!

- Два! - крикнули солдаты.

И опять Слива пошел по строю проверять чистоту и правильность приема.

После ружейных приемов по разделениям шли приемы без разделений, потом повороты, вздваивание рядов, примыкание и размыкание и другие разные построения. Ромашов исполнял, как автомат, все, что от него требовалось уставом, но у него не выходили из головы слова, небрежно оброненные Веткиным: "Если так думать, то нечего и служить. Надо уходить со службы". И все эти хитрости военного устава: ловкость поворотов, лихость ружейных приемов, крепкая постановка ноги в маршировке, а вместе с ними все эти тактики и фортификации, на которые он убил девять лучших лет своей жизни, которые должны были наполнить и всю его остальную жизнь и которые еще так недавно казались ему таким важным и мудрым делом, - все это вдруг представилось ему чем-то скучным, неестественным, выдуманным, чем-то бесцельным и праздным, порожденным всеобщим мировым самообманом, чем-то похожим на нелепый бред.

Когда же учение окончилось, они пошли с Веткиным в собрание и вдвоем с ним выпили очень много водки. Ромашов, почти потеряв сознание, целовался с Веткиным, плакал у него на плече громкими истеричными слезами, жалуясь на пустоту и тоску жизни, и на то, что его никто не понимает, и на то, что его не любит "одна женщина", а кто она - этого никто никогда не узнает; Веткин же хлопал рюмку за рюмкой и только время от времени говорил с презрительной жалостью:

- Одно скверно, Ромашов, не умеете вы пить. Выпили рюмку и раскисли.

Потом вдруг он ударял кулаком по столу и кричал грозно:

- А велят умереть - умрем!

- Умрем, - жалобно отвечал Ромашов. - Что умереть? Это чепуха умереть... Душа болит у меня...

Ромашов не помнил, как он добрался домой и кто его уложил в

постель. Ему представлялось, что он плавает в густом синем тумане, по которому рассыпаны миллиарды миллиардов микроскопических искорок. Этот туман медленно колыхался вверх и вниз, подымая и опуская в своих движениях тело Ромашова, и от этой ритмичной качки сердце подпоручика ослабевало, замирало и томилось в отвратительном, раздражающем чувстве тошноты. Голова казалась распухшей до огромных размеров, и в ней чей-то неотступный, безжалостный голос кричал, причиняя Ромашову страшную боль:

- Дела-ай раз!.. Дела-ай два!

## XII

День 23 апреля был для Ромашова очень хлопотливым и очень странным днем. Часов в десять утра, когда подпоручик лежал еще в постели, пришел Степан, денщик Николаевых, с запиской от Александры Петровны.

"Милый Ромочка, - писала она, - я бы вовсе не удивилась, если бы узнала, что вы забыли о том, что сегодня день наших общих именин. Так вот, напоминаю вам об этом. Несмотря ни на что, я все-таки хочу вас сегодня видеть! Только не приходите поздравлять днем, а прямо к пяти часам. Поедем пикником на Дубечную.

Ваша А.Н."

Письмо дрожало в руках у Ромашова, когда он его читал. Уже целую неделю не видал он милого, то ласкового, то насмешливого, то дружески-внимательного лица Шурочки, не чувствовал на себе ее нежного и властного обаяния. "Сегодня!" - радостно сказал внутри его ликующий шепот.

- Сегодня! - громко крикнул Ромашов и босой соскочил с кровати на пол, - Гайнан, умываться!

Вошел Гайнан.

- Ваша благородия, там денщик стоит. Спрашивает: будешь писать ответ?

- Вот так так! - Ромашов вытаращил глаза и слегка присел. - Ссс... Надо бы ему на чай, а у меня ничего нет. - Он с недоумением посмотрел на денщика.

Гайнан широко и радостно улыбнулся.

- Мине тоже ничего нет!.. Тебе нет, мине нет. Э, чего там! Она и так пойдет.

Быстро промелькнула в памяти Ромашова черная весенняя ночь, грязь, мокрый, скользкий плетень, к которому он прижался, и равнодушный голос Степана из темноты: "Ходит, ходит каждый день..." Вспомнился ему и собственный нестерпимый стыд. О, каких будущих блаженств не отдал бы теперь подпоручик за двугривенный, за один двугривенный!

Ромашов судорожно и крепко потер руками лицо и даже крякнул от волнения.

- Гайнан, - сказал он шепотом, боязливо косясь на дверь. - Гайнан, ты поди скажи ему, что подпоручик вечером непременно дадут ему на чай. Слышишь: непременно.

Ромашов переживал теперь острую денежную нужду. Кредит был прекращен ему повсюду: в буфете, в офицерской экономической лавочке, в офицерском капитале... Можно было брать только обед и ужин в собрании, и то без водки и закуски. У него даже не было ни чаю, ни сахару. Оставалась только, по какой-то насмешливой игре случая, огромная жестянка кофе. Ромашов мужественно пил его по утрам без сахару, а вслед за ним, с такой же покорностью судьбе, допивал его Гайнан.

И теперь, с гримасами отвращения прихлебывая черную, крепкую, горькую бурду, подпоручик глубоко задумался над своим положением. "Гм... во-первых, как явиться без подарка? Конфеты или перчатки? Впрочем, неизвестно, какой номер она носит. Конфеты? Лучше бы всего духи: конфеты здесь отвратительные... Веер? Гм!.. Да, конечно, лучше духи. Она любит Эсс-буке. Потом расходы на пикнике: извозчик туда и обратно, скажем пять, на чай Степану - ррубль! Да-с, господин подпоручик Ромашов, без десяти рублей вам не обойтись".

И он стал перебирать в уме все ресурсы. Жалованье? Но не далее как вчера он расписался на получательной ведомости: "Расчет верен. Подпоручик Ромашов". Все его жалованье было аккуратно разнесено по графам, в числе которых значилось и удержание по частным векселям; подпоручику не пришлось получить ни копейки. Может быть, попросить вперед? Это средство пробовалось им по крайней мере тридцать раз, но всегда без успеха. Казначеем был штабс-капитан Дорошенко - человек мрачный и суровый, особенно к "фендрикам". В турецкую войну он был ранен, но в самое неудобное и непочетное место - в пятку. Вечные подтрунивания и остроты над его раной (которую он, однако, получил не в бегстве, а в то время, когда, обернувшись к своему взводу, командовал наступление) сделали то, что, отправившись на войну жизнерадостным прапорщиком, он вернулся с нее желчным и раздражительным ипохондриком. Нет, Дорошенко не даст денег, а тем более подпоручику, который уже третий месяц пишет: "Расчет верен".

"Но не будем унывать! - говорил сам себе Ромашов. - Переберем в памяти всех офицеров. Начнем с ротных. По порядку. Первая рота - Осадчий".

Перед Ромашовым встало удивительное, красивое лицо Осадчего, с его тяжелым, звериным взглядом. "Нет - кто угодно, только не он. Только не он. Вторая рота - Тальман. Милый Тальман: он вечно и всюду хватает рубли, даже у подпрапорщиков. Хутынский?"

Ромашов задумался. Шальная, мальчишеская мысль мелькнула у него в голове: пойти и попросить взаймы у полкового командира. "Воображаю! Наверное, сначала оцепенеет от ужаса, потом задрожит от бешенства, а потом выпалит, как из мортиры: "Что-о? Ма-ал-чать! На четверо суток на гауптвахту!"

Подпоручик расхохотался. Нет, все равно, что-нибудь да придумается! День, начавшийся так радостно, не может быть неудачным. Это неуловимо, это непостижимо, но оно всегда безошибочно чувствуется где-то в глубине, за сознанием.

"Капитан Дювернуа? Его солдаты смешно называют: Доверни-нога. А вот тоже, говорят, был какой-то генерал Будберг фон Шауфус, - так его солдаты окрестили: Будка за пехаузом. Нет, Дювернуа скуп и не любит меня - я это знаю..."

Так перебрал он всех ротных командиров от первой роты до шестнадцатой и даже до нестроевой, потом со вздохом перешел к младшим офицерам. Он еще не терял уверенности в успехе, но уже начинал смутно беспокоиться, как вдруг одно имя сверкнуло у него в голове: "Подполковник Рафальский!"

- Рафальский. А я-то ломал голову!.. Гайнан! Сюртук, перчатки, пальто живо!

Подполковник Рафальский, командир четвертого батальона, был старый причудливый холостяк, которого в полку, шутя и, конечно, за глаза, звали полковником Бремом. Он ни у кого из товарищей не бывал, отделываясь только официальными визитами на пасху и на Новый год, а к службе относился так небрежно, что постоянно получал выговоры в приказах и жестокие разносы на ученьях. Все свое время, все заботы и всю неиспользованную способность сердца к любви и к привязанности он отдавал своим милым зверям - птицам, рыбам и четвероногим, которых у него был целый большой и оригинальный зверинец. Полковые дамы, в глубине души уязвленные его невниманием к ним, говорили, что они не понимают, как это можно бывать у Рафальского: "Ах, это такой ужас, эти звери! И притом, извините за выражение, - ззапах! фи!"

Все свои сбережения полковник Брем тратил на зверинец. Этот чудак ограничил свои потребности последней степенью необходимого: носил шинель и мундир бог знает какого срока, спал кое-как, ел из котла пятнадцатой роты, причем все-таки вносил в этот котел сумму для солдатского приварка более чем значительную. Но товарищам, особенно младшим офицерам, он, когда бывал при деньгах, редко отказывал в небольших одолжениях. Справедливость требует прибавить, что отдавать ему долги считалось как-то непринятым, даже смешным - на то он и слыл чудаком, полковником Бремом.

Беспутные прапорщики, вроде Лбова, идя к нему просить взаймы два целковых, так и говорили: "Иду смотреть зверинец". Это был подход к сердцу и к карману старого холостяка. "Иван Антоныч, нет ли новеньких зверьков? Покажите, пожалуйста. Так вы все это интересно рассказываете..."

Ромашов также нередко бывал у него, но пока без корыстных целей: он и в самом деле любил животных какой-то особенной, нежной и чувственной любовью. В Москве, будучи кадетом и потом юнкером, он гораздо охотнее ходил в цирк, чем в театр, а еще охотнее в зоологический сад и во все зверинцы. Мечтой его детства было иметь сенбернара; теперь же он мечтал тайно о должности батальонного адъютанта, чтобы приобрести лошадь. Но обеим мечтам не суждено было осуществиться: в детстве - из-за той бедности, в которой жила его семья, а адъютантом его вряд ли могли бы назначить, так как он не обладал "представительной фигурой".

Он вышел из дому. Теплый весенний воздух с нежной лаской гладил его щеки. Земля, недавно обсохшая после дождя, подавалась под ногами с приятной упругостью. Из-за заборов густо и низко свешивались на улицу белые шапки черемухи и лиловые - сирени. Что-то вдруг с необыкновенной силой расширилось в груди Ромашова, как будто бы он собирался лететь. Оглянувшись кругом и видя, что на улице никого нет, он вынул из кармана Шурочкино письмо, перечитал его и крепко прижался губами к ее подписи.

- Милое небо! Милые деревья! - прошептал он с влажными глазами.

Полковник Брем жил в глубине двора, обнесенного высокой зеленой решеткой. На калитке была краткая надпись: "Без звонка не входить. Собаки!!" Ромашов позвонил. Из калитки вышел вихрастый, ленивый, заспанный денщик.

- Полковник дома?

- Пожалуйте, ваше благородие.

- Да ты поди доложи сначала.

- Ничего, пожалуйте так. - Денщик сонно почесал ляжку. - Они этого не любят, чтобы, например, докладать.

Ромашов пошел вдоль кирпичатой дорожки к дому. Из-за угла выскочили два огромных молодых корноухих дога мышастого цвета. Один из них громко, но добродушно залаял. Ромашов пощелкал ему пальцами, и дог принялся оживленно метаться передними ногами то вправо, то влево и еще громче лаять. Товарищ же его шел по пятам за подпоручиком и, вытянув морду, с любопытством принюхивался к полам его шинели. В глубине двора, на зеленой молодой траве, стоял маленький ослик. Он мирно дремал под весенним солнцем, жмурясь и двигая ушами от удовольствия. Здесь же бродили куры и разноцветные петухи, утки и китайские гуси с наростами на носах; раздирательно кричали цесарки, а великолепный индюк, распустив хвост и чертя крыльями землю, надменно и сладострастно кружился вокруг тонкошеих индюшек. У корыта лежала боком на земле громадная розовая йоркширская свинья.

Полковник Брем, одетый в кожаную шведскую куртку, стоял у окна, спиною к двери, и не заметил, как вошел Ромашов. Он возился около стеклянного аквариума, запустив в него руку по локоть. Ромашов должен был два раза громко прокашляться, прежде чем Брем повернул свое худое, бородатое, длинное лицо в старинных черепаховых очках.

- А-а, подпоручик Ромашов! Милости просим, милости просим... - сказал Рафальский приветливо. - Простите, не подаю руки - мокрая. А я, видите ли, некоторым образом, новый сифон устанавливаю. Упростил прежний, и вышло чудесно. Хотите чаю?

- Покорно благодарю. Пил уж. Я, господин полковник, пришел...

- Вы слышали: носятся слухи, что полк переведут в другой город, говорил Рафальский, точно продолжая только что прерванный разговор. - Вы понимаете, я, некоторым образом, просто в отчаянии. Вообразите себе, ну как я своих рыб буду перевозить? Половина ведь подохнет. А аквариум? Стекла - посмотрите вы сами - в полторы сажени длиной. Ах, батеньки! вдруг перескочил он на другой предмет. - Какой аквариум я видел в Севастополе! Водоемы... некоторым образом... ей-богу, вот в эту комнату, каменные, с проточной морской водой. Электричество! Стоишь и смотришь сверху, как это рыбье живет. Белуги, акулы, скаты, морские петухи - ах, миленькие мои! Или, некоторым образом, морской кот: представьте себе этакий блин, аршина полтора в диаметре, и шевелит краями, понимаете, этак волнообразно, а сзади хвост, как стрела... Я часа два Стоял... Чему вы смеетесь?

- Простите... Я только что заметил, - у вас на плече сидит белая мышь...

- Ах ты, мошенница, куда забралась! - Рафальский повернул голову и издал губами звук вроде поцелуя, но необыкновенно тонкий, похожий на мышиный писк. Маленький белый красноглазый зверек спустился к нему до самого лица и, вздрагивая всем тельцем, стал суетливо тыкаться мордочкой в бороду и в рот человеку.

- Как они вас знают! - сказал Ромашов.

- Да... знают. - Рафальский вздохнул и покачал головой. - А вот то-то и беда, что мы их не знаем. Люди выдрессировали собаку, приспособили, некоторым образом, лошадь, приручили кошку, а что это за существа такие этого мы даже знать не хотим. Иной ученый всю жизнь, некоторым образом, черт бы его побрал, посвятит на объяснение какого-то ерундовского допотопного слова, и уж такая ему за это честь, что заживо в святые превозносят. А тут... возьмите вы хоть тех же самых собак. Живут с нами бок о бок живые, мыслящие, разумные животные, и хоть бы один приват-доцент удостоил заняться их психологией!

- Может быть, есть какие-нибудь труды, но мы их не знаем? - робко предположил Ромашов.

- Труды? Гм... конечно, есть, и капитальнейшие. Вот, поглядите, даже у меня - целая библиотека. - Подполковник указал рукой на ряд шкафов вдоль стен. - Умно пишут и проникновенно. Знания огромнейшие! Какие приборы, какие остроумные способы... Но не то, вовсе не то, о чем я говорю! Никто из них, некоторым образом, не догадался задаться целью - ну хоть бы проследить внимательно один только день собаки или кошки. Ты вот поди-ка, понаблюдай-ка: как собака живет, что она думает, как хитрит, как страдает, как радуется. Послушайте: я видал, чего добиваются от животных клоуны. Поразительно!.. Вообразите себе гипноз, некоторым образом, настоящий, неподдельный гипноз! Что мне один клоун показывал в Киеве в гостинице это удивительно, просто невероятно! Но ведь вы подумайте - клоун, клоун! А что, если бы этим занялся серьезный естествоиспытатель, вооруженный знанием, с их замечательным умением обставлять опыты, с их научными средствами. О, какие бы поразительные вещи мы услышали об умственных способностях собаки, о ее характере, о знании чисел, да мало ли о чем! Целый мир, огромный, интересный мир. Ну, вот, как хотите, а я убежден, например, что у собак есть свой язык, и, некоторым образом, весьма обширный язык.

- Так отчего же они этим до сих пор не занялись, Иван Антонович? спросил Ромашов. - Это же так просто!

Рафальский язвительно засмеялся.

- Именно оттого, - хе-хе-хе, - что просто. Именно оттого. Веревка вервие простое. Для него, во-первых, собака - что такое? Позвоночное, млекопитающее, хищное, из породы собаковых и так далее. Все это верно. Нет, но ты подойди к собаке, как к человеку, как к ребенку, как к мыслящему существу. Право, они со своей научной гордостью недалеки от мужика, полагающего, что у собаки, некоторым образом, вместо души пар.

Он замолчал и принялся, сердито сопя и кряхтя, возиться над гуттаперчевой трубкой, которую он прилаживал ко дну аквариума. Ромашов собрался с духом.

- Иван Антонович, у меня к вам большая, большая просьба...

- Денег?

- Право, совестно вас беспокоить. Да мне немного, рублей с десяток. Скоро отдать не обещаюсь, но...

Иван Антонович вынул руки из воды и стал вытирать их полотенцем.

- Десять могу. Больше не могу, а десять с превеликим удовольствием. Вам небось на глупости? Ну, ну, ну, я шучу. Пойдемте.

Он повел его за собою через всю квартиру, состоявшую из пяти-шести комнат. Не было в них ни мебели, ни занавесок. Воздух был пропитан острым запахом, свойственным жилью мелких хищников. Полы были загажены до того, что по ним скользили ноги.

Во всех углах были устроены норки и логовища в виде будочек, пустых пней, бочек без доньев. В двух комнатах стояли развесистые деревья - одно для птиц, другое для куниц и белок, с искусственными дуплами и гнездами. В том, как были приспособлены эти звериные жилища, чувствовалась заботливая обдуманность, любовь к животным и большая наблюдательность.

- Видите вы этого зверя? - Рафальский показал пальцем на маленькую конурку, окруженную частой загородкой из колючей проволоки. Из ее полукруглого отверстия, величиной с донце стакана, сверкали две черные яркие точечки. - Это самое хищное, самое, некоторым образом, свирепое животное во всем мире. Хорек. Нет, вы не думайте, перед ним все эти львы и пантеры - кроткие телята. Лев съел свой пуд мяса и отвалился, - смотрит благодушно, как доедают шакалы. А этот миленький прохвост, если заберется в курятник, ни одной курицы не оставит - непременно у каждой перекусит вот тут, сзади, мозжечок. До тех пор не успокоится, подлец. И притом самый дикий, самый неприручимый из всех зверей. У, ты, злодей!

Он сунул руку за загородку. Из круглой дверки тотчас же высунулась маленькая разъяренная мордочка с разинутой пастью, в которой сверкали белые острые зубки. Хорек быстро то показывался, то прятался, сопровождая это звуками, похожими на сердитый кашель.

- Видите, каков? А ведь целый год его кормлю...

Подполковник, по-видимому, совсем забыл о просьбе Ромашова. Он водил его от норы к норе и показывал ему своих любимцев, говоря о них с таким увлечением и с такой нежностью, с таким знанием их обычаев и характеров, точно дело шло о его добрых, милых знакомых. В самом деле, для любителя, да еще живущего в захолустном городишке, у него была порядочная коллекция: белые мыши, кролики, морские свинки, ежи, сурки, несколько ядовитых змей в стеклянных ящиках, несколько сортов ящериц, две обезьяны-мартышки, черный австралийский заяц и редкий, прекрасный экземпляр ангорской кошки.

- Что? Хороша? - спросил Рафальский, указывая на кошку. - Не правда ли, некоторым образом, прелесть? Но не уважаю. Глупа. Глупее всех кошек. Вот опять! - вдруг оживился он. - Опять вам доказательство, как мы небрежны к психике наших домашних животных. Что мы знаем о кошке? А лошади? А коровы? А свиньи? Знаете, кто еще замечательно умен? Это свинья. Да, да, вы не смейтесь, - Ромашов и не думал смеяться, - свиньи страшно умны. У меня кабан в прошлом году какую штуку выдумал. Привозили мне барду с сахарного завода, некоторым образом, для огорода и для свиней. Так ему, видите ли, не хватало терпения дожидаться. Возчик уйдет за моим денщиком, а он зубами возьмет и вытащит затычку из бочки. Барда, знаете, льется, а он себе блаженствует. Да это что еще: один раз, когда его уличили в этом воровстве, так он не только вынул затычку, а отнес ее на огород и зарыл в грядку. Вот вам и свинья. Признаться, - Рафальский прищурил один глаз и сделал хитрое лицо, - признаться, я о своих свиньях маленькую статеечку пишу... Только шш!.. секрет... никому. Как-то неловко: подполковник славной русской армии и вдруг - о свиньях. Теперь у меня вот йоркширы. Видали? Хотите, пойдем поглядеть? Там у меня на дворе есть еще барсучок молоденький, премилый барсучишка... Пойдемте?

- Простите, Иван Антонович, - замялся Ромашов. - Я бы с радостью. Н-э только, ей-богу, нет времени.

Рафальский ударил себя ладонью по лбу.

- Ах, батюшки! Извините вы меня, ради бога. Я-то, старый, разболтался... Ну, ну, ну, идем скорее.

Они вошли в маленькую голую комнату, где буквально ничего не было, кроме низкой походной кровати, полотно которой провисло, точно дно лодки, да ночного столика с табуреткой. Рафальский отодвинул ящик столика и достал деньги.

- Очень рад служить вам, подпоручик, очень рад. Ну, вот... какие еще там благодарности!.. Пустое... Я рад... Заходите, когда есть время. Потолкуем.

Выйдя на улицу, Ромашов тотчас же наткнулся на Веткина. Усы у Павла Павловича были лихо растрепаны, а фуражка с приплюснутыми на боках, для франтовства, полями ухарски сидела набекрень.

- А-а! Принц Гамлет! - крикнул радостно Веткин. - Откуда и куда? Фу, черт, вы сияете, точно именинник.

- Я и есть именинник, - улыбнулся Ромашов.

- Да? А ведь и верно; Георгий и Александра. Божественно. Позвольте заключить в пылкие объятия!

Они тут же, на улице, крепко расцеловались.

- Может быть, по этому случаю зайдем в собрание? Вонзим точно по единой, как говорит наш великосветский друг Арчаковский? - предложил Веткин.

- Не могу, Павел Павлыч. Тороплюсь. Впрочем, кажется, вы сегодня уже подрезвились?

- О-о-о! - Веткин значительно и гордо кивнул подбородком вверх. - Я сегодня проделал такую комбинацию, что у любого министра финансов живот бы заболел от зависти.

- Именно?

Комбинация Веткина оказалась весьма простой, но не лишенной остроумия, причем главное участие в ней принимал полковой портной Хаим. Он взял от Веткина расписку в получении мундирной пары, но на самом деле изобретательный Павел Павлович получил от портного не мундир, а тридцать рублей наличными деньгами.

- И в конце концов оба мы остались довольны, - говорил ликующий Веткин, - и жид доволен, потому что вместо своих тридцати рублей получит из обмундировальной кассы сорок пять, и я доволен, потому что взогрею сегодня в собрании всех этих игрочишек. Что? Ловко обстряпано?

- Ловко! - согласился Ромашов. - Приму к сведению в следующий раз. Однако прощайте, Павел Павлыч. Желаю счастливой карты.

Они разошлись. Но через минуту Веткин окликнул товарища. Ромашов обернулся.

- Зверинец смотрели? - лукаво спросил Веткин, указывая через плечо большим пальцем на дом Рафальского.

Ромашов кивнул головой и сказал с убеждением:

- Брем у нас славный человек. Такой милый!

- Что и говорить! - согласился Веткин. - Только - псих!

## XIII

Подъезжая около пяти часов к дому, который занимали Николаевы, Ромашов с удивлением почувствовал, что его утренняя радостная уверенность в успехе нынешнего дня сменилась в нем каким-то странным, беспричинным беспокойством. Он чувствовал, что случилось это не вдруг, не сейчас, а когда-то гораздо раньше; очевидно, тревога нарастала в его душе постепенно и незаметно, начиная с какого-то ускользнувшего момента. Что это могло быть? С ним происходили подобные явления и прежде, с самого раннего детства, и он знал, что, для того чтобы успокоиться, надо отыскать первоначальную причину этой смутной тревоги. Однажды, промучившись таким образом целый день, он только к вечеру вспомнил, что в полдень, переходя на станции через рельсы, он был оглушен неожиданным свистком паровоза, испугался и, этого не заметив, пришел в дурное настроение; но - вспомнил, и ему сразу стало легко и даже весело.

И он принялся быстро перебирать в памяти все впечатления дня в обратном порядке. Магазин Свидерского; духи; нанял извозчика Лейбу - он чудесно ездит; справлялся на почте, который час, великолепное утро; Степан... Разве в самом деле Степан? Но нет - для Степана лежит отдельно в кармане приготовленный рубль. Что же это такое? Что?

У забора уже стояли три пароконные экипажа. Двое денщиков держали в поводу оседланных лошадей: бурого старого мерина, купленного недавно Олизаром из кавалерийского брака, и стройную, нетерпеливую, с сердитым огненным глазом, золотую кобылу Бек-Агамалова.

"Ах - письмо! - вдруг вспыхнуло в памяти Ромашова. - Эта странная фраза: несмотря ни на что... И подчеркнуто... Значит, что-то есть? Может быть, Николаев сердится на меня? Ревнует? Может быть, какая-нибудь сплетня? Николаев был в последние дни так сух со мною. Нет, нет, проеду мимо!"

- Дальше! - крикнул он извозчику.

Но тотчас же он - не услышал и не увидел, а скорее почувствовал, как дверь в доме отворилась, - почувствовал по сладкому и бурному биению своего сердца.

- Ромочка! Куда же это вы? - раздался сзади него веселый, звонкий голос Александры Петровны.

Он дернул Лейбу за кушак и выпрыгнул из экипажа. Шурочка стояла в черной раме раскрытой двери. На ней было белое гладкое платье с красными цветами за поясом, с правого бока; те же цветы ярко и тепло краснели в ее волосах. Странно: Ромашов знал безошибочно, что это - она, и все-таки точно не узнавал ее. Чувствовалось в ней что-то новое, праздничное и сияющее.

В то время когда Ромашов бормотал свои поздравления, она, не выпуская его руки из своей, нежным и фамильярным усилием заставила его войти вместе с ней в темную переднюю. И в это время она говорила быстро и вполголоса:

- Спасибо, Ромочка, что приехали. Ах, я так боялась, что вы откажетесь. Слушайте: будьте сегодня милы и веселы. Не обращайте ни на что внимания. Вы смешной: чуть вас тронешь, вы и завяли. Такая вы стыдливая мимоза.

- Александра Петровна... сегодня ваше письмо так смутило меня. Там есть одна фраза...

- Милый, милый, не надо!.. - Она взяла обе его руки и крепко сжимала их, глядя ему прямо в глаза. В этом взгляде было опять что-то совершенно незнакомое Ромашову - какая-то ласкающая нежность, и пристальность, и беспокойство, а еще дальше, в загадочной глубине синих зрачков, таилось что-то странное, недоступное пониманию, говорящее на самом скрытом, темном языке души...

- Пожалуйста, не надо. Не думайте сегодня об этом... Неужели вам не довольно того, что я все время стерегла, как вы проедете. Я ведь знаю, какой вы трусишка. Не смейте на меня так глядеть!

Она смущенно засмеялась и покачала головой.

- Ну, довольно... Ромочка, неловкий, опять вы не целуете рук! Вот так. Теперь другую. Так. Умница. Идемте. Не забудьте же, - проговорила она торопливым, горячим шепотом, - сегодня наш день. Царица Александра и ее рыцарь Георгий. Слышите? Идемте.

- Вот, позвольте вам... Скромный дар...

- Что это? Духи? Какие вы глупости делаете! Нет, нет, я шучу. Спасибо вам, милый Ромочка. Володя! - сказала она громко и непринужденно, входя в гостиную. - Вот нам и еще один компаньон для пикника. И еще вдобавок именинник.

В гостиной было шумно и беспорядочно, как всегда бывает перед общим отъездом. Густой табачный дым казался небесно-голубым в тех местах, где его прорезывали, стремясь из окон, наклонные снопы весеннего солнца. Посреди гостиной стояли, оживленно говоря, семь или восемь офицеров, и из них громче всех кричал своим осипшим голосом, ежесекундно кашляя, высокий Тальман. Тут были: капитан Осадчий, и неразлучные адъютанты Олизар с Бек-Агамаловым, и поручик Андрусевич, маленький бойкий человек с острым крысиным личиком, и еще кто-то, кого Ромашов сразу не разглядел. Софья Павловна Тальман, улыбающаяся, напудренная и подкрашенная, похожая на большую нарядную куклу, сидела на диване с двумя сестрами подпоручика Михина. Обе барышни были в одинаковых простеньких, своей работы, но милых платьях, белых с зелеными лентами; обе розовые, черноволосые, темноглазые и в веснушках; у обеих были ослепительно белые, но неправильно расположенные зубы, что, однако, придавало их свежим ртам особую, своеобразную прелесть; обе хорошенькие и веселые, чрезвычайно похожие одна на другую и вместе с тем на своего очень некрасивого брата. Из полковых дам была еще приглашена жена поручика Андрусевича, маленькая белолицая толстушка, глупая и смешливая, любительница всяких двусмысленностей и сальных анекдотов, а также хорошенькие, болтливые и картавые барышни Лыкачевы.

Как и всегда в офицерском обществе, дамы держались врозь от мужчин, отдельной кучкой. Около них сидел, небрежно и фатовски развалясь в кресле, один штабс-капитан Диц. Этот офицер, похожий своей затянутой фигурой и типом своего поношенного и самоуверенного лица на прусских офицеров, как их рисуют в немецких карикатурах, был переведен в пехотный полк из гвардии за какую-то темную скандальную историю. Он отличался непоколебимым апломбом в обращении с мужчинами и наглой предприимчивостью - с дамами и вел большую, всегда счастливую карточную игру, но не в офицерском собрании, а в гражданском клубе, в домах городских чиновников и у окрестных польских помещиков. Его в полку не любили, но побаивались, и все как-то смутно ожидали от него в будущем какой-нибудь грязной и громкой выходки. Говорили, что он находится в связи с молоденькой женой дряхлого бригадного командира, который жил в том же городе. Было так же наверно известно о его близости с madame Тальман: ради нее его и приглашали обыкновенно в гости - этого требовали своеобразные законы полковой вежливости и внимания.

- Очень рад, очень рад, - говорил Николаев, идя навстречу Ромашову, тем лучше. Отчего же вы утром не приехали к пирогу?

Он говорил это радушно, с любезной улыбкой, но в его голосе и глазах Ромашов ясно уловил то же самое отчужденное, деланное и сухое выражение, которое он почти бессознательно чувствовал, встречаясь с Николаевым, все последнее время.

"Он меня не любит, - решил быстро про себя Ромашов. - Что он? Сердится? Ревнует? Надоел я ему?"

- Знаете... у нас идет в роте осмотр оружия, - отважно солгал Ромашов. - Готовимся к смотру, нет отдыха даже в праздники... Однако я положительно сконфужен... Я никак не предполагал, что у вас пикник, и вышло так, точно я напросился. Право, мне совестно...

Николаев широко улыбнулся и с оскорбительной любезностью потрепал Ромашова по плечу.

- О нет, что вы, мой любезный... Больше народу - веселее... что за китайские церемонии!.. Только, вот не знаю, как насчет мест в фаэтонах. Ну, да рассядемся как-нибудь.

- У меня экипаж, - успокоил его Ромашов, едва заметно уклоняясь плечом от руки Николаева. - Наоборот, я с удовольствием готов его предоставить в ваше распоряжение.

Он оглянулся и встретился глазами с Шурочкой.

"Спасибо, милый!" - сказал ее теплый, по-прежнему странно-внимательный взгляд.

"Какая она сегодня удивительная!" - подумал Ромашов.

- Ну вот и чудесно. - Николаев посмотрел на часы. - Что ж, господа, сказал он вопросительно, - можно, пожалуй, и ехать?

- Ехать так ехать, сказал попугай, когда его кот Васька тащил за хвост из клетки! - шутовски воскликнул Олизар.

Все поднялись с восклицаниями и со смехом; дамы разыскивали свои шляпы и зонтики и надевали перчатки; Тальман, страдавший бронхитом, кричал на всю комнату о том, чтобы не забыли теплых платков; поднялась оживленная суматоха.

Маленький Михин отвел Ромашова в сторону.

- Юрий Алексеич, у меня к вам просьба, - сказал он. - Очень прошу вас об этом. Поезжайте, пожалуйста, с моими сестрами, иначе с ними сядет Диц, а мне это чрезвычайно неприятно. Он всегда такие гадости говорит девочкам, что они просто готовы плакать. Право, я враг всякого насилия, но, ей-богу, когда-нибудь дам ему по морде!..

Ромашову очень хотелось ехать вместе с Шурочкой, но так как Михин всегда был ему приятен и так как чистые, ясные глаза итого славного мальчика глядели с умоляющим выражением, а также и потому, что душа Ромашова была в эту минуту вся наполнена большим радостным чувством, - он не мог отказать и согласился.

У крыльца долго и шумно рассаживались. Ромашов поместился с, двумя барышнями Михиными. Между экипажами топтался с обычным угнетенным, безнадежно-унылым видом штабс-капитан Лещенко, которого раньше Ромашов не заметил и которого никто не хотел брать с собою в фаэтон. Ромашов окликнул его и предложил ему место рядом с собою на передней скамейке. Лещенко поглядел на подпоручика собачьими, преданными, добрыми глазами и со вздохом полез в экипаж.

Наконец все расселись. Где-то впереди Олизар, паясничая и вертясь на своем старом, ленивом мерине, запел из оперетки:

Сядем в почтовую карету скорей,
Сядем в почтовую карету поскоре-е-е-ей.

- Рысью ма-а-арш! - скомандовал громовым голосом Осадчий.

Экипажи тронулись.

## XIV

Пикник вышел не столько веселым, сколько крикливым и беспорядочно суматошливым. Приехали за три версты в Дубечную. Так называлась небольшая, десятин в пятнадцать, роща, разбросавшаяся на длинном пологом скате, подошву которого огибала узенькая светлая речонка. Роща состояла из редких, но прекрасных, могучих столетних дубов. У их подножий густо разросся сплошной кустарник, но кое-где оставались просторные прелестные поляны, свежие, веселые, покрытые нежной и яркой первой зеленью. На одной такой поляне уже дожидались посланные вперед денщики с самоварами и корзинами.

Прямо на земле разостлали скатерти и стали рассаживаться. Дамы устанавливали закуски и тарелки, мужчины помогали им с шутливым, преувеличенно любезным видом. Олизар повязался одной салфеткой, как фартуком, а другую надел на голову, в виде колпака, и представлял повара Лукича из офицерского клуба. Долго перетасовывали места, чтобы дамы сидели непременно вперемежку с кавалерами. Приходилось полулежать, полусидеть в неудобных позах, это было ново и занимательно, и по этому поводу молчаливый Лещенко вдруг, к общему удивлению и потехе, сказал с напыщенным и глупым видом:

- Мы теперь возлежим, точно древнеримские греки.

Шурочка посадила рядом с собой с одной стороны Тальмана, а с другой Ромашова. Она была необыкновенно разговорчива, весела и казалась такой возбужденной, что это многим бросилось в глаза. Никогда Ромашов не находил ее такой очаровательно-красивой. Он видел, что в ней струится, трепещет и просится наружу какое-то большое, новое, лихорадочное чувство. Иногда она без слов оборачивалась к Ромашову и смотрела на него молча, может быть только полусекундой больше, чем следовало бы, немного больше, чем всегда, но всякий раз в ее взгляде он ощущал ту же непонятную ему, горячую, притягивающую силу.

Осадчий, сидевший один во главе стола, приподнялся и стал на колени. Постучав ножом о стакан и добившись тишины, он заговорил низким грудным голосом, который сочными волнами заколебался в чистом воздухе леса:

- Ну-с, господа... Выпьем же первую чару за здоровье нашей прекрасной хозяйки и дорогой именинницы. Дай ей бог всякого счастья и чин генеральши.

И, высоко подняв кверху большую рюмку, он заревел во всю мочь своей страшной глотки:

- Урра!

Казалось, вся роща ахнула от этого львиного крика, и гулкие отзвуки побежали между деревьями. Андрусевич, сидевший рядом с Осадчим, в комическом ужасе упал навзничь, притворяясь оглушенным. Остальные дружно закричали. Мужчины пошли к Шурочке чокаться. Ромашов нарочно остался последним, и она заметила это. Обернувшись к нему, она, молча и страстно улыбаясь, протянула свой стакан с белым вином. Глаза ее в этот момент вдруг расширились, потемнели, а губы выразительно, но беззвучно зашевелились, произнося какое-то слово. Но тотчас же она отвернулась и, смеясь, заговорила с Тальманом. "Что она сказала, - думал

Ромашов, - ах, что же она сказала?" Это волновало и тревожило его. Он незаметно закрыл лицо руками и старался воспроизвести губами те же движения, какие делала Шурочка; он хотел поймать таким образом эти слева в своем воображении, но у него ничего не выходило. "Мой милый?", "Люблю вас?", "Ромочка?" - Нет, не то. Одно он знал хорошо, что сказанное заключалось в трех слогах.

Потом пили за здоровье Николаева и за успех его на будущей службе в генеральном штабе, пили в таком духе, точно никогда и никто не сомневался, что ему действительно удастся, наконец, поступить в академию. Потом, по предложению Шурочки, выпили довольно вяло за именинника Ромашова; пили за присутствующих дам, и за всех присутствующих, и за всех вообще дам, и за славу знамен родного полка, и за непобедимую русскую армию...

Тальман, уже достаточно пьяный, поднялся и закричал сипло, но растроганно:

- Господа, я предлагаю выпить тост за здоровье нашего любимого, нашею обожаемого монарха, за которого каждый из нас готов пролить свою кровь до последней капли крови!

Последние слова он выдавил из себя неожиданно тонкой, свистящей фистулой, потому что у него не хватило в груди воздуху. Его цыганские, разбойничьи черные глаза с желтыми белками вдруг беспомощно и жалко заморгали, и слезы полились по смуглым щекам.

- Гимн, гимн! - восторженно потребовала маленькая толстушка Андрусевич.

Все встали. Офицеры приложили руки к козырькам. Нестройные, но воодушевленные звуки понеслись по роще, и всех громче, всех фальшивее, с липом еще более тоскливым, чем обыкновенно, пел чувствительный штабс-капитан Лещенко.

Вообще пили очень много, как и всегда, впрочем, пили в полку: в гостях друг у друга, в собрании, на торжественных обедах и пикниках. Говорили уже все сразу, и отдельных голосов нельзя было разобрать. Шурочка, выпившая много белого вина, вся раскрасневшаяся, с глазами, которые от расширенных зрачков стали совсем черными, с влажными красными губами, вдруг близко склонилась к Ромашову.

- Я не люблю этих провинциальных пикников, в них есть что-то мелочное и пошлое, - сказала она. - Правда, это нужно было сделать для мужа, перед отъездом, но боже, как все это глупо! Ведь все это можно было устроить у нас дома, в саду, - вы знаете, какой у нас прекрасный сад - старый, тенистый. И все-таки, не знаю почему, я сегодня безумно счастлива. Господи, как я счастлива! Нет, Ромочка, милый, я знаю почему, и я вам это потом скажу, я вам потом скажу... Я скажу... Ах, нет, нет, Ромочка, я ничего, ничего не знаю.

Веки ее прекрасных глаз полузакрылись, а во всем лице было что-то манящее и обещающее и мучительно-нетерпеливое. Оно стало бесстыдно-прекрасным, и Ромашов, еще не понимая, тайным инстинктом чувствовал на себе страстное волнение, овладевшее Шурочкой, чувствовал по той сладостной дрожи, которая пробегала по его рукам и ногам и по его груди.

- Вы сегодня необыкновенны. Что с вами? - спросил он шепотом.

Она вдруг ответила с каким-то наивным и кротким удивлением:

- Я вам говорю, что не знаю. Я не знаю. Посмотрите: небо голубое, свет голубой... И у меня самой какое-то чудесное голубое настроение, какал-то голубая радость! Налейте мне еще вина, Ромочка, мой милый мальчик...

На другом конце скатерти зашел разговор о предполагаемой войне с Германией, которую тогда многие считали делом почти решенным. Завязался спор, крикливый, в несколько ртов зараз, бестолковый. Вдруг послышался сердитый, решительный голос Осадчего. Он был почти пьян, но это выражалось у него только тем, что его красивое лицо страшно побледнело, а тяжелый взгляд больших черных глаз стал еще сумрачнее.

- Ерунда! - воскликнул он резко. - Я утверждаю, что все это ерунда. Война выродилась. Все выродилось на свете. Дети родятся идиотами, женщины сделались кривобокими, у мужчин нервы. "Ах, кровь! Ах, я падаю в обморок!" - передразнил он кого-то гнусавым тоном. - И все это оттого, что миновало время настоящей, свирепой, беспощадной войны. Разве это война? За пятнадцать верст в тебя - бах! - и ты возвращаешься домой героем. Боже мой, какая, подумаешь, доблесть! Взяли тебя в плен. "Ах, миленький, ах, голубчик, не хочешь ли покурить табачку? Или, может быть, чайку? Тепло ли тебе, бедненький? Мягко ли?" У-у! - Осадчий грозно зарычал и наклонил вниз голову, точно бык, готовый нанести удар. - В средние века дрались - это я понимаю. Ночной штурм. Весь город в огне. "На три дня отдаю город солдатам на разграбление!" Ворвались. Кровь и огонь. У бочек с вином выбиваются донья. Кровь и вино на улицах. О, как были веселы эти пиры на развалинах! Женщин - обнаженных, прекрасных, плачущих - тащили за волосы. Жалости не было. Они были сладкой добычей храбрецов!..

- Однако вы не очень распространяйтесь, - заметила шутливо Софья Павловна Тальман.

- По ночам горели дома, и дул ветер, и от ветра качались черные тела на виселицах, и над ними кричали вороны. А под виселицами горели костры и пировали победители. Пленных но было. Зачем пленные? Зачем отрывать для них лишние силы? А-ах! - яростно простонал со сжатыми зубами Осадчий. Что это было за смелое, что за чудесное время! А битвы!

Когда сходились грудь с грудью и дрались часами, хладнокровно и бешено, с озверением и с поразительным искусством. Какие это были люди, какая страшная физическая сила! Господа! - Он поднялся на ноги и выпрямился во весь свой громадный рост, и голос его зазвенел восторгом и дерзостью. - Господа, я знаю, что вы из военных училищ вынесли золотушные, жиденькие понятия о современной гуманной войне. Но к пью... Если даже никто не присоединится ко мне, я пью один за радость прежних войн, за веселую и кровавую жестокость!

Все молчали, точно подавленные неожиданным экстазом этого обыкновенно мрачного, неразговорчивого человека, и глядели на него с любопытством и страхом. Но вдруг вскочил с своего места Бек-Агамалов. Он сделал это так внезапно и так быстро, что многие вздрогнули, а одна из женщин вскочила в испуге. Его глаза выкатились и дико сверкали, крепко сжатые белые зубы были хищно оскалены. Он задыхался и не находил слов.

- О, о!.. Вот это... вот, я понимаю!! А! - Он с судорожной силой, точно со злобой, сжал и встряхнул руку Осадчего. - К черту эту кислятину! К черту жалость! А! Р-руби!

Ему нужно было отвести на чем-нибудь свою варварскую душу, в которой в обычное время тайно дремала старинная, родовая кровожадность. Он, с глазами, налившимися кровью, оглянулся кругом и, вдруг выхватив из ножен шашку, с бешенством ударил по дубовому кусту. Ветки и молодые листья полетели на скатерть, осыпав, как дождем, всех сидящих.

- Бек! Сумасшедший! Дикарь! - закричали дамы.

Бек-Агамалов сразу точно опомнился и сел. Он казался заметно сконфуженным за свой неистовый порыв, но его тонкие ноздри, из которых с шумом вылетало дыхание, раздувались и трепетали, а черные глаза, обезображенные гневом, исподлобья, но с вызовом обводили присутствующих.

Ромашов слушал в не слушал Осадчего. Он испытывал странное состояние, похожее на сон, на сладкое опьянение каким-то чудесным, не существующим на земле напитком. Ему казалось, что теплая, нежная паутина мягко и лениво окутывает все его тело и ласково щекочет и наполняет душу внутренним ликующим смехом. Его рука часто, как будто неожиданно для него самого, касалась руки Шурочки, но ни он, ни она больше не глядели друг на друга. Ромашов точно дремал. Голоса Осадчего и Бек-Агамалова доносились до него из какого-то далекого, фантастического тумана и были понятны, но пусты.

"Осадчий... Он жестокий человек, он меня не любит, - думал Ромашов, и тот, о ком он думал, был теперь не прежний Осадчий а новый, страшно далекий, и не настоящий, а точно движущийся на экране живой фотографии. У Осадчего жена маленькая, худенькая, жалкая, всегда беременная... Он ее никуда с собой не берет... У него в прошлом году повесился молодой солдат... Осадчий... Да... Что такое Осадчий? Вот теперь Бек кричит... Кто этот человек? Разве я его знаю? Да, я его знаю, но почему же он такой странный, чужой, непонятный мне? А вот кто-то сидит со мною рядом... Кто ты? От тебя исходит радость, и я пьян от этой радости. Голубая радость!.. Вон против меня сидит Николаев. Он недоволен. Он все молчит. Глядит сюда мимоходом, точно скользит глазами. Ах, пускай сердится - все равно. О, голубая радость!"

Темнело. Тихие лиловые тени от деревьев легли на полянку. Младшая Михина вдруг спохватилась:

- Господа, а что же фиалки? Здесь, говорят, пропасть фиалок. Пойдемте собирать.

- Поздно, - заметил кто-то. - Теперь в траве ничего не увидишь.

- Теперь в траве легче потерять, чем найти, - сказал Диц, скверно засмеявшись.

- Ну, тогда давайте разложим костер, - предложил Андрусевич.

Натаскали огромную кучу хвороста и прошлогодних сухих листьев и зажгли костер. Широкий столб веселого огня поднялся к небу. Точно испуганные, сразу исчезли последние остатки дня уступив место мраку, который, выйдя из рощи, надвинулся на костер. Багровые пятна пугливо затрепетали по вершинам дубов и казалось, что деревья зашевелились, закачались, то выглядывая в красное пространство света, то прячась назад в темноту.

Все встали из-за стола. Денщики зажгли свечи в стеклянных колпаках. Молодые офицеры шалили, как школьники. Олизар боролся с Михиным, и, к удивлению всех, маленький, неловкий Михин два раза подряд бросал на землю своего более высокого и стройного противника. Потом стали прыгать через огонь. Андрусевич представлял, как бьется об окно муха и как старая птичница ловит курицу, изображал, спрятавшись за кусты, звук пилы и ножа на точиле, - он на это был большой мастер. Даже и Диц довольно ловко жонглировал пустыми бутылками.

- Позвольте-ка, господа, вот я вам покажу замечательный фокус! закричал вдруг Тальман. - Здэсь нэт никакой чудеса или волшебство, а не что иной, как проворство рук. Прошу почтеннейший публикум обратить внимание, что у меня нет никакой предмет в рукав. Начинаю. Ейн, цвей, дрей... алле гоп!..

Он быстро, при общем хохоте, вынул из кармана две новые колоды карт и с треском распечатал их одну за другой.

- Винт, господа? - предложил он. - На свежем воздухе? А?

Осадчий, Николаев и Андрусевич уселись за карты, Лещенко с глубоким вздохом поместился сзади них. Николаев долго с ворчливым неудовольствием отказывался, но его все-таки уговорили. Садясь, он много раз с беспокойством оглядывался назад, ища глазами Шурочку, но так как из-за света костра ему трудно было присмотреться, то каждый раз его лицо напряженно морщилось и принимало жалкое, мучительное и некрасивое выражение.

Остальные постепенно разбрелись по поляне невдалеке от костра. Затеяли было играть в горелки, но эта забава вскоре окончилась, после того как старшая Михина, которую поймал Дин, вдруг раскраснелась до слез и наотрез отказалась играть. Когда она говорила, ее голос дрожал от негодования и обиды, но причины она все-таки не объяснила.

Ромашов пошел в глубь рощи по узкой тропинке. Он сам не понимал, чего ожидает, но сердце его сладко и томно ныло от неясного блаженного предчувствия. Он остановился. Сзади него послышался легкий треск веток, потом быстрые шаги и шелест шелковой нижней юбки. Шурочка поспешно шла к нему - легкая и стройная, мелькая, точно светлый лесной дух, своим белым платьем между темными стволами огромных деревьев. Ромашов пошел ей навстречу и без слов обнял ее. Шурочка тяжело дышала от поспешной ходьбы. Ее дыхание тепло и часто касалось щеки и губ Ромашова, и он ощущал, как под его рукой бьется ее сердце.

- Сядем, - сказала Шурочка.

Она опустилась на траву и стала поправлять обеими руками волосы на затылке. Ромашов лег около ее ног, и так как почва на этом месте заметно опускалась вниз, то он, глядя на нее, видел только нежные и неясные очертания ее шеи и подбородка.

Вдруг она спросила тихим, вздрагивающим голосом:

- Ромочка, хорошо вам?

- Хорошо, - ответил он. Потом подумал одну секунду, вспомнил весь нынешний день и повторил горячо: - О да, мне сегодня так хорошо, так хорошо! Скажите, отчего вы сегодня такая?

- Какая?

Она наклонилась к нему ближе, вглядываясь в его глаза, и все ее лицо стало сразу видимым Ромашову.

- Вы чудная, необыкновенная. Такой прекрасной вы еще никогда не были. Что-то в вас поет и сияет. В вас что-то новое, загадочное, я не понимаю что... Но... вы не сердитесь на меня, Александра Петровна... вы не боитесь, что вас хватятся?

Она тихо засмеялась, и этот низкий, ласковый смех отозвался в груди Ромашова радостной дрожью.

- Милый Ромочка! Милый, добрый, трусливый, милый Ромочка. Я ведь вам сказала, что этот день наш. Не думайте ни о чем, Ромочка. Знаете, отчего я сегодня такая смелая? Нет? Но знаете? Я в вас влюблена сегодня. Нет, нет, вы не воображайте, это завтра же пройдет...

Ромашов протянул к ней руки, ища ее тела.

- Александра Петровна... Шурочка... Саша! - произнес он умоляюще.

- Не называйте меня Шурочкой, я но хочу этого. Все другое, только не это... Кстати, - вдруг точно вспомнила она, - какое у вас славное имя Георгий. Гораздо лучше, чем Юрий... Гео-ргий! - протянула она медленно, как будто вслушиваясь в звуки этого слова. - Это гордо.

- О милая! - сказал Ромашов страстно.

- Подождите... Ну, слушайте же. Это самое важное. Я вас сегодня видела во сне. Это было удивительно прекрасно. Мне снилось, будто мы с вами танцуем вальс в какой-то необыкновенной комнате. О, я бы сейчас же узнала эту комнату до самых мелочей. Много было ковров, но горел один только красный фонарь, новое пианино блестело, два окна с красными занавесками, все было красное. Где-то играла музыка, ее не было видно, и мы с вами танцевали... Нет, нет, только во сне может быть такая сладкая, такая чувственная близость. Мы кружились быстро-быстро, но не касались ногами пола, а точно плавали в воздухе я кружились, кружились, кружились. Ах, это продолжалось так долго и было так невыразимо чудно-приятно... Слушайте, Ромочка, вы летаете во сне?

Ромашов не сразу ответил. Он точно вступил в странную, обольстительную, одновременно живую и волшебную сказку. Да сказкой и были теплота и тьма этой весенней ночи, и внимательные, притихшие деревья кругом, и странная, милая женщина в белом платье, сидевшая рядом, так близко от него. И, чтобы очнуться от этого обаяния, он должен был сделать над собой усилие.

- Конечно, летаю, - ответил он. - Но только с каждым годом все ниже и ниже. Прежде, в детстве, я летал под потолком. Ужасно смешно было глядеть на людей сверху: как будто они ходят вверх ногами. Они меня старались достать половой щеткой, но не могли. А я все летаю и все смеюсь. Теперь уж этого нет, теперь я только прыгаю, - сказал Ромашов со вздохом. Оттолкнусь ногами и лечу над землей. Так, шагов двадцать - и низко, не выше аршина.

Шурочка совсем опустилась на землю, оперлась о нее локтем и положила на ладонь голову. Помолчав немного, она продолжала задумчиво:

- И вот, после этого сна, утром мне захотелось вас видеть. Ужасно, ужасно захотелось. Если бы вы не пришли, я не знаю, что бы я сделала. Я бы, кажется, сама к вам прибежала. Потому-то я и просила вас прийти не раньше четырех. Я боялась за самое себя. Дорогой мой, понимаете ли вы меня?

В пол-аршина от лица Ромашова лежали ее ноги, скрещенные одна на другую, две маленькие ножки в низких туфлях и в черных чулках с каким-то стрельчатым белым узором. С отуманенной головой, с шумом в ушах, Ромашов вдруг крепко прижался зубами к этому живому, упругому, холодному, сквозь чулок, телу.

- Ромочка... Не надо, - услышал он над собой ее слабый, протяжный и точно ленивый голос.

Он поднял голову. И опять все ему показалось в этот миг чудесной, таинственной лесной сказкой. Ровно подымалась по скату вверх роща с темной травой и с черными, редкими, молчаливыми деревьями, которые неподвижно и чутко прислушивались к чему-то сквозь дремоту. А на самом верху, сквозь густую чащу верхушек и дальних стволов, над ровной, высокой чертой горизонта рдела узкая полоса зари - не красного и не багрового цвета, а темно-пурпурного, необычайного, похожего на угасающий уголь или на пламя, преломленное сквозь густое красное вино. И на этой горе, между черных деревьев, в темной пахучей траве, лежала, как отдыхающая лесная богиня, непонятная прекрасная белая женщина.

Ромашов придвинулся, к ней ближе. Ему казалось, что от лица ее идет бледное сияние. Глаз ее не было видно - вместо них были два больших темных пятна, но Ромашов чувствовал, что она смотрит на него.

- Это сказка! - прошептал он тихо одним движением рта.

- Да, милый, сказка...

Он стал целовать ее платье, отыскал ее руку и приник лицом к узкой, теплой, душистой ладони, и в то же время он говорил, задыхаясь, обрывающимся голосом:

- Саша... я люблю вас... Я люблю...

Теперь, поднявшись выше, он ясно видел ее глаза, которые стали огромными, черными и то суживались, то расширялись, и от этого причудливо менялось в темноте все ее знакомо-незнакомое лицо. Он жадными, пересохшими губами искал ее рта, но она уклонялась от него, тихо качала головой и повторяла медленным шепотом:

- Нет, нет, нет... Мой милый, нет...

- Дорогая моя... Какое счастье!.. Я люблю тебя... - твердил Ромашов в каком-то блаженном бреду. - Я люблю тебя. Посмотри: эта ночь, и тишина, и никого, кроме нас. О счастье мое, как я тебя люблю!

Но она говорила шепотом: "нет, нет", тяжело дыша, лежа всем телом на земле. Наконец она заговорила еле слышным голосом, точно с трудом:

- Ромочка, зачем вы такой... слабый! Я не хочу скрывать, меня влечет к вам, вы мне милы всем: своей неловкостью, своей чистотой, своей нежностью. Я не скажу вам, что я вас люблю, по я о вас всегда думаю, я вижу вас во сне, я... чувствую вас... Меня волнует ваша близость и ваши прикосновения. Но зачем вы такой жалкий! Ведь жалость - сестра презрения. Подумайте, я не могу уважать вас. О, если бы вы были сильный! - Она сняла с головы Ромашова фуражку и стала потихоньку гладить и перебирать его мягкие волосы. - Если бы вы могли завоевать себе большое имя, большое положение!..

- Я сделаю, я сделаю это! - тихо воскликнул Ромашов. - Будьте только моей. Идите ко мне. Я всю жизнь...

Она перебила его, с ласковой и грустной улыбкой, которую он услышал в ее тоне:

- Верю, что вы хотите, голубчик, верю, но вы ничего не сделаете. Я знаю, что нет. О, если бы я хоть чуть-чуть надеялась на вас, я бросила бы все и пошла за вами. Ах, Ромочка, славный мой. Я слышала, какая-то легенда говорит, что бог создал сначала всех людей целыми, а потом почему-то разбил каждого на две части и разбросал по свету. И вот ищут целые века одна половинка другую - и все не находят. Дорогой мой, ведь мы с вами эти две половинки; у нас все общее: и любимое, и нелюбимое, и мысли, и сны, и желания. Мы понимаем друг друга с полунамека, с полуслова, даже без слов, одной душой. И вот я должна отказаться от тебя. Ах, это уже второй раз в моей жизни.

- Да, я знаю.

- Он говорил тебе? - спросила Шурочка быстро.

- Нет, это вышло случайно. Я знаю.

Они замолчали. На небе дрожащими зелеными точечками загорались первые звезды. Справа едва-едва доносились голоса, смех и чье-то пение. Остальная часть рощи, погруженная в мягкий мрак, была полна священной, задумчивой тишиной. Костра отсюда не было видно, но изредка по вершинам ближайших дубов, точно отблеск дальней зарницы, мгновенно пробегал красный трепещущий свет. Шурочка тихо гладила голову и лицо Ромашова; когда же он находил губами ее руку, она сама прижимала ладонь к его рту.

- Я своего мужа не люблю, - говорила она медленно, точно в раздумье. Он груб, он нечуток, неделикатен. Ах, - это стыдно говорить, - но мы, женщины, никогда не забываем первого насилия над нами. Потом он так дико ревнив. Он до сих пор мучит меня этим несчастным Назанским. Выпытывает каждую мелочь, делает такие чудовищные предположения, фу... Задает мерзкие вопросы. Господи! Это же был невинный полудетский роман! Но он от одного его имени приходит в бешенство.

Когда она говорила, ее голос поминутно вздрагивал, и вздрагивала ее рука, гладившая его голову.

- Тебе холодно? - спросил Ромашов.

- Нет, милый, мне хорошо, - сказала она кротко.

И вдруг с неожиданной, неудержимой страстью она воскликнула:

- Ах, мне так хорошо с тобой, любовь моя!

Тогда он начал робко, неуверенным тоном, взяв ее руку в свою и тихонько прикасаясь к ее тонким пальцам:

- Скажи мне... Прошу тебя. Ты ведь сама говоришь, что не любишь его... Зачем же вы вместе?..

Но она резко приподнялась с земли, села и нервно провела руками по лбу и по щекам, точно просыпаясь.

- Однако поздно. Пойдемте. Еще начнут разыскивать, пожалуй, - сказала она другим, совершенно спокойным голосом.

Они встали с травы и стояли друг против друга молча, слыша дыхание друг друга, глядя в глаза и не видя их.

- Прощай! - вдруг воскликнула она звенящим голосом. - Прощай, мое счастье, мое недолгое счастье!

Она обвилась руками вокруг его шеи и прижалась горячим влажным ртом к его губам и со сжатыми зубами, со стоном страсти прильнула к нему всем телом, от ног до груди. Ромашову почудилось, что черные стволы дубов покачнулись в одну сторону, а земля поплыла в другую, и что время остановилось.

Потом она с усилием освободилась из его рук и сказала твердо:

- Прощай. Довольно. Теперь пойдем.

Ромашов упал перед ней на траву, почти лег, обнял ее ноги и стал целовать ее колени долгими, крепкими поцелуями.

- Саша, Сашенька! - лепетал он бессмысленно. - Отчего ты не хочешь отдаться мне? Отчего? Отдайся мне!..

- Пойдем, пойдем, - торопила она его. - Да встаньте же, Георгий Алексеевич. Нас хватятся. Пойдемте!

Они пошли по тому направлению, где слышались голоса. У Ромашова подгибались и дрожали ноги и било в виски. Он шатался на ходу.

- Я не хочу обмана, - говорила торопливо и еще задыхаясь Шурочка, впрочем, нет, я выше обмана, но я не хочу трусости. В обмане же - всегда трусость. Я тебе скажу правду: я мужу никогда не изменяла и не изменю ему до тех пор, пока не брошу его почему-нибудь. Но его ласки и поцелуи для меня ужасны, они вселяют в меня омерзение. Послушай, я только сейчас, нет, впрочем, еще раньше, когда думала о тебе, о твоих губах, - я только теперь поняла, какое невероятное наслаждение, какое блаженство отдать себя любимому человеку. Но я не хочу трусости, не хочу тайного воровства. И потом... подожди, нагнись ко мне, милый, я скажу тебе на ухо, это стыдно... потом - я не хочу ребенка. Фу, какая гадость! Обер-офицерша, сорок восемь рублей жалованья, шестеро детей, пеленки, нищета... О, какой ужас!

Ромашов с недоумением посмотрел на нее.

- Но ведь у вас муж... Это же неизбежно, - сказал он нерешительно.

Шурочка громко рассмеялась. В этом смехе было что-то инстинктивно неприятное, от чего пахнуло холодком в душу Ромашова.

- Ромочка... ой-ой-ой, какой же вы глу-упы-ый! - протянула она знакомым Ромашову тоненьким, детским голосом. - Неужели вы этих вещей не понимаете? Нет, скажите правду - не понимаете?

Он растерянно пожал плечами. Ему стало как будто неловко за свою наивность.

- Извините... но я должен сознаться... честное слово...

- Ну, и бог с вами, и не нужно. Какой вы чистый, милый, Ромочка! Ну, так вот когда вы вырастете, то вы наверно вспомните мои слова: что возможно с мужем, то невозможно с любимым человеком. Ах, да не думайте, пожалуйста, об этом. Это гадко - но что же поделаешь.

Они подходили уже к месту пикника. Из-за деревьев было видно пламя костра. Корявые стволы, загораживавшие огонь, казались отлитыми из черного металла, и на их боках мерцал красный изменчивый свет.

- Ну, а если я возьму себя в руки? - спросил Ромашов. - Если я достигну того же, чего хочет твой муж, или еще большего? Тогда?

Она прижалась крепко к его плечу щекой и ответила порывисто:

- Тогда - да. Да, да, да...

Они уже вышли на поляну. Стал виден весь костер и маленькие черные фигуры людей вокруг него.

- Ромочка, теперь последнее, - сказала Александра Петровна торопливо, но с печалью и тревогой в голосе. - Я не хотела портить вам вечер и не говорила. Слушайте, вы не должны у нас больше бывать.

Он остановился изумленный, растерянный.

- Почему же? О Саша!..

- Идемте, идемте... Я не знаю, кто это делает, но мужа осаждают анонимными письмами. Он мне не показывал, а только вскользь говорил об этом. Пишут какую-то грязную площадную гадость про меня и про вас. Словом, прошу вас, не ходите к нам.

- Саша! - умоляюще простонал Ромашов, протягивая к ней руки.

- Ах, мне это самой больно, мой милый, мой дорогой, мой нежный! Но ото необходимо. Итак, слушайте: я боюсь, что он сам будет говорить с вами об этом... Умоляю вас, ради бога, будьте сдержанны. Обещайте мне это.

- Хорошо, - произнес печально Ромашов.

- Ну, вот и все. Прощайте, мой бедный. Бедняжка! Дайте вашу руку. Сожмите крепко-крепко, так, чтобы мне стало больно. Вот так... Ой!.. Теперь прощайте. Прощай, радость моя!

Не доходя костра, они разошлись. Шурочка пошла прямо вверх, а Ромашов снизу, обходом, вдоль реки. Винт еще не окончился, но их отсутствие было замечено. По крайней мере Диц так нагло поглядел на подходящего к костру Ромашова и так неестественно-скверно кашлянул, что Ромашову захотелось запустить в него горящей головешкой.

Потом он видел, как Николаев встал из-за карт и, отведя Шурочку в сторону, долго что-то ей говорил с гневными жестами и со злым лицом. Она вдруг выпрямилась и сказала ему несколько слов с непередаваемым выражением негодования и презрения. И этот большой сильный человек вдруг покорно съежился и отошел от нее с видом укрощенного, но затаившего злобу дикого животного.

Вскоре пикник кончился. Ночь похолодела, и от реки потянуло сыростью. Запас веселости давно истощился, и все разъезжались усталые, недовольные, не скрывая зевоты. Ромашов опять сидел в экипаже против барышень Михиных и всю дорогу молчал. В памяти его стояли черные спокойные деревья, и темная гора, и кровавая полоса зари над ее вершиной, и белая фигура женщины, лежавшей в темной пахучей траве. Но все-таки сквозь искреннюю, глубокую и острую грусть он время от времени думал про самого себя патетически:

"Его красивое лицо было подернуто облаком скорби".

## XV

Первого мая полк выступил в лагерь, который из года в год находился в одном и том же месте, в двух верстах от города, по ту сторону железнодорожного полотна. Младшие офицеры, по положению, должны были жить в лагерное время около своих рот в деревянных бараках, но Ромашов остался на городской квартире, потому что офицерское помещение шестой роты пришло в страшную ветхость и грозило разрушением, а на ремонт его не оказывалось нужных сумм. Приходилось делать в день лишних четыре конца: на утреннее ученье, потом обратно в собрание - на обед, затем на вечернее ученье и после него снова в город. Это раздражало и утомляло Ромашова. За первые полмесяца лагерей он похудел, почернел и глаза у него ввалились.

Впрочем, и всем приходилось нелегко: и офицерам и солдатам. Готовились к майскому смотру и не знали ни пощады, на устали. Ротные командиры морили свои роты по два и по три лишних часа на плацу. Во время учений со всех сторон, изо всех рот и взводов слышались беспрерывно звуки пощечин. Часто издали, шагов за двести, Ромашов наблюдал, как какой-нибудь рассвирепевший ротный принимался хлестать всех своих солдат поочередно, от левого до правого фланга. Сначала беззвучный взмах руки и - только спустя секунду сухой треск удара, и опять, и опять, и опять... В этом было много жуткого и омерзительного. Унтер-офицеры жестоко били своих подчиненных за ничтожную ошибку в словесности, за потерянную ногу при маршировке, - били в кровь, выбивали зубы, разбивали ударами по уху барабанные перепонки, валили кулаками на землю. Никому не приходило в голову жаловаться; наступил какой-то общий чудовищный, зловещий кошмар; какой-то нелепый гипноз овладел полком. И все это усугублялось страшной жарой. Май в этом году был необыкновенно зноен.

У всех нервы напряглись до последней степени. В офицерском собрании во время обедов и ужинов все чаще и чаще вспыхивали нелепые споры, беспричинные обиды, ссоры. Солдаты осунулись и глядели идиотами. В редкие минуты отдыха из палаток не слышалось ни шуток, ни смеха. Однако их все-таки заставляли по вечерам, после переклички, веселиться. И они, собравшись в кружок, с безучастными лицами равнодушно гаркали:

Для расейского солдата
Пули, бонбы ничего,
С ними он запанибрата,
Все безделки для него.

А потом играли на гармонии плясовую, и фельдфебель командовал:

- Грегораш, Скворцов, у круг! Пляши, сукины дети!.. Веселись!

Они плясали, но в этой пляске, как и в пении, было что-то деревянное, мертвое, от чего хотелось плакать.

Одной только пятой роте жилось легко и свободно. Выходила она на ученье часом позже других, а уходила часом раньше. Люди в ней были все, как на подбор, сытые, бойкие, глядевшие осмысленно и смело в глаза всякому начальству; даже мундиры и рубахи сидели на них как-то щеголеватее, чем в других ротах. Командовал ею капитан Стельковский, странный человек: холостяк, довольно богатый для полка, - он получал откуда-то ежемесячно около двухсот рублей, - очень независимого характера, державшийся сухо, замкнуто и отдаленно с товарищами и вдобавок развратник. Он заманивал к себе в качестве прислуги молоденьких, часто несовершеннолетних девушек из простонародья и через месяц отпускал их домой, по-своему щедро наградив деньгами, и это продолжалось у него из года в год с непостижимой правильностью. В роте у него не дрались и даже не ругались, хотя и не особенно нежничали, и все же его рота по великолепному внешнему виду и по выучке не уступила бы любой гвардейской части. В высшей степени обладал он терпеливой, хладнокровной и уверенной настойчивостью и умел передавать ее своим унтер-офицерам. Того, чего достигали в других ротах посредством битья, наказаний, оранья и суматохи в неделю, он спокойно добивался в один день. При этом он скупо тратил слова и редко возвышал голос, но когда говорил, то солдаты окаменевали. Товарищи относились к нему неприязненно, солдаты же любили воистину: пример, может быть, единственный во всей русской армии.

Наступило наконец пятнадцатое мая, когда, по распоряжению корпусного командира, должен был состояться смотр. В этот день во всех ротах, кроме пятой, унтер-офицеры подняли людей в четыре часа. Несмотря на теплое утро, невыспавшиеся, зевавшие солдаты дрожали в своих каламянковых рубахах. В радостном свете розового безоблачного утра их лица казались серыми, глянцевитыми и жалкими.

В шесть часов явились к ротам офицеры. Общий сбор полка был назначен в десять часов, но ни одному ротному командиру, за исключением Стельковского, не пришла в голову мысль дать людям выспаться и отдохнуть перед смотром. Наоборот, в это утро особенно ревностно и суетливо вбивали им в голову словесность и наставления к стрельбе, особенно густо висела в воздухе скверная ругань и чаще обыкновенного сыпались толчки и зуботычины.

В девять часов роты стянулись на плац, шагах в пятистах впереди лагеря. Там уже стояли длинной прямой линией, растянувшись на полверсты, шестнадцать ротных желонеров с разноцветными флажками на ружьях. Желонерный офицер поручик Ковако, один из главных героев сегодняшнего дня, верхом на лошади носился взад и вперед вдоль этой линии, выравнивая ее, скакал с бешеным криком, распустив поводья, с шапкой на затылке, весь мокрый и красный от старания. Его шашка отчаянно билась о ребра лошади, а белая худая лошадь, вся усыпанная от старости гречкой и с бельмом на правом глазу, судорожно вертела коротким хвостом и издавала в такт своему безобразному галопу резкие, отрывистые, как выстрелы, звуки. Сегодня от поручика Ковако зависело очень многое: по его желонерам должны были выстроиться в безукоризненную нитку все шестнадцать рот полка.

Ровно без десяти минут в десять вышла из лагеря пятая рота. Твердо, большим частым шагом, от которого равномерно вздрагивала земля, прошли на глазах у всего полка эти сто человек, все, как на подбор, ловкие, молодцеватые, прямые, все со свежими, чисто вымытыми лицами, с бескозырками, лихо надвинутыми на правое ухо. Капитан Стельковский, маленький, худощавый человек в широчайших шароварах, шел небрежно и не в ногу, шагах в пяти сбоку правого фланга, и, весело щурясь, наклоняя голову то на один, то на другой бок, присматривался к равнению. Батальонный командир, подполковник Лех, который, как и все офицеры, находился с утра в нервном и бестолковом возбуждении, налетел было на него с криком за поздний выход на плац, но

Стельковский хладнокровно вынул часы, посмотрел на них и ответил сухо, почти пренебрежительно:

- В приказе сказано собраться к десяти. Теперь без трех минут десять. Я не считаю себя вправе морить людей зря.

- Не разговарива-а-ать! - завопил Лех, махая руками и задерживая лошадь.- Прошу, гето, молчать, когда вам делают замечания по службе-е!..

Но он все-таки понял, что был неправ, и потому сейчас же отъехал и с ожесточением набросился на восьмую роту, в которой офицеры проверяли выкладку ранцев:

- Гет-то, что за безобразие! Гето, базар устроили? Мелочную лавочку? Гето, на охоту ехать - собак кормить? О чем раньше думали! Одеваться-а!

В четверть одиннадцатого стали выравнивать роты. Это было долгое, кропотливое и мучительное занятие. От желонера до желонера туго натянули на колышки длинные веревки. Каждый солдат первой шеренги должен был непременно с математической точностью коснуться веревки самыми кончиками носков - в этом заключался особенный строевой шик. Но этого было еще мало: требовалось, чтобы в створе развернутых носков помещался ружейный приклад и чтобы наклон всех солдатских тел оказался одинаковым. И ротные командиры выходили из себя, крича: "Иванов, подай корпус вперед! Бурченко, правое плечо доверни в поле! Левый носок назад! Еще!.."

В половине одиннадцатого приехал полковой командир. Под ним был огромный, видный гнедой мерин, весь в темных яблоках, все четыре ноги белые до колен. Полковник Шульгович имел на лошади внушительный, почти величественный вид и сидел прочно, хотя чересчур по-пехотному, на слишком коротких стременах. Приветствуя полк, он крикнул молодцевато, с наигранным веселым задором:

- Здорово, красавцы-ы-ы!..

Ромашов вспомнил свой четвертый взвод и в особенности хилую, младенческую фигуру Хлебникова и не мог удержаться от улыбки: "Нечего сказать, хороши красавцы!"

При звуках полковой музыки, игравшей встречу, вынесли знамена. Началось томительное ожидание. Далеко вперед, до самого вокзала, откуда ждали корпусного командира, тянулась цепь махальных, которые должны были сигналами предупредить о прибытии начальства. Несколько раз поднималась ложная тревога. Поспешно выдергивались колышки с веревками, полк выравнивался, подтягивался, замирал в ожидании, - но проходило несколько тяжелых минут, и людям опять позволяли стоять вольно, только не изменять положение ступней. Впереди, шагах в трехстах от строя, яркими разноцветными пятнами пестрели дамские платья, зонтики и шляпки: там стояли полковые дамы, собравшиеся поглядеть на парад. Ромашов знал отлично, что Шурочки нет в этой светлой, точно праздничной группе, но когда он глядел туда, - всякий раз что-то сладко ныло у него около сердца, и хотелось часто дышать от странного, беспричинного волнения.

Вдруг, точно ветер, пугливо пронеслось по рядам одно торопливое короткое слово: "Едет, едет!" Всем как-то сразу стало ясно, что наступила настоящая, серьезная минута. Солдаты, с утра задерганные и взвинченные общей нервностью, сами, без приказания, суетливо выравнивались, одергивались и беспокойно кашляли.

- Смиррна! Желонеры, по места-ам! - скомандовал Шульгович.

Скосив глаза направо, Ромашов увидел далеко на самом краю поля небольшую тесную кучку маленьких всадников, которые в легких клубах желтоватой пыли быстро приближались к строю. Шульгович со строгим и вдохновенным лицом отъехал от середины полка на расстояние, по крайней мере вчетверо больше, чем требовалось. Щеголяя тяжелой красотой приемов, подняв кверху свою серебряную бороду, оглядывая черную неподвижную массу полка грозным, радостным и отчаянным взглядом, он затянул голосом, покатившимся по всему полю:

- По-олк, слуш-а-ай! На крра-а-а...

Он выдержал нарочно длинную паузу, точно наслаждаясь своей огромной властью над этими сотнями людей и желая продлить это мгновенное наслаждение, и вдруг, весь покраснев от усилия, с напрягшимися на шее жилами, гаркнул всей грудью:

- ...ул!..

Раз-два! Всплеснули руки о ружейные ремни, брякнули затворы о бляхи поясов. С правого фланга резко, весело и отчетливо понеслись звуки встречного марша. Точно шаловливые, смеющиеся дети, побежали толпой резвые флейты и кларнеты, с победным торжеством вскрикнули и запели высокие медные трубы, глухие удары барабана торопили их блестящий бег, и не поспевавшие за ним тяжелые тромбоны ласково ворчали густыми, спокойными, бархатными голосами. На станции длинно, тонко и чисто засвистел паровоз, и этот новый мягкий звук, вплетясь в торжествующие медные звуки оркестра, слился с ним в одну чудесную, радостную гармонию. Какая-то бодрая, смелая волна вдруг подхватила Ромашова, легко и сладко подняв его на себе. С проникновенной и веселой ясностью он сразу увидел и бледную от зноя голубизну неба, и золотой свет солнца, дрожавший в воздухе, и теплую зелень дальнего поля, - точно он не замечал их раньше, - и вдруг почувствовал себя молодым, сильным, ловким, гордым от сознания, что и он принадлежит к этой стройной, неподвижной могучей массе людей, таинственно скованных одной незримой волей...

Шульгович, держа обнаженную шашку у самого лица, тяжелым галопом поскакал навстречу.

Сквозь грубо-веселые, воинственные звуки музыки послышался спокойный, круглый голос генерала:

- Здорово, первая рота!

Солдаты дружно, старательно и громко закричали. И опять на станции свистнул паровоз - на этот раз отрывисто, коротко и точно с задором. Здороваясь поочередно с ротами, корпусный командир медленно ехал по фронту. Уже Ромашов отчетливо видел его грузную, оплывшую фигуру с крупными поперечными складками кителя под грудью и на жирном животе, и большое квадратное лицо, обращенное к солдатам, и щегольской с красными вензелями вальтрап на видной серой лошади, и костяные колечки мартингала, и маленькую ногу в низком лакированном сапоге.

- Здорово, шестая!

Люди закричали вокруг Ромашова преувеличенно громко, точно надрываясь от собственного крика. Генерал уверенно и небрежно сидел на лошади, а она, с налившимися кровью добрыми глазами, красиво выгнув шею, сочно похрустывая железом мундштука во рту и роняя с морды легкую белую пену, шла частым, танцующим, гибким шагом. "У него виски седые, а усы черные, должно быть нафабренные", - мелькнула у Ромашова быстрая мысль.

Сквозь золотые очки корпусный командир внимательно вглядывался своими темными, совсем молодыми, умными и насмешливыми глазами в каждую пару впивавшихся в него глаз. Вот он поравнялся с Ромашовым и приложил руку к козырьку фуражки. Ромашов стоял, весь вытянувшись, с напряженными мускулами ног, крепко, до боли, стиснув эфес опущенной вниз шашки. Преданный, счастливый восторг вдруг холодком пробежал по наружным частям его рук и ног, покрыв их жесткими пупырышками. И, глядя неотступно в лицо корпусного командира, он подумал про себя, по своей наивной детской привычке: "Глаза боевого генерала, с удовольствием остановились на стройной, худощавой фигуре молодого подпоручика".

Корпусный командир объехал таким образом поочередно все роты, здороваясь с каждой. Сзади него нестройной блестящей группой двигалась свита: около пятнадцати штабных офицеров на прекрасных, выхоленных лошадях. Ромашов и на них глядел теми же преданными глазами, но никто из свиты не обернулся на подпоручика: все эти парады, встречи с музыкой, эти волнения маленьких пехотных офицеров были для них привычным, давно наскучившим делом. И Ромашов со смутной завистью и недоброжелательством почувствовал, что эти высокомерные люди живут какой-то особой, красивой, недосягаемой для него, высшей жизнью.

Кто-то издали подал музыке знак перестать играть. Командир корпуса крупной рысью ехал от левого фланга к правому вдоль линии полка, и за ним разнообразно волнующейся, пестрой, нарядной вереницей растянулась его свита. Полковник Шульгович подскакал к первой роте. Затягивая поводья своему гнедому мерину, завалившись тучным корпусом назад, он крикнул тем неестественно свирепым, испуганным и хриплым голосом, каким кричат на пожарах брандмайоры:

- Капитан Осадчий! Выводите роту-у! Жива-а!..

У полкового командира и у Осадчего на всех ученьях было постоянное любовное соревнование в голосах. И теперь даже в шестнадцатой роте была слышна щегольская металлическая команда Осадчего:

- Рота, на плечо! Равнение на середину, шагом марш!

У него в роте путем долгого, упорного труда был выработан при маршировке особый, чрезвычайно редкий и твердый шаг, причем солдаты очень высоко поднимали ногу вверх и с силою бросали ее на землю. Это выходило громко и внушительно и служило предметом зависти для других ротных командиров.

Но не успела первая рота сделать и пятидесяти шагов, как раздался нетерпеливый окрик корпусного командира:

- Это что такое? Остановите роту. Остановите! Ротный командир, пожалуйте ко мне. Что вы тут показываете? Что это: похоронная процессия? Факельцуг? Раздвижные солдатики? Маршировка в три темпа? Теперь, капитан, не николаевские времена, когда служили по двадцати пяти лет. Сколько лишних дней у вас ушло на этот кордебалет! Драгоценных дней!

Осадчий стоял перед ним, высокий, неподвижный, сумрачный, с опущенной вниз обнаженной шашкой. Генерал помолчал немного и продолжал спокойнее, с грустным и насмешливым выражением:

- Небось людей совсем задергали шагистикой. Эх, вы, Аники-воины. А спроси у вас... да вот, позвольте, как этого молодчика фамилия?

Генерал показал пальцем на второго от правого фланга солдата.

- Игнатий Михайлов, ваше превосходительство, - безучастным солдатским деревянным басом ответил Осадчий.

- Хорошо-с. А что вы о нем знаете? Холост он? Женат? Есть у него дети? Может быть, у него есть там в деревне какое-нибудь горе? Беда? Нуждишка? Что?

- Не могу знать, ваше превосходительство. Сто человек. Трудно запомнить.

- Трудно запомнить, - с горечью повторил генерал. - Ах, господа, господа! Сказано в Писании: духа не угашайте, а вы что делаете? Ведь эта самая святая, серая скотинка, когда дело дойдет до боя, вас своей грудью прикроет, вынесет вас из огня на своих плечах, на морозе вас своей шинелишкой дырявой прикроет, а вы - не могу знать.

И, мгновенно раздражаясь, перебирая нервно и без нужды поводья, генерал закричал через голову Осадчего на полкового командира:

- Полковник, уберите эту роту. И смотреть не буду. Уберите, уберите сейчас же! Петрушки! Картонные паяцы! Чугунные мозги!

С этого начался провал полка. Утомление и запуганность солдат, бессмысленная жестокость унтер-офицеров, бездушное, рутинное и халатное отношение офицеров к службе - все это ясно, но позорно обнаружилось на смотру. Во второй роте люди не знали "Отче наш", в третьей сами офицеры путались при рассыпном строе, в четвертой с каким-то солдатом во время ружейных приемов сделалось дурно. А главное - ни в одной роте не имели понятия о приемах против неожиданных кавалерийских атак, хотя готовились к ним и знали их важность. Приемы эти были изобретены и введены в практику именно самим корпусным командиром и заключались в быстрых перестроениях, требовавших всякий раз от начальников находчивости, быстрой сообразительности и широкой личной инициативы. И на них срывались поочередно все роты, кроме пятой.

Посмотрев роту, генерал удалял из строя всех офицеров и унтер-офицеров и спрашивал людей, всем ли довольны, получают ли все по положению, нет ли жалоб и претензий? Но солдаты дружно гаркали, что они "точно так, всем довольны". Когда спрашивали первую роту, Ромашов слышал, как сзади него фельдфебель его роты, Рында, говорил шипящим и угрожающим голосом:

- Вот объяви мне кто-нибудь претензию! Я ему потом таку объявлю претензию!

Зато тем великолепнее показала себя пятая рота. Молодцеватые, свежие люди проделывали ротное ученье таким легким, бодрым и живым шагом, с такой ловкостью и свободой, что, казалось, смотр был для них не страшным экзаменом, а какой-то веселой и совсем нетрудной забавой. Генерал еще хмурился, но уже бросил им: "Хорошо, ребята!" - это в первый раз за все время смотра.

Приемами против атак кавалерии Стельковский окончательно завоевал корпусного командира. Сам генерал указывал ему противника внезапными, быстрыми фразами: "Кавалерия справа, восемьсот шагов", и Стельковский, не теряясь ни на секунду, сейчас же точно и спокойно останавливал роту, поворачивал ее лицом к воображаемому противнику, скачущему карьером, смыкал, экономя время, взводы - головной с колена, второй стоя, - назначал прицел, давал два или три воображаемых залпа и затем командовал: "На руку!" - "Отлично, братцы! Спасибо, молодцы!" - хвалил генерал.

После опроса рота опять выстроилась развернутым строем. Но генерал медлил ее отпускать. Тихонько проезжая вдоль фронта, он пытливо, с особенным интересом, вглядывался в солдатские лица, и тонкая, довольная улыбка светилась сквозь очки в его умных глазах под тяжелыми, опухшими веками. Вдруг он остановил коня и обернулся назад, к начальнику своего штаба:

- Нет, вы поглядите-ка, полковник, каковы у них морды! Пирогами вы их, что ли, кормите, капитан? Послушай, эй ты, толсторожий, - указал он движением подбородка на одного солдата, - тебя Коваль звать?

- Тошно так, ваше превосходительство, Михаила Борийчук! - весело, с довольной детской улыбкой крикнул солдат.

- Ишь ты, а я думал, Коваль. Ну, значит, ошибся, - пошутил генерал. Ничего не поделаешь. Не удалось... - прибавил он веселую, циничную фразу.

Лицо солдата совсем расплылось в глупой и радостной улыбке.

- Никак нет, ваше превосходительство! - крикнул он еще громче. - Так что у себя в деревне займался кузнечным мастерством. Ковалем был.

- А, вот видишь! - генерал дружелюбно кивнул головой. Он гордился своим знанием солдата. - Что, капитан, он у вас хороший солдат?

- Очень хороший. У меня все они хороши, - ответил Стельковский своим обычным, самоуверенным тоном.

Брови генерала сердито дрогнули, но губы улыбнулись, и от этого все его лицо стало добрым и старчески-милым.

- Ну, это вы, капитан, кажется, того... Есть же штрафованные?

- Ни одного, ваше превосходительство. Пятый год ни одного.

Генерал грузно нагнулся на седле и протянул Стельковскому свою пухлую руку в белой незастегнутой перчатке.

- Спасибо вам великое, родной мой, - сказал он дрожащим голосом, и его глаза вдруг заблестели слезами. Он, как и многие чудаковатые боевые генералы, любил иногда поплакать. - Спасибо, утешили старика. Спасибо, богатыри! - энергично крикнул он роте.

Благодаря хорошему впечатлению, оставленному Стельковским, смотр и шестой роты прошел сравнительно благополучно. Генерал не хвалил, но и не бранился. Однако и шестая рота осрамилась, когда солдаты стали колоть соломенные чучела, вшитые в деревянные рамы.

- Не так, не так, не так, не так! - горячился корпусный командир, дергаясь на седле. - Совсем не так! Братцы, слушай меня. Коли от сердца, в самую середку, штык до трубки. Рассердись! Ты не хлебы в печку сажаешь, а врага колешь...

Прочие роты проваливались одна за другой. Корпусный командир даже перестал волноваться и делать свои характерные, хлесткие замечания и сидел на лошади молчаливый, сгорбленный, со скучающим лицом. Пятнадцатую и шестнадцатую роты он и совсем не стал смотреть, а только сказал с отвращением, устало махнув рукою:

- Ну, это... недоноски какие-то.

Оставался церемониальный марш. Весь полк свели в тесную, сомкнутую колонну, пополуротно. Опять выскочили вперед желонеры и вытянулись против правого фланга, обозначая линию движения. Становилось невыносимо жарко. Люди изнемогали от духоты и от тяжелых испарений собственных тел, скученных в малом пространстве, от запаха сапог, махорки, грязной человеческой кожи и переваренного желудком черного хлеба.

Но перед церемониальным маршем все ободрились. Офицеры почти упрашивали солдат: "Братцы, вы уж постарайтесь пройти молодцами перед корпусным. Не осрамите". И в этом обращении начальников с подчиненными проскальзывало теперь что-то заискивающее, неуверенное и виноватое. Как будто гнев такой недосягаемо высокой особы, как корпусный командир, вдруг придавил общей тяжестью офицера и солдата, обезличил и уравнял их и сделал в одинаковой степени испуганными, растерянными и жалкими.

- Полк, смиррна-а... Музыканты, на лннию-у! - донеслась издали команда Шульговича.

И все полторы тысячи человек на секунду зашевелились с глухим, торопливым ропотом и вдруг неподвижно затихли, нервно и сторожко вытянувшись.

Шульговича не было видно. Опять докатился его зычный, разливающийся голос:

- Полк, на плечо-о-о!..

Четверо батальонных командиров, повернувшись на лошадях к своим частям, скомандовали вразброд:

- Батальон, на пле... - и напряженно впились глазами в полкового командира.

Где-то далеко впереди полка сверкнула в воздухе и опустилась вниз шашка. Это был сигнал для общей команды, и четверо батальонных командиров разом вскрикнули:

- ...чо!

Полк с глухим дребезгом нестройно вскинул ружья. Где-то залязгали штыки.

Тогда Шульгович, преувеличенно растягивая слова, торжественно, сурово, радостно и громко, во всю мочь своих огромных легких, скомандовал:

- К це-ре-мо-ни-аль-но-му маршу-у!..

Теперь уже все шестнадцать ротных командиров невпопад и фальшиво, разными голосами запели:

- К церемониальному маршу!

И где-то, в хвосте колонны, один отставший ротный крикнул, уже после других, заплетающимся и стыдливым голосом, не договаривая команды:

- К цериальному... - и тотчас же робко оборвался.

- Попо-лу-ротна-а! - раскатился Шульгович.

- Пополуротно! - тотчас же подхватили ротные.

- На двух-взво-одную дистанцию! - заливался Шульгович.

- На двухвзводную дистанцию!..

- Ра-внение на-права-а!

- Равнение направо! - повторило многоголосое пестрое эхо.

Шульгович выждал две-три секунды и отрывисто бросил:

- Первая полурота - шагом!

Глухо доносясь сквозь плотные ряды, низко стелясь по самой земле, раздалась впереди густая команда Осадчего:

- Пер-рвая полурота. Равнение направо. Шагом... арш!

Дружно загрохотали впереди полковые барабанщики.

Видно было сзади, как от наклонного леса штыков отделилась правильная длинная линия и равномерно закачалась в воздухе.

- Вторая полурота, прямо! - услыхал Ромашов высокий бабий голос Арчаковского.

И другая линия штыков, уходя, заколебалась. Звук барабанов становился все тупее и тише, точно он опускался вниз, пуд землю, и вдруг на него налетела, смяв и повалив его, веселая, сияющая, резко красивая волна оркестра. Это подхватила темп полковая музыка, и весь полк сразу ожил и подтянулся: головы поднялись выше, выпрямились стройнее тела, прояснились серые, усталые лица.

Одна за другой отходили полуроты, и с каждым разом все ярче, возбужденней и радостней становились звуки полкового марша. Вот отхлынула последняя полурота первого батальона. Подполковник Лех двинулся вперед на костлявой вороной лошади, в сопровождении Олизара. У обоих шашки "подвысь" с кистью руки на уровне лица. Слышна спокойная и, как всегда, небрежная команда Стельковского. Высоко над штыками плавно заходило древко знамени. Капитан Слива вышел вперед - сгорбленный, обрюзгший, оглядывая строй водянистыми выпуклыми глазами, длиннорукий, похожий на большую старую скучную обезьяну.

- П-первая полурота... п-прямо!

Легким и лихим шагом выходит Ромашов перед серединой своей полуроты. Что-то блаженное, красивое и гордое растет в его душе. Быстро скользит он глазами по лицам первой шеренги. "Старый рубака обвел своих ветеранов соколиным взором", - мелькает у него в голове пышная фраза в то время, когда он сам тянет лихо нараспев:

- Втор-ая полуро-ота-а...

"Раз, два!" - считает Ромашов мысленно и держит такт одними носками сапог. "Нужно под левую ногу. Левой, правой". И с счастливым лицом, забросив назад голову, он выкрикивает высоким, звенящим на все поле тенором:

- Пряма!

И, уже повернувшись, точно на пружине, на одной ноге, он, не оборачиваясь назад, добавляет певуче и двумя тонами ниже:

- Ра-авне-ние направа-а!

Красота момента опьяняет его. На секунду ему кажется, что это музыка обдает его волнами такого жгучего, ослепительного света и что медные, ликующие крики падают сверху, с неба, из солнца. Как и давеча, при встрече, - сладкий, дрожащий холод бежит по его телу и делает кожу жесткой и приподымает и шевелит волосы на голове.

Дружно, в такт музыке, закричала пятая рота, отвечая на похвалу генерала. Освобожденные от живой преграды из человеческих тел, точно радуясь свободе, громче и веселее побежали навстречу Ромашову яркие звуки марша. Теперь подпоручик совсем отчетливо видит впереди и справа от себя грузную фигуру генерала на серой лошади, неподвижную свиту сзади него, а еще дальше разноцветную группу дамских платьев, которые в ослепительном полуденном свете кажутся какими-то сказочными, горящими цветами. А слева блестят золотые поющие трубы оркестра, и Ромашов чувствует, что между генералом и музыкой протянулась невидимая волшебная нить, которую и радостно и жутко перейти.

Но первая полурота уже вступила в эту черту.

- Хорошо, ребята! - слышится довольный голос корпусного командира. А-а-а-а! - подхватывают солдаты высокими, счастливыми голосами. Еще громче вырываются вперед звуки музыки. "О милый! - с умилением думает Ромашов о генерале. - Умница!"

Теперь Ромашов один. Плавно-и упруго, едва касаясь ногами земли, приближается он к заветной черте. Голова его дерзко закинута назад и с гордым вызовом обращена влево. Во всем теле у него такое ощущение легкости и свободы, точно он получил неожиданную способность летать. И, сознавая себя предметом общего восхищения, прекрасным центром всего мира, он говорит сам себе в каком-то радужном, восторженном сне:

"Посмотрите, посмотрите, - это идет Ромашов". "Глаза дам сверкали восторгом". Раз, два, левой!.. "Впереди полуроты грациозной походкой шел красивый молодой подпоручик". Левой, правой!.. "Полковник

Шульгович, ваш Ромашов одна прелесть, - сказал корпусный командир, - я бы хотел иметь его своим адъютантом". Левой...

Еще секунда, еще мгновение - и Ромашов пересекает очарованную нить. Музыка звучит безумным, героическим, огненным торжеством. "Сейчас похвалит", - думает Ромашов, и душа его полна праздничным сиянием. Слышен голос корпусного командира, вот голос Шульговича, еще чьи-то голоса... "Конечно, генерал похвалил, но отчего же солдаты не отвечали? Кто-то кричит сзади, из рядов... Что случилось?"

Ромашов обернулся назад и побледнел. Вся его полурота вместо двух прямых стройных линий представляла из себя безобразную, изломанную по всем направлениям, стеснившуюся, как овечье стадо, толпу. Это случилось оттого, что подпоручик, упоенный своим восторгом и своими пылкими мечтами, сам не заметил того, как шаг за шагом передвигался от середины вправо, наседая в то же время на полуроту, и, наконец, очутился на ее правом фланге, смяв и расстроив общее движение. Все это Ромашов увидел и понял в одно короткое, как мысль, мгновение, так же как увидел и рядового Хлебникова, который ковылял один, шагах в двадцати за строем, как раз на глазах генерала. Он упал на ходу и теперь, весь в пыли, догонял свою полуроту, низко согнувшись под тяжестью амуниции, точно бежа на четвереньках, держа в одной руке ружье за середину, а другой рукой беспомощно вытирая нос.

Ромашову вдруг показалось, что сияющий майский день сразу потемнел, что на его плечи легла мертвая, чужая тяжесть, похожая на песчаную гору, и что музыка заиграла скучно и глухо. И сам он почувствовал себя маленьким, слабым, некрасивым, с вялыми движениями, с грузными, неловкими, заплетающимися ногами.

К нему уже летел карьером полковой адъютант. Лицо Федоровского было красно и перекошено злостью, нижняя челюсть прыгала. Он задыхался от гнева и от быстрой скачки. Еще издали он начал яростно кричать, захлебываясь и давясь словами:

- Подпоручик... Ромашов... Командир полка объявляет вам... строжайший выговор... На семь дней... на гауптвахту... в штаб дивизии... Безобразие, скандал... Весь полк о...... и!.. Мальчишка!

Ромашов не отвечал ему, даже не повернул к нему головы. Что ж, конечно, он имеет право браниться! Вот и солдаты слышали, как адъютант кричал на него. "Ну, что ж, и пускай слышали, так мне и надо, и пускай, - с острой ненавистью к самому себе подумал Ромашов. - Все теперь пропало для меня. Я застрелюсь. Я опозорен навеки. Все, все пропало для меня. Я смешной, я маленький, у меня бледное, некрасивое лицо, какое-то нелепое лицо, противнее всех лиц на свете. Все пропало! Солдаты идут сзади меня, смотрят мне в спину, и смеются, и подталкивают друг друга локтями. А может быть, жалеют меня? Нет, я непременно, непременно застрелюсь!"

Полуроты, отходя довольно далеко от корпусного командира, одна за другой заворачивали левым плечом и возвращались на прежнее место, откуда они начали движение. Тут их перестраивали в развернутый ротный строй. Пока подходили задние части, людям позволили стоять вольно, а офицеры сошли с своих мест, чтобы размяться и покурить из рукава. Один Ромашов оставался в середине фронта, на правом фланге своей полуроты. Концом обнаженной шашки он сосредоточенно ковырял землю у своих ног и хотя не подымал опущенной головы, но чувствовал, что со всех сторон на него устремлены любопытные, насмешливые и презрительные взгляды.

Капитан Слива прошел мимо Ромашова и, не останавливаясь, не глядя на него, точно разговаривая сам с собою, проворчал хрипло, со сдержанной злобой, сквозь сжатые зубы:

- С-сегодня же из-звольте подать рапорт о п-переводе в другую роту.

Потом подошел Веткин. В его светлых, добрых глазах и в углах опустившихся губ Ромашов прочел то брезгливое и жалостное выражение, с каким люди смотрят на раздавленную поездом собаку. И в то же время сам Ромашов с отвращением почувствовал у себя на лице какую-то бессмысленную, тусклую улыбку.

- Пойдем покурим, Юрий Алексеевич, - сказал Веткин.

И, чмокнув языком и качнув головой, он прибавил с досадой:

- Эх, голубчик!..

У Ромашова затрясся подбородок, а в гортани стало горько и тесно. Едва удерживаясь от рыданий, он ответил обрывающимся, задушенным голосом обиженного ребенка:

- Нет уж... что уж тут... я не хочу...

Веткин отошел в сторону. "Вот возьму сейчас подойду и ударю Сливу по щеке, - мелькнула у Ромашова ни с того ни с сего отчаянная мысль. - Или подойду к корпусному и скажу: "Стыдно тебе, старому человеку, играть в солдатики и мучить людей. Отпусти их отдохнуть. Из-за тебя две недели били солдат".

Но вдруг ему вспомнились его недавние горделивые мечты о стройном красавце подпоручике, о дамском восторге, об удовольствии в глазах боевого генерала, - и ему стало так стыдно, что он мгновенно покраснел не только лицом, но даже грудью и спиной.

"Ты смешной, презренный, гадкий человек! - крикнул он самому себе мысленно. - Знайте же все, что я сегодня застрелюсь!"

Смотр кончался. Роты еще несколько раз продефилировали перед корпусным командиром: сначала поротно шагом, потом бегом, затем сомкнутой колонной с ружьями наперевес. Генерал как будто смягчился немного и несколько раз похвалил солдат. Было уже около четырех часов. Наконец полк остановили и приказали людям стоять вольно. Штаб-горнист затрубил "вызов начальников".

- Господа офицеры, к корпусному командиру! - пронеслось по рядам.

Офицеры вышли из строя и сплошным кольцом окружили корпусного командира. Он сидел на лошади, сгорбившись, опустившись, по-видимому сильно утомленный, но его умные, прищуренные, опухшие глаза живо и насмешливо глядели сквозь золотые очки.

- Буду краток, - заговорил он отрывисто и веско. - Полк никуда не годен. Солдат не браню, обвиняю начальников. Кучер плох - лошади не везут. Не вижу в вас сердца, разумного понимания заботы о людях. Помните твердо: "Блажен, иже душу свою положит за други своя". А у вас одна мысль - лишь бы угодить на смотру начальству. Людей завертели, как извозчичьих лошадей. Офицеры имеют запущенный и дикий вид, какие-то дьячки в мундирах. Впрочем, об этом прочтете в моем приказе. Один прапорщик, кажется, шестой или седьмой роты, потерял равнение и сделал из роты кашу. Стыдно! Не требую шагистики в три темпа, но глазомер и спокойствие прежде всего.

"Обо мне!" - с ужасом подумал Ромашов, и ему показалось, что все стоящие здесь одновременно обернулись на него. Но никто не пошевелился. Все стояли молчаливые, понурые и неподвижные, не сводя глаз с лица генерала.

- Командиру пятой роты мое горячее спасибо! - продолжал корпусный командир. - Где вы, капитан? А, вот! - генерал несколько театрально, двумя руками поднял над головой фуражку, обнажил лысый мощный череп, сходящийся шишкой над лбом, и низко поклонился Стельковскому. - Еще раз благодарю вас и с удовольствием жму вашу руку. Если приведет бог драться моему корпусу под моим начальством, - глаза генерала заморгали и засветились слезами, то помните, капитан, первое опасное дело поручу вам. А теперь, господа, мое почтение-с. Вы свободны, рад буду видеть вас в другой раз, но в другом порядке. Позвольте-ка дорогу коню.

- Ваше превосходительство, - выступил вперед Шульгович, - осмелюсь предложить от имени общества господ офицеров отобедать в нашем собрании. Мы будем...

- Нет, уж зачем! - сухо оборвал его генерал. - Премного благодарен, я приглашен сегодня к графу Ледоховскому.

Сквозь широкую дорогу, очищенную офицерами, он галопом поскакал к полку. Люди сами, без приказания, встрепенулись, вытянулись и затихли.

- Спасибо, N-цы! - твердо и приветливо крикнул генерал. - Даю вам два дня отдыха. А теперь... - он весело возвысил голос, - по палаткам бегом марш! Ура!

Казалось, он этим коротким криком сразу толкнул весь полк. С оглушительным радостным ревом кинулись полторы тысячи людей в разные стороны, и земля затряслась и загудела под их ногами.

Ромашов отделился от офицеров, толпою возвращавшихся в город, и пошел дальней дорогой, через лагерь. Он чувствовал себя в эти минуты каким-то жалким отщепенцем, выброшенным из полковой семьи, каким-то неприятным, чуждым для всех человеком, и даже не взрослым человеком, а противным, порочным и уродливым мальчишкой.

Когда он проходил сзади палаток своей роты, по офицерской линии, то чей-то сдавленный, но гневный крик привлек его внимание. Он остановился на минутку и в просвете между палатками увидел своего фельдфебеля Рынду, маленького, краснолицего, апоплексического крепыша, который, неистово и скверно ругаясь, бил кулаками по лицу Хлебникова. У Хлебникова было темное, глупое, растерянное лицо, а в бессмысленных глазах светился животный ужас. Голова его жалко моталась из одной стороны в другую, и слышно было, как при каждом ударе громко клацали друг о друга его челюсти.

Ромашов торопливо, почти бегом, прошел мимо. У него не было сил заступиться за Хлебникова. И в то же время он болезненно почувствовал, что его собственная судьба и судьба этого несчастного, забитого, замученного солдатика как-то странно, родственно-близко и противно сплелись за нынешний день. Точно они были двое калек, страдающих одной и той же болезнью и возбуждающих в людях одну и ту же брезгливость. И хотя это сознание одинаковости положений и внушало Ромашову колючий стыд и отвращение, но в нем было также что-то необычайное, глубокое, истинно человеческое.

## XVI

Из лагеря в город вела только одна дорога - через полотно железной дороги, которое в этом месте проходило в крутой и глубокой выемке. Ромашов по узкой, плотно утоптанной, почти отвесной тропинке быстро сбежал вниз и стал с трудом взбираться по другому откосу. Еще с середины подъема он заметил, что кто-то стоит наверху в кителе и в шинели внакидку. Остановившись на несколько секунд и прищурившись, он узнал Николаева.

"Сейчас будет самое неприятное!" - подумал Ромашов. Сердце у него тоскливо заныло от тревожного предчувствия. Но он все-таки покорно подымался кверху.

Офицеры не видались около пяти дней, но теперь они почему-то не поздоровались при встрече, и почему-то Ромашов не нашел в этом ничего необыкновенного, точно иначе и не могло случиться в этот тяжелый, несчастный день. Ни один из них даже не прикоснулся рукой к фуражке.

- Я нарочно ждал вас здесь, Юрий Алексеич, - сказал Николаев, глядя куда-то вдаль, на лагерь, через плечо Ромашова.

- К вашим услугам, Владимир Ефимыч, - ответил Ромашов с фальшивой развязностью, но дрогнувшим голосом. Он нагнулся, сорвал прошлогоднюю сухую коричневую былинку и стал рассеянно ее жевать. В то же время он пристально глядел, как в пуговицах на пальто Николаева отражалась его собственная фигура, с узкой маленькой головкой и крошечными ножками, но безобразно раздутая в боках.

- Я вас не задержу, мне только два слова, - сказал Николаев.

Он произносил слова особенно мягко, с усиленной вежливостью вспыльчивого и рассерженного человека, решившегося быть сдержанным. Но так как разговаривать, избегая друг друга глазами, становилось с каждой секундой все более неловко, то Ромашов предложил вопросительно:

- Так пойдемте?

Извилистая стежка, протоптанная пешеходами, пересекала большое свекловичное поле. Вдали виднелись белые домики и красные черепичные крыши города. Офицеры пошли рядом, сторонясь друг от друга и ступая по мясистой, густой, хрустевшей под ногами зелени. Некоторое время оба молчали. Наконец Николаев, переведя широко и громко, с видимым трудом, дыхание, заговорил первый:

- Я прежде всего должен поставить вопрос: относитесь ли вы с должным уважением к моей жене... к Александре Петровне?

- Я не понимаю, Владимир Ефимович... - возразил Ромашов. - Я, с своей стороны, тоже должен спросить вас...

- Позвольте! - вдруг загорячился Николаев. - Будем спрашивать поочередно, сначала я, а потом вы. А иначе мы не столкуемся. Будемте говорить прямо и откровенно. Ответьте мне прежде всего: интересует вас хоть сколько-нибудь то, что о ней говорят и сплетничают? Ну, словом... черт!.. ее репутация? Нет, нет, подождите, не перебивайте меня... Ведь вы, надеюсь, не будете отрицать того, что вы от нее и от меня не видели ничего, кроме хорошего, и что вы были в нашем доме приняты, как близкий, свой человек, почти как родной.

Ромашов оступился в рыхлую землю, неуклюже споткнулся и пробормотал стыдливо:

- Поверьте, я всегда буду благодарен вам и Александре Петровне...

- Ах, нет, вовсе не в этом дело, вовсе не в этом. Я не ищу вашей благодарности, - рассердился Николаев. - Я хочу сказать только то, что моей жены коснулась грязная, лживая сплетня, которая... ну, то есть в которую... - Николаев часто задышал и вытер лицо платком. - Ну, словом, здесь замешаны и вы. Мы оба - я и она - мы получаем чуть ли не каждый день какие-то подлые, хамские анонимные письма. Не стану вам их показывать... мне омерзительно это. И вот в этих письмах говорится... - Николаев замялся на секунду. - Ну, да черт!.. говорится о том, что вы - любовник Александры Петровны и что... ух, какая подлость!.. Ну, и так далее... что у вас ежедневно происходят какие-то тайные свидания и будто бы весь полк об этом знает. Мерзость!

Он злобно заскрипел зубами и сплюнул.

- Я знаю, кто писал, - тихо сказал Ромашов, отворачиваясь в сторону.

- Знаете?

Николаев остановился и грубо схватил Ромашова за рукав. Видно было, что внезапный порыв гнева сразу разбил его искусственную сдержанность. Его воловьи глаза расширились, лицо налилось кровью, в углах задрожавших губ выступила густая слюна. Он яростно закричал, весь наклоняясь вперед и приближая свое лицо в упор к лицу Ромашова:

- Так как же вы смеете молчать, если знаете! В вашем положении долг каждого мало-мальски порядочного человека - заткнуть рот всякой сволочи. Слышите вы... армейский донжуан! Если вы честный человек, а не какая-нибудь...

Ромашов, бледнея, посмотрел с ненавистью в глаза Николаеву. Ноги и руки у него вдруг страшно отяжелели, голова сделалась легкой и точно пустой, а сердце упало куда-то глубоко вниз и билось там огромными, болезненными толчками, сотрясая все тело.

- Я попрошу вас не кричать на меня, - глухо и протяжно произнес Ромашов. - Говорите приличнее, я не позволю вам кричать.

- Я вовсе на вас и не кричу, - все еще грубо, но понижая тон, возразил Николаев. - Я вас только убеждаю, хотя имею право требовать. Наши прежние отношения дают мне это право. Если вы хоть сколько-нибудь дорожите чистым, незапятнанным именем Александры Петровны, то вы должны прекратить эту травлю.

- Хорошо, я сделаю все, что могу, - сухо ответил Ромашов.

Он повернулся и пошел вперед, посередине тропинки. Николаев тотчас же догнал его.

- И потом... только вы, пожалуйста, не сердитесь... - заговорил Николаев смягченно, с оттенком замешательства. - Уж раз мы начали говорить, то лучше говорить все до конца... Не правда ли?

- Да? - полувопросительно произнес Ромашов.

- Вы сами видели, с каким чувством симпатии мы к вам относились, то есть я и Александра Петровна. И если я теперь вынужден... Ах, да вы сами знаете, что в этом паршивом городишке нет ничего страшнее сплетни!

- Хорошо, - грустно ответил Ромашов. - Я перестану у вас бывать. Ведь вы об этом хотели просить меня? Ну, хорошо. Впрочем, я и сам решил прекратить мои посещения. Несколько дней тому назад я зашел всего на пять минут, возвратить Александре Петровне ее книги, и, смею уверить вас, это в последний раз.

- Да... так вот... - сказал неопределенно Николаев и смущенно замолчал.

Офицеры в эту минуту свернули с тропинки на шоссе. До города оставалось еще шагов триста, и так как говорить было больше не о чем, то оба шли рядом, молча и не глядя друг на друга. Ни один не решался - ни остановиться, ни повернуть назад. Положение становилось с каждой минутой все более фальшивым и натянутым.

Наконец около первых домов города им попался навстречу извозчик. Николаев окликнул его.

- Да... так вот... - опять нелепо промолвил он, обращаясь к Ромашову. Итак, до свидания, Юрий Алексеевич.

Они не подали друг другу рук, а только притронулись к козырькам. Но когда Ромашов глядел на удаляющийся в пыли белый крепкий затылок Николаева, он вдруг почувствовал себя таким оставленным всем миром и таким внезапно одиноким, как будто от его жизни только что отрезали что-то самое большое, самое главное.

Он медленно пошел домой. Гайнан встретил его на дворе, еще издали дружелюбно и весело скаля зубы. Снимая с подпоручика пальто, он все время улыбался от удовольствия и, по своему обыкновению, приплясывал на месте.

- Твоя не обедал? - спрашивал он с участливой фамильярностью. - Небось голодный? Сейчас побежу в собранию, принесу тебе обед.

- Убирайся к черту! - визгливо закричал на него Ромашов. - Убирайся, убирайся и не смей заходить ко мне в комнату. И кто бы ни спрашивал - меня нет дома. Хоть бы сам государь император пришел.

Он лег на постель и зарылся головой в подушку, вцепившись в нее зубами. У него горели глаза, что-то колючее, постороннее распирало и в то же время сжимало горло, и хотелось плакать. Он жадно искал этих горячих и сладостных слез, этих долгих, горьких, облегчающих рыданий. И он снова и снова нарочно вызывал в воображении прошедший день, сгущая все нынешние обидные и позорные происшествия, представляя себе самого себя, точно со стороны, оскорбленным, несчастным, слабым и заброшенным и жалостно умиляясь над собой. Но слезы не приходили.

Потом случилось что-то странное. Ромашову показалось, что он вовсе не спал, даже не задремал ни на секунду, а просто в течение одного только момента лежал без мыслей, закрыв глаза. И вдруг он неожиданно застал себя бодрствующим, с прежней тоской на душе. Но в комнате уже было темно. Оказалось, что в этом непонятном состоянии умственного оцепенения прошло более пяти часов.

Ему захотелось есть. Он встал, прицепил шашку, накинул шинель на плечи и пошел в собрание. Это было недалеко, всего шагов двести, и туда Ромашов всегда ходил не с улицы, а через черный ход, какими-то пустырями, огородами и перелазами.

В столовой, в бильярдной и на кухне светло горели лампы, и оттого грязный, загроможденный двор офицерского собрания казался черным, точно залитым чернилами. Окна были всюду раскрыты настежь. Слышался говор, смех, пение, резкие удары бильярдных шаров.

Ромашов уже взошел на заднее крыльцо, но вдруг остановился, уловив в столовой раздраженный и насмешливый голос капитана Сливы. Окно было в двух шагах, и, осторожно заглянув в него, Ромашов увидел сутуловатую спину своего ротного командира.

- В-вся рота идет, к-как один ч-человек - ать! ать! ать! - говорил Слива, плавно подымая и опуская протянутую ладонь, - а оно одно, точно на смех - о! о! - як тот козел. - Он суетливо и безобразно ткнул несколько раз указательным пальцем вверх. - Я ему п-прямо сказал б-без церемонии: уходите-ка, п-почтеннейший, в друг-гую роту. А лучше бы вам и вовсе из п-полка уйти. Какой из вас к черту офицер? Так, м-междометие какое-то...

Ромашов зажмурил глаза и съежился. Ему казалось, что если он сейчас пошевелится, то все сидящие в столовой заметят это и высунутся из окон. Так простоял он минуту или две. Потом, стараясь дышать как можно тише, сгорбившись и спрятав голову в плечи, он на цыпочках двинулся вдоль стены, прошел, все ускоряя шаг, до ворот и, быстро перебежав освещенную луной улицу, скрылся в густой тени противоположного забора.

Ромашов долго кружил в этот вечер по городу, держась все время теневых сторон, но почти не сознавая, по каким улицам он идет. Раз он остановился против дома Николаевых, который ярко белел в лунном свете, холодно, глянцевито и странно сияя своей зеленой металлической крышей. Улица была мертвенно тиха, безлюдна и казалась незнакомой. Прямые четкие тени от домов и заборов резко делили мостовую пополам - одна половина была совсем черная, а другая масляно блестела гладким, круглым булыжником.

За темно-красными плотными занавесками большим теплым пятном просвечивал свет лампы. "Милая, неужели ты не чувствуешь, как мне грустно, как я страдаю, как я люблю тебя!" - прошептал Ромашов, делая плачущее лицо и крепко прижимая обе руки к груди.

Ему вдруг пришло в голову заставить Шурочку, чтобы она услышала и поняла его на расстоянии, сквозь стены комнаты. Тогда, сжав кулаки так сильно, что под ногтями сделалось больно, сцепив судорожно челюсти, с ощущением холодных мурашек по всему телу, он стал твердить в уме, страстно напрягая всю свою волю:

"Посмотри в окно... Подойди к занавеске. Встань с дивана и подойди к занавеске. Выгляни, выгляни, выгляни. Слышишь, я тебе приказываю, сейчас же подойди к окну".

Занавески оставались неподвижными. "Ты не слышишь меня! - с горьким упреком прошептал Ромашов. - Ты сидишь теперь с ним рядом, около лампы, спокойная, равнодушная, красивая. Ах, боже мой, боже, как я несчастлив!"

Он вздохнул и утомленной походкой, низко опустив голову, побрел дальше.

Он проходил и мимо квартиры Назанского, но там было темно. Ромашову, правда, почудилось, что кто-то белый мелькал по неосвещенной комнате мимо окон, но ему стало почему-то страшно, и он не решился окликнуть Назанского.

Спустя несколько дней Ромашов вспоминал, точно далекое, никогда не забываемое сновидение, эту фантастическую, почти бредовую прогулку. Он сам не мог бы сказать, каким образом очутился он около еврейского кладбища. Оно находилось за чертой города и взбиралось на гору, обнесенное низкой белой стеной, тихое и таинственное. Из светлой спящей травы печально подымались кверху голые, однообразные, холодные камни, бросавшие от себя одинаковые тонкие тени. А над кладбищем безмолвно и строго царствовала торжественная простота уединения.

Потом он видел себя на другом конце города. Может быть, это и в самом деле было во сне? Он стоял на середине длинной укатанной, блестящей плотины, широко пересекающей Буг. Сонная вода густо и лениво колыхалась под его ногами, мелодично хлюпая о землю, а месяц отражался в ее зыбкой поверхности дрожащим столбом, и казалось, что это миллионы серебряных рыбок плещутся на воде, уходя узкой дорожкой к дальнему берегу, темному, молчаливому и пустынному. И еще запомнил Ромашов, что повсюду - и на улицах и за городом - шел за ним сладкий, нежно-вкрадчивый аромат цветущей белой акации.

Странные мысли приходили ему в голову в эту ночь - одинокие мысли, то печальные, то жуткие, то мелочно, по-детски, смешные. Чаще же всего ему, точно неопытному игроку, проигравшему в один вечер все состояние, вдруг представлялось с соблазнительной ясностью, что вовсе ничего не было неприятного, что красивый подпоручик Ромашов отлично прошелся в церемониальном марше перед генералом, заслужил общие похвалы и что он сам теперь сидит вместе с товарищами в светлой столовой офицерского собрания и хохочет и пьет красное вино. Но каждый раз эти мечты обрывались воспоминаниями о брани Федоровского, о язвительных словах ротного командира, о разговоре с Николаевым, и Ромашов снова чувствовал себя непоправимо опозоренным и несчастным.

Тайный, внутренний инстинкт привел его на то место, где он разошелся сегодня с Николаевым. Ромашов в это время думал о самоубийстве, но думал без решимости и без страха, с каким-то скрытым, приятно-самолюбивым чувством. Обычная, неугомонная фантазия растворила весь ужас этой мысли, украсив и расцветив ее яркими картинами.

"Вот Гайнан выскочил из комнаты Ромашова. Лицо искажено испугом. Бледный, трясущийся, вбегает он в офицерскую столовую, которая полна народом. Все невольно подымаются с мест при его появлении. "Ваше высокоблагородие... подпоручик... застрелился!.." - с трудом произносит Гайнан. Общее смятение. Лица бледнеют. В глазах отражается ужас. "Кто застрелился? Где? Какой подпоручик?" - "Господа, да ведь это денщик Ромашова! - узнает кто-то Гайнана. - Это его черемис". Все бегут на квартиру, некоторые без шапок. Ромашов лежит на кровати. Лужа крови на полу, и в ней валяется револьвер Смита и Вессона, казенного образца... Сквозь толпу офицеров, наполнявших маленькую комнату, с трудом пробирается полковой доктор Знойко. "В висок! - произносит он тихо среди общего молчания. - Все кончено". Кто-то замечает вполголоса: "Господа, снимите же шапки!" Многие крестятся. Веткин находит на столе записку, твердо написанную карандашом, и читает ее вслух: "Прощаю всех, умираю по доброй воле, жизнь так тяжела и печальна! Сообщите поосторожнее матери о моей смерти. Георгий Ромашов". Все переглядываются, и все читают в глазах друг у друга одну и ту же беспокойную, невысказанную мысль: "Это мы его убийцы!"

Мерно покачивается гроб под золотым парчовым покровом на руках восьми товарищей. Все офицеры идут следом. Позади их - шестая рота. Капитан Слива сурово хмурится. Доброе лицо Веткина распухло от слез, но теперь, на улице, он сдерживает себя. Лбов плачет навзрыд, не скрывая и не стыдясь своего горя, - милый, добрый мальчик! Глубокими, скорбными рыданиями несутся в весеннем воздухе звуки похоронного марша. Тут же и все полковые дамы и Шурочка. "Я его целовала! - думает она с отчаянием. - Я его любила! Я могла бы его удержать, спасти!" - "Слишком поздно!" - думает в ответ ей с горькой улыбкой Ромашов.

Тихо разговаривают между собой офицеры, идущие за гробом: "Эх, как жаль беднягу! Ведь какой славный был товарищ, какой прекрасный, способный офицер!.. Да... не понимали мы его!" Сильнее рыдает похоронный марш: это музыка Бетховена "На смерть героя". А Ромашов лежит в гробу, неподвижный, холодный, с вечной улыбкой на губах. На груди у него скромный букет фиалок, - никто не знает, чья рука положила эти цветы. Он всех простил: и Шурочку, и Сливу, и Федоровского, и корпусного командира. Пусть же не плачут о нем. Он был слишком чист и прекрасен для этой жизни! Ему будет лучше там!"

Слезы выступили на глаза, но Ромашов не вытирал их. Было так отрадно воображать себя оплакиваемым, несправедливо обиженным!

Он шел теперь вдоль свекловичного поля. Низкая толстая ботва пестрела путаными белыми и черными пятнами под ногами. Простор поля, освещенного луной, точно давил Ромашова. Подпоручик взобрался на небольшой земляной валик и остановился над железнодорожной выемкой.

Эта сторона была вся в черной тени, а на другую падал ярко-бледный свет, и казалось, на ней можно было рассмотреть каждую травку. Выемка уходила вниз, как темная пропасть; на дне ее слабо блестели отполированные рельсы. Далеко за выемкой белели среди поля правильные ряды остроконечных палаток.

Немного ниже гребня выемки, вдоль полотна, шел неширокий уступ. Ромашов спустился к нему и сел на траву. От голода и усталости он чувствовал тошноту вместе с ощущением дрожи и слабости в ногах. Большое пустынное поле, внизу выемка - наполовину в тени, наполовину в свете, смутно-прозрачный воздух, росистая трава, - все было погружено в чуткую, крадущуюся тишину, от которой гулко шумело в ушах. Лишь изредка на станции вскрикивали маневрирующие паровозы, и в молчании этой странной ночи их отрывистые свистки принимали живое, тревожное и угрожающее выражение.

Ромашов лег на спину. Белые, легкие облака стояли неподвижно, и над ними быстро катился круглый месяц. Пусто, громадно и холодно было наверху, и казалось, что все пространство от земли до неба наполнено вечным ужасом и вечной тоской. "Там - бог!" - подумал Ромашов, и вдруг, с наивным порывом скорби, обиды и жалости к самому себе, он заговорил страстным и горьким шепотом:

- Бог! Зачем ты отвернулся от меня? Я - маленький, я - слабый, я песчинка, что я сделал тебе дурного, бог? Ты ведь все можешь, ты добрый, ты все видишь, - зачем же ты несправедлив ко мне, бог?

Но ему стало страшно, и он зашептал поспешно и горячо:

- Нет, нет, добрый, милый, прости меня, прости меня! Я не стану больше. - И он прибавил с кроткой, обезоруживающей покорностью: - Делай со мной все, что тебе угодно. Я всему повинуюсь с благодарностью.

Так он говорил, и в то же время у него в самых тайниках души шевелилась лукаво-невинная мысль, что его терпеливая покорность растрогает и смягчит всевидящего бога, и тогда вдруг случится чудо, от которого все сегодняшнее - тягостное и неприятное - окажется лишь дурным сном.

"Где ты ту-ут?" - сердито и торопливо закричал паровоз.

А другой подхватил низким тоном, протяжно и с угрозой:

"Я - ва-ас!"

Что-то зашуршало и мелькнуло на той стороне выемки, на самом верху освещенного откоса. Ромашов слегка приподнял голову, чтобы лучше видеть. Что-то серое, бесформенное, мало похожее на человека, спускалось сверху вниз, едва выделяясь от травы в призрачно-мутном свете месяца. Только по движению тени да по легкому шороху осыпавшейся земли можно было уследить за ним.

Вот оно перешло через рельсы. "Кажется - солдат? - мелькнула у Ромашова беспокойная догадка. - Во всяком случае, это человек. Но так страшно идти может только лунатик или пьяный. Кто это?"

Серый человек пересек рельсы и вошел в тень. Теперь стало совсем ясно видно, что это солдат. Он медленно и неуклюже взбирался наверх, скрывшись на некоторое время из поля зрения Ромашова. Но прошло две-три минуты, и снизу начала медленно подыматься круглая стриженая голова без шапки.

Мутный свет прямо падал на лицо этого человека, и Ромашов узнал левофлангового солдата своей полуроты - Хлебникова. Он шел с обнаженной головой, держа шапку в руке, со взглядом, безжизненно устремленным вперед. Казалось, он двигался под влиянием какой-то чужой, внутренней, таинственной силы. Он прошел так близко около офицера, что почти коснулся его полой своей шинели. В зрачках его глаз яркими, острыми точками отражался лунный свет.

- Хлебников! Ты? - окликнул его Ромашов.

- Ах! - вскрикнул солдат и вдруг, остановившись, весь затрепетал на одном месте от испуга.

Ромашов быстро поднялся. Он увидел перед собой мертвое, истерзанное лицо, с разбитыми, опухшими, окровавленными губами, с заплывшим от синяка глазом. При ночном неверном свете следы побоев имели зловещий, преувеличенный вид. И, глядя на Хлебникова, Ромашов подумал: "Вот этот самый человек вместе со мной принес сегодня неудачу всему полку. Мы одинаково несчастны".

- Куда ты, голубчик? Что с тобой? - спросил ласково Ромашов и, сам не зная зачем, положил обе руки на плечи солдату.

Хлебников поглядел на него растерянным, диким взором, но тотчас же отвернулся. Губы его чмокнули, медленно раскрылись, и из них вырвалось короткое, бессмысленное хрипение. Тупое, раздражающее ощущение, похожее на то, которое предшествует обмороку, похожее на приторную щекотку, тягуче заныло в груди и в животе у Ромашова.

- Тебя били? Да? Ну, скажи же. Да? Сядь здесь, сядь со мною.

Он потянул Хлебникова за рукав вниз. Солдат, точно складной манекен, как-то нелепо-легко и послушно упал на мокрую траву, рядом с подпоручиком.

- Куда ты шел? - спросил Ромашов.

Хлебников молчал, сидя в неловкой позе с неестественно выпрямленными ногами. Ромашов видел, как его голова постепенно, едва заметными толчками опускалась на грудь. Опять послышался подпоручику короткий хриплый звук, и в душе у него шевельнулась жуткая жалость.

- Ты хотел убежать? Надень же шапку. Послушай, Хлебников, я теперь тебе не начальник, я сам - несчастный, одинокий, убитый человек. Тебе тяжело? Больно? Поговори же со мной откровенно. Может быть, ты хотел убить себя? спрашивал Ромашов бессвязным шепотом.

Что-то щелкнуло и забурчало в горле у Хлебникова, но он продолжал молчать. В то же время Ромашов заметил, что солдат дрожит частой, мелкой дрожью: дрожала его голова, дрожали с тихим стуком челюсти. На секунду офицеру сделалось страшно. Эта бессонная лихорадочная ночь, чувство одиночества, ровный, матовый, неживой свет луны, чернеющая глубина выемки под ногами, и рядом с ним молчаливый, обезумевший от побоев солдат - все, все представилось ему каким-то нелепым, мучительным сновидением, вроде тех снов, которые, должно быть, будут сниться людям в самые последние дни мира. Но вдруг прилив теплого, самозабвенного, бесконечного сострадания охватил его душу. И, чувствуя свое личное горе маленьким и пустячным, чувствуя себя взрослым и умным в сравнении с этим забитым, затравленным человеком, он нежно и крепко обнял Хлебникова за шею, притянул к себе и заговорил горячо, со страстной убедительностью:

- Хлебников, тебе плохо? И мне нехорошо, голубчик, мне тоже нехорошо, поверь мне. Я ничего не понимаю из того, что делается на свете. Все какая-то дикая, бессмысленная, жестокая чепуха! Но надо терпеть, мой милый, надо терпеть... Это надо.

Низко склоненная голова Хлебникова вдруг упала на колени Ромашову. И солдат, цепко обвив руками ноги офицера, прижавшись к ним лицом, затрясся всем телом, задыхаясь и корчась от подавляемых рыданий.

- Не могу больше... - лепетал Хлебников бессвязно, - не могу я, барин, больше... Ох, господи... Бьют, смеются... взводный денег просит, отделенный кричит... Где взять? Живот у меня надорванный... еще мальчонком надорвал... Кила у меня, барин... Ох, господи, господи!

Ромашов близко нагнулся над головой, которая исступленно моталась у него на коленях. Он услышал запах грязного, нездорового тела и немытых волос и прокислый запах шинели, которой покрывались во время сна. Бесконечная скорбь, ужас, непонимание и глубокая, виноватая жалость переполнили сердце офицера и до боли сжали и стеснили его. И, тихо склоняясь к стриженой, колючей, грязной голове, он прошептал чуть слышно:

- Брат мой!

Хлебников схватил руку офицера, и Ромашов почувствовал на ней вместе с теплыми каплями слез холодное и липкое прикосновение чужих губ. Но он не отнимал своей руки и говорил простые, трогательные, успокоительные слова, какие говорит взрослый обиженному ребенку.

Потом он сам отвел Хлебникова в лагерь. Пришлось вызывать дежурного по роте унтер-офицера Шаповаленко. Тот вышел в одном нижнем белье, зевая, щурясь и почесывая себе то спину, то живот.

Ромашов приказал ему сейчас же сменить Хлебникова с дневальства. Шаповаленко пробовал было возражать:

- Так что, ваше благородие, им еще не подошла смена!..

- Не разговаривать! - крикнул на него Ромашов. - Скажешь завтра ротному командиру, что я так приказал... Так ты придешь завтра ко мне? - спросил он Хлебникова, и тот молча ответил ему робким, благодарным взглядом.

Медленно шел Ромашов вдоль лагеря, возвращаясь домой. Шепот в одной из палаток заставил его остановиться и прислушаться. Кто-то полузадушенным тягучим голосом рассказывал сказку:

- Во-от посылает той самый черт до того солдата самого свово главного вовшебника. Вот приходит той вовшебник и говорит: "Солдат, а солдат, я тебя зъем!" А солдат ему отвечает и говорит: "Ни, ты меня не можешь зъесть, так что я и сам вовшебник!"

Ромашов опять подошел к выемке. Чувство нелепости, сумбурности, непонятности жизни угнетало его. Остановившись на откосе, он поднял глаза вверх, к небу. Там по-прежнему был холодный простор и бесконечный ужас. И почти неожиданно для самого себя, подняв кулаки над головою и потрясая ими, Ромашов закричал бешено:

- Ты! Старый обманщик! Если ты что-нибудь можешь и смеешь, то... ну вот: сделай так, чтобы я сейчас сломал себе ногу.

Он стремглав, закрывши глаза, бросился вниз с крутого откоса, двумя скачками перепрыгнул рельсы и, не останавливаясь, одним духом взобрался наверх. Ноздри у него раздулись, грудь порывисто дышала. Но в душе у него вдруг вспыхнула гордая, дерзкая и злая отвага.

## XVII

С этой ночи в Ромашове произошел глубокий душевный надлом. Он стал уединяться от общества офицеров, обедал большею частью дома, совсем не ходил на танцевальные вечера в собрание и перестал пить. Он точно созрел, сделался старше и серьезнее за последние дни и сам замечал это по тому грустному и ровному спокойствию, с которым он теперь относился к людям и явлениям. Нередко по этому поводу вспоминались ему чьи-то давным-давно слышанные или читанные им смешные слова, что человеческая жизнь разделяется на какие-то "люстры" - в каждом люстре по семи лет - и что в течение одного люстра совершенно меняется у человека состав его крови и тела, его мысли, чувства и характер. А Ромашову недавно окончился двадцать первый год.

Солдат Хлебников зашел к нему, но лишь по второму напоминанию. Потом он стал заходить чаще.

Первое время он напоминал своим видом голодную, опаршивевшую, много битую собаку, пугливо отскакивающую от руки, протянутой с лаской. Но внимание и доброта офицера понемногу согрели и оттаяли его сердце. С совестливой и виноватой жалостью узнавал Ромашов подробности о его жизни. Дома - мать с пьяницей-отцом, с полуидиотом-сыном и с четырьмя малолетними девчонками; землю у них насильно и несправедливо отобрал мир; все ютятся где-то в выморочной избе из милости того же мира; старшие работают у чужих людей, младшие ходят побираться. Денег из дома Хлебников не получает, а на вольные работы его не берут по слабосилию. Без денег же, хоть самых маленьких, тяжело живется в солдатах: нет ни чаю, ни сахару, не на что купить даже мыла, необходимо время от времени угощать взводного и отделенного водкой в солдатском буфете, все солдатское жалованье двадцать две с половиной копейки в месяц - идет на подарки этому начальству. Бьют его каждый день, смеются над ним, издеваются, назначают не в очередь на самые тяжелые и неприятные работы.

С удивлением, с тоской и ужасом начинал Ромашов понимать, что судьба ежедневно и тесно сталкивает его с сотнями этих серых Хлебниковых, из которых каждый болеет своим горем и радуется своим радостям, но что все они обезличены и придавлены собственным невежеством, общим рабством, начальническим равнодушием, произволом и насилием. И ужаснее всего была мысль, что ни один из офицеров, как до сих пор и сам Ромашов, даже и не подозревает, что серые Хлебниковы с их однообразно-покорными и обессмысленными лицами - на самом деле живые люди, а не механические величины, называемые ротой, батальоном, полком...

Ромашов кое-что сделал для Хлебникова, чтобы доставить ему маленький заработок. В роте заметили это необычайное покровительство офицера солдату. Часто Ромашов, замечал, что в его присутствии унтер-офицеры обращались к Хлебникову с преувеличенной насмешливой вежливостью и говорили с ним нарочно слащавыми голосами. Кажется, об этом знал и капитан Слива. По крайней мере он иногда ворчал, обращаясь в пространство:

- От-т из-звольте. Либералы п-пошли. Развращают роту. Их д-драть, подлецов, надо, а они с-сюсюкают с ними.

Теперь, когда у Ромашова оставалось больше свободы и уединения, все чаще и чаще приходили ему в голову непривычные, странные и сложные мысли, вроде тех, которые так потрясли его месяц тому назад, в день его ареста. Случалось это обыкновенно после службы, в сумерки, когда он тихо бродил в саду под густыми засыпающими деревьями и, одинокий, тоскующий, прислушивался к гудению вечерних жуков и глядел на спокойное розовое темнеющее небо.

Эта новая внутренняя жизнь поражала его своей многообразностью. Раньше он не смел и подозревать, какие радости, какая мощь и какой глубокий интерес скрываются в такой простой, обыкновенной вещи, как человеческая мысль.

Он уже знал теперь твердо, что не останется служить в армии и непременно уйдет в запас, как только минуют три обязательных года, которые ему надлежало отбыть за образование в военном училище. Но он никак не мог себе представить, что он будет делать, ставши штатским. Поочередно он перебирал: акциз, железную дорогу, коммерцию, думал быть управляющим имением, поступить в департамент. И тут впервые он с изумлением представил себе все разнообразие занятий и профессий, которым отдаются люди. "Откуда берутся, - думал он, - разные смешные, чудовищные, нелепые и грязные специальности? Каким, например, путем вырабатывает жизнь тюремщиков, акробатов, мозольных операторов, палачей, золотарей, собачьих цирюльников, жандармов, фокусников, проституток, банщиков, коновалов, могильщиков, педелей? Или, может быть, нет ни одной даже самой пустой, случайной, капризной, насильственной или порочной человеческой выдумки, которая не нашла бы тотчас же исполнителя и слуги?"

Также поражало его, - когда он вдумывался поглубже, - то, что огромное большинство интеллигентных профессий основано исключительно на недоверии к человеческой честности и таким образом обслуживает человеческие пороки и недостатки. Иначе к чему были бы повсюду необходимы конторщики, бухгалтеры, чиновники, полиция, таможня, контролеры, инспекторы и надсмотрщики - если бы человечество было совершенно?

Он думал также о священниках, докторах, педагогах, адвокатах и судьях обо всех этих людях, которым по роду их занятий приходится постоянно соприкасаться с душами, мыслями и страданиями других людей. И Ромашов с недоумением приходил к выводу, что люди этой категории скорее других черствеют и опускаются, погружаясь в халатность, в холодную и мертвую формалистику, в привычное и постыдное равнодушие. Он знал, что существует и еще одна категория - устроителей внешнего, земного благополучия: инженеры, архитекторы, изобретатели, фабриканты, заводчики. Но они, которые могли бы общими усилиями сделать человеческую жизнь изумительно прекрасной и удобной, - они служат только богатству. Над всеми ими тяготеет страх за свою шкуру, животная любовь к своим детенышам и к своему логовищу, боязнь жизни и отсюда трусливая привязанность к деньгам. Кто же, наконец, устроит судьбу забитого Хлебникова, накормит, выучит его и скажет ему: "Дай мне твою руку, брат".

Таким образом, Ромашов неуверенно, чрезвычайно медленно, но все глубже и глубже вдумывался в жизненные явления. Прежде все казалось таким простым. Мир разделялся на две неравные части: одна - меньшая офицерство, которое окружает честь, сила, власть, волшебное достоинство мундира и вместе с мундиром почему-то и патентованная храбрость, и физическая сила, и высокомерная гордость; другая - огромная и безличная штатские, иначе шпаки, штафирки и рябчики; их презирали; считалось молодечеством изругать или побить ни с того ни с сего штатского человека, потушить об его нос зажженную папироску, надвинуть ему на уши цилиндр; о таких подвигах еще в училище рассказывали друг другу с восторгом желторотые юнкера. И вот теперь, отходя как будто в сторону от действительности, глядя на нее откуда-то, точно из потайного угла, из щелочки, Ромашов начинал понемногу понимать, что вся военная служба с ее призрачной доблестью создана жестоким, позорным всечеловеческим недоразумением. "Каким образом может существовать сословие, - спрашивал сам себя Ромашов, - которое в мирное время, не принося ни одно крошечки пользы, поедает чужой хлеб и чужое мясо, одевается в чужие одежды, живет в чужих домах, а в военное время - идет бессмысленно убивать и калечить таких же людей, как они сами?"

И все ясней и ясней становилась для него мысль, что существуют только три гордых призвания человека: наука, искусство и свободный физический труд. С новой силой возобновились мечты о литературной работе. Иногда, когда ему приходилось читать хорошую книгу, проникнутую истинным вдохновением, он мучительно думал: "Боже мой, ведь это так просто, я сам это думал и чувствовал. Ведь и я мог бы сделать то же самое!" Его тянуло написать повесть или большой роман, канвой к которому послужили бы ужас и скука военной жизни. В уме все складывалось отлично, - картины выходили яркие, фигуры живые, фабула развивалась и укладывалась в прихотливо-правильный узор, и было необычайно весело и занимательно думать об этом. Но когда он принимался писать, выходило бледно, по-детски вяло, неуклюже, напыщенно или шаблонно. Пока он писал, - горячо и быстро, - он сам не замечал этих недостатков, но стоило ему рядом с своими страницами прочитать хоть маленький отрывок из великих русских творцов, как им овладевало бессильное отчаяние, стыд и отвращение к своему искусству.

С такими мыслями он часто бродил теперь по городу в теплые ночи конца мая. Незаметно для самого себя он избирал все одну и ту же дорогу - от еврейского кладбища до плотины и затем к железнодорожной насыпи. Иногда случалось, что, увлеченный этой новой для него страстной головной работой, он не замечал пройденного пути, и вдруг, приходя в себя и точно просыпаясь, он с удивлением видел, что находится на другом конце города.

И каждую ночь он проходил мимо окон Шурочки, проходил по другой стороне улицы, крадучись, сдерживая дыхание, с бьющимся сердцем, чувствуя себя так, как будто он совершает какое-то тайное, постыдное воровское дело. Когда в гостиной у Николаевых тушили лампу и тускло блестели от месяца черные стекла окон, он притаивался около забора, прижимал крепко к груди руки и говорил умоляющим шепотом:

- Спи, моя прекрасная, спи, любовь моя. Я - возле, я стерегу тебя!

В эти минуты он чувствовал у себя на глазах слезы, но в душе его вместе с нежностью и умилением и с самоотверженной преданностью ворочалась слепая, животная ревность созревшего самца.

Однажды Николаев был приглашен к командиру полка на винт. Ромашов знал это. Ночью, идя по улице, он услышал за чьим-то забором, из палисадника, пряный и страстный запах нарциссов. Он перепрыгнул через забор и в темноте нарвал с грядки, перепачкав руки в сырой земле, целую охапку этих белых, нежных, мокрых цветов.

Окно в Шурочкиной спальне было открыто; оно выходило во двор и было не освещено. Со смелостью, которой он сам от себя не ожидал, Ромашов проскользнул в скрипучую калитку, подошел к стене и бросил цветы в окно. Ничто не шелохнулось в комнате. Минуты три Ромашов стоял и ждал, и биение его сердца наполняло стуком всю улицу. Потом, съежившись, краснея от стыда, он на цыпочках вышел на улицу.

На другой день он получил от Шурочки короткую сердитую записку:

"Не смейте никогда больше этого делать. Нежности во вкусе Ромео и Джульетты смешны, особенно если они происходят в пехотном армейском полку".

Днем Ромашов старался хоть издали увидать ее на улице, но этого почему-то не случалось. Часто, увидав издали женщину, которая фигурой, походкой, шляпкой напоминала ему Шурочку, он бежал за ней со стесненным сердцем, с прерывающимся дыханием, чувствуя, как у него руки от волнения делаются холодными и влажными. И каждый раз, заметив свою ошибку, он ощущал в душе скуку, одиночество и какую-то мертвую пустоту.

## XVIII

В самом конце мая в роте капитана Осадчего повесился молодой солдат, и, по странному расположению судьбы, повесился в то же самое число, в которое в прошлом году произошел в этой роте такой же случай. Когда его вскрывали, Ромашов был помощником дежурного по полку и поневоле вынужден был присутствовать при вскрытии. Солдат еще не успел разложиться. Ромашов слышал, как из его развороченного на куски тела шел густой запах сырого мяса, точно от туш, которые выставляют при входе в мясные лавки. Он видел его серые и синие ослизлые глянцевитые внутренности, видел содержимое его желудка, видел его мозг - серо-желтый, весь в извилинах, вздрагивавший на столе от шагов, как желе, перевернутое из формы. Все это было ново, страшно и противно и в то же время вселяло в него какое-то брезгливое неуважение к человеку.

Изредка, время от времени, в полку наступали дни какого-то общего, повального, безобразного кутежа. Может быть, это случалось в те странные моменты, когда люди, случайно между собой связанные, но все вместе осужденные на скучную бездеятельность и бессмысленную жестокость, вдруг прозревали в глазах друг у друга, там, далеко, в запутанном и угнетенном сознании, какую-то таинственную искру ужаса, тоски и безумия. И тогда спокойная, сытая, как у племенных быков, жизнь точно выбрасывалась из своего русла.

Так случилось и после этого самоубийства. Первым начал Осадчий. Как раз подошло несколько дней праздников подряд, и он в течение их вел в собрании отчаянную игру и страшно много пил. Странно: огромная воля этого большого, сильного и хищного, как зверь, человека увлекла за собой весь полк в какую-то вертящуюся книзу воронку, и во все время этого стихийного, припадочного кутежа Осадчий с цинизмом, с наглым вызовом, точно ища отпора и возражения, поносил скверными словами имя самоубийцы.

Было шесть часов вечера. Ромашов сидел с ногами на подоконнике и тихо насвистывал вальс из "Фауста". В саду кричали воробьи и стрекотали сороки. Вечер еще не наступил, но между деревьями уже бродили легкие задумчивые тени.

Вдруг у крыльца его дома чей-то голос запел громко, с воодушевлением, но фальшиво:

Бесятся кони, бренчат мундштуками,
Пенятся, рвутся, храпя-а-ат...

С грохотом распахнулись обе входные двери, и в комнату ввалился Веткин. С трудом удерживая равновесие, он продолжал петь:

Барыни, барышни взором отчаянным
Вслед уходящим глядят.

Он был пьян, тяжело, угарно, со вчерашнего. Веки глаз от бессонной ночи у него покраснели и набрякли. Шапка сидела на затылке. Усы, еще мокрые, потемнели и висели вниз двумя густыми сосульками, точно у моржа.

- Р-ромуальд! Анахорет сирийский, дай я тебя лобзну! - завопил он на всю комнату. - Ну, чего ты киснешь? Пойдем, брат. Там весело: играют, поют. Пойдем!

Он крепко и продолжительно поцеловал Ромашова в губы, смочив его лицо своими усами.

- Ну, будет, будет, Павел Павлович, - слабо сопротивлялся Ромашов, - к чему телячьи восторги?

- Друг, руку твою! Институтка. Люблю в тебе я прошлое страданье и юность улетевшую мою. Сейчас Осадчий такую вечную память вывел, что стекла задребезжали. Ромашевич, люблю я, братец, тебя! Дай я тебя поцелую, по-настоящему, по-русски, в самые губы!

Ромашову было противно опухшее лицо Веткина с остекленевшими глазами, был гадок запах, шедший из его рта, прикосновение его мокрых губ и усов. Но он был всегда в этих случаях беззащитен и теперь только деланно и вяло улыбался.

- Постой, зачем я к тебе пришел?.. - кричал Веткин, икая и пошатываясь. - Что-то было важное... А, вот зачем. Ну, брат, и выставил же я Бобетинского. Понимаешь - все дотла, до копеечки. Дошло до того, что он просит играть на запись! Ну, уж я тут ему говорю: "Нет уж, батенька, это атанде-с, не хотите ли чего-нибудь помягче-с?" Тут он ставит револьвер. На-ка вот, Ромашенко, погляди. - Веткин вытащил из брюк, выворотив при этом карман наружу, маленький изящный револьвер в сером замшевом чехле. Это, брат, системы Мервина. Я спрашиваю: "Во сколько ставишь?" - "Двадцать пять". - "Десять!" - "Пятнадцать". - "Ну, черт с тобой!" Поставил он рубль в цвет и в масть в круглую. Бац, бац, бац, бац! На пятом абцуге я его даму - чик! Здра-авствуйте, сто гусей! За ним еще что-то осталось. Великолепный револьвер и патроны к нему. На тебе, Ромашкевич. В знак памяти и дружбы нежной дарю тебе сей револьвер, и помни всегда прилежно, какой Веткин храбрый офицер. На! Это стихи.

- Зачем это, Павел Павлович? Спрячьте.

- Что, ты думаешь, плохой револьвер? Слона можно убить. Постой, мы сейчас попробуем. Где у тебя помещается твой раб? Я пойду, спрошу у него какую-нибудь доску. Эй, р-р-раб! Оруженосец!

Колеблющимися шагами он вышел в сени, где обыкновенно помещался Гайнан, повозился там немного и через минуту вернулся, держа под правым локтем за голову бюст Пушкина.

- Будет, Павел Павлович, не стоит, - слабо останавливал его Ромашов.

- Э, чепуха! Какой-то шпак. Вот мы его сейчас поставим на табуретку. Стой смирно, каналья! - погрозил Веткин пальцем на бюст. - Слышишь? Я тебе задам!

Он отошел в сторону, прислонился к подоконнику рядом с Ромашовым и взвел курок. Но при этом он так нелепо, такими пьяными движениями размахивал револьвером в воздухе, что Ромашов только испуганно морщился и часто моргал глазами, ожидая нечаянного выстрела.

Расстояние было не более восьми шагов. Веткин долго целился, кружа дулом в разные стороны. Наконец он выстрелил, и на бюсте, на правой щеке, образовалась большая неправильная черная дыра. В ушах у Ромашова зазвенело от выстрела.

- Видал-миндал? - закричал Веткин. - Ну, так вот, на тебе, береги на память и помни мою любовь. А теперь надевай китель и айда в собрание. Дернем во славу русского оружия.

- Павел Павлович, право ж, не стоит, право же, лучше не нужно, бессильно умолял его Ромашов.

Но он не сумел отказаться: не находил для этого ни решительных слов, ни крепких интонаций в голосе. И, мысленно браня себя за тряпичное безволие, он вяло поплелся за Веткиным, который нетвердо, зигзагами шагал вдоль огородных грядок, по огурцам и капусте.

Это был беспорядочный, шумный, угарный - поистине сумасшедший вечер. Сначала пили в собрании, потом поехали на вокзал пить глинтвейн, опять вернулись в собрание. Сначала Ромашов стеснялся, досадовал на самого себя за уступчивость и испытывал то нудное чувство брезгливости и неловкости, которое ощущает всякий свежий человек в обществе пьяных. Смех казался ему неестественным, остроты - плоскими, пение -

фальшивым. Но красное горячее вино, выпитое им на вокзале, вдруг закружило его голову и наполнило ее шумным и каким-то судорожным весельем. Перед глазами стала серая завеса из миллионов дрожащих песчинок, и все сделалось удобно, смешно и понятно.

Час за часом пробегали, как секунды, и только потому, что в столовой зажгли лампы, Ромашов смутно понял, что прошло много времени и наступила ночь.

- Господа, поедемте к девочкам, - предложил кто-то. - Поедемте все к Шлейферше.

- К Шлейферше, к Шлейферше. Ура!

И все засуетились, загрохотали стульями, засмеялись. В этот вечер все делалось как-то само собой. У ворот собрания уже стояли пароконные фаэтоны, но никто не знал, откуда они взялись. В сознании Ромашова уже давно появились черные сонные провалы, чередовавшиеся с моментами особенно яркого обостренного понимания. Он вдруг увидел себя сидящим в экипаже рядом с Веткиным. Впереди на скамейке помещался кто-то третий, но лицо его Ромашов никак не мог ночью рассмотреть, хотя и наклонялся к нему, бессильно мотаясь туловищем влево и вправо. Лицо это казалось темным и то суживалось в кулачок, то растягивалось в косом направлении и было удивительно знакомо. Ромашов вдруг засмеялся и сам точно со стороны услыхал свой тупой, деревянный смех.

- Врешь, Веткин, я знаю, брат, куда мы едем, - сказал он с пьяным лукавством. - Ты, брат, меня везешь к женщинам. Я, брат, знаю.

Их перегнал, оглушительно стуча по камням, другой экипаж. Быстро и сумбурно промелькнули в свете фонарей гнедые лошади, скакавшие нестройным карьером, кучер, неистово вертевший над головой кнутом, и четыре офицера, которые с криком и свистом качались на своих сиденьях.

Сознание на минуту с необыкновенной яркостью и точностью вернулось к Ромашову. Да, вот он едет в то место, где несколько женщин отдают кому угодно свое тело, свои ласки и великую тайну своей любви. За деньги? На минуту? Ах, не все ли равно! Женщины! Женщины! - кричал внутри Ромашова какой-то дикий и сладкий нетерпеливый голос. Примешивалась к нему, как отдаленный, чуть слышный звук, мысль о Шурочке, но в этом совпадении не было ничего низкого, оскорбительного, а, наоборот, было что-то отрадное, ожидаемое, волнующее, от чего тихо и приятно щекотало в сердце.

Вот он сейчас приедет к ним, еще не известным, еще ни разу не виданным, к этим странным, таинственным, пленительным существам - к женщинам! И сокровенная мечта сразу станет явью, и он будет смотреть на них, брать их за руки, слушать их нежный смех и пение, и это будет непонятным, но радостным утешением в той страстной жажде, с которой он стремится к одной женщине в мире, к ней, к Шурочке! Но в мыслях его не было никакой определенно чувственной цели, - его, отвергнутого одной женщиной, властно, стихийно тянуло в сферу этой неприкрытой, откровенной, упрощенной любви, как тянет в холодную ночь на огонь маяка усталых и иззябших перелетных птиц. И больше ничего.

Лошади повернули направо. Сразу прекратился стук колес и дребезжание гаек. Экипаж сильно и мягко заколебался на колеях и выбоинах, круто спускаясь под горку. Ромашов открыл глаза. Глубоко внизу под его ногами широко и в беспорядке разбросались маленькие огоньки. Они то ныряли за деревья и невидимые дома, то опять выскакивали наружу, и казалось, что там, по долине, бродит большая разбившаяся толпа, какая-то фантастическая процессия с фонарями в руках. На миг откуда-то пахнуло теплом и запахом полыни, большая темная ветка зашелестела по головам, и тотчас же потянуло сырым холодом, точно дыханием старого погреба.

- Куда мы едем? - спросил опять Ромашов.

- В Завалье! - крикнул сидевший впереди, и Ромашов с удивлением подумал: "Ах, да ведь это поручик Епифанов. Мы едем к Шлейферше".

- Неужели вы ни разу не были? - спросил Веткин.

- Убирайтесь вы оба к черту! - крикнул Ромашов.

Но Епифанов смеялся и говорил:

- Послушайте, Юрий Алексеич, хотите, мы шепнем, что вы в первый раз в жизни? А? Ну, миленький, ну, душечка. Они это любят. Что вам стоит?

Опять сознание Ромашова заволоклось плотным, непроницаемым мраком. Сразу, точно без малейшего перерыва, он увидел себя в большом зале с паркетным полом и с венскими стульями вдоль всех стен. Над входной дверью и над тремя другими дверьми, ведущими в темные каморки, висели длинные ситцевые портьеры, красные, в желтых букетах. Такие же занавески слабо надувались и колыхались над окнами, отворенными в черную тьму двора. На стенах горели лампы. Было светло, дымно и пахло острой еврейской кухней, но по временам из окон доносился свежий запах мокрой зелени, цветущей белой акации и весеннего воздуха.

Офицеров приехало около десяти. Казалось, что каждый из них одновременно и пел, и кричал, и смеялся. Ромашов, блаженно и наивно улыбаясь, бродил от одного к другому, узнавая, точно в первый раз, с удивлением и с удовольствием, Бек-Агамалова, Лбова, Веткина, Епифанова, Арчаковского, Олизара и других. Тут же был штабс-капитан Лещенко; он сидел у окна со своим всегдашним покорным и унылым видом. На столе, точно сами собой, как и все было в этот вечер, появились бутылки с пивом и с густой вишневой наливкой. Ромашов пил с кем-то, чокался и целовался, и чувствовал, что руки и губы у него стали липкими и сладкими.

Тут было пять или шесть женщин. Одна из них, по виду девочка лет четырнадцати, одетая пажом, с ногами в розовом трико, сидела на коленях у Бек-Агамалова и играла шнурами его аксельбантов. Другая, крупная блондинка, в красной шелковой кофте и темной юбке, с большим красным напудренным лицом и круглыми черными широкими бровями, подошла к Ромашову.

- Мужчина, что вы такой скучный? Пойдемте в комнату, - сказала она низким голосом.

Она боком, развязно села на стол, положив ногу на ногу. Ромашов увидел, как под платьем гладко определилась ее круглая и мощная ляжка. У него задрожали руки и стало холодно во рту. Он спросил робко:

- Как вас зовут?

- Меня? Мальвиной. - Она равнодушно отвернулась от офицера и заболтала ногами. - Угостите папиросочкой.

Откуда-то появились два музыканта-еврея: один - со скрипкой, другой - с бубном. Под докучный и фальшивый мотив польки, сопровождаемый глухими дребезжащими ударами, Олизар и Арчаковский стали плясать канкан. Они скакали друг перед другом то на одной, то на другой ноге, прищелкивая пальцами вытянутых рук, пятились назад, раскорячив согнутые колени и заложив большие пальцы под мышки, и с грубо-циничными жестами вихляли бедрами, безобразно наклоняя туловище то вперед, то назад. Вдруг Бек-Агамалов вскочил со стула и закричал резким, высоким, исступленным голосом:

- К черту шпаков! Сейчас же вон! Фить!

В дверях стояло двое штатских - их знали все офицеры в полку, так как они бывали на вечерах в собрании; один - чиновник казначейства, а другой брат судебного пристава, мелкий помещик, - оба очень приличные молодые люди.

У чиновника была на лице бледная насильственная улыбка, и он говорил искательным тоном, но стараясь держать себя развязно:

- Позвольте, господа... разделить компанию. Вы же меня знаете, господа... Я же Дубецкий, господа... Мы, господа, вам не помешаем.

- В тесноте, да не в обиде, - сказал брат судебного пристава и захохотал напряженно.

- Во-он! - закричал Бек-Агамалов. - Марш!

- Господа, выставляйте шпаков! - захохотал Арчаковский.

Поднялась суматоха. Все в комнате завертелось клубком, застонало, засмеялось, затопало. Запрыгали вверх, коптя, огненные язычки ламп. Прохладный ночной воздух ворвался из окон и трепетно дохнул на лица.

Голоса штатских, уже на дворе, кричали с бессильным и злым испугом, жалобно, громко и слезливо:

- Я этого так тебе не оставлю! Мы командиру полка будем жаловаться. Я губернатору напишу. Опричники!

- У-лю-лю-лю-лю! Ату их! - вопил тонким фальцетом. Веткин, высунувшись из окна.

Ромашову казалось, что все сегодняшние происшествия следуют одно за другим без перерыва и без всякой связи, точно перед ним разматывалась крикливая и пестрая лента с уродливыми, нелепыми, кошмарными картинами. Опять однообразно завизжала скрипка, загудел и задрожал бубен. Кто-то, без мундира, в одной белой рубашке, плясал вприсядку посредине комнаты, ежеминутно падая назад и упираясь рукой в пол. Худенькая красивая женщина - ее раньше Ромашов не заметил - с распущенными черными волосами и с торчащими ключицами на открытой шее обнимала голыми руками печального Лещенку за шею и, стараясь перекричать музыку и гомон, визгливо пела ему в самое ухо:

Когда заболеешь чахоткой навсегда,
Станешь бледный, как эта стена,
Кругом тебя доктора.

Бобетинский плескал пивом из стакана через перегородку в одну из темных отдельных каморок, а оттуда недовольный, густой заспанный голос говорил ворчливо:

- Да, господа... да будет же. Кто это там? Что за свинство!

- Послушайте, давно ли вы здесь? - спросил Ромашов женщину в красной кофте и воровато, как будто незаметно для себя, положил ладонь на ее крепкую теплую ногу.

Она что-то ответила, чего он не расслышал. Его внимание привлекла дикая сцена. Подпрапорщик Лбов гонялся по комнате за одним из музыкантов и изо всей силы колотил его бубном по голове. Еврей кричал быстро и непонятно и, озираясь назад с испугом, метался из угла в угол, подбирая длинные фалды сюртука. Все смеялись. Арчаковский от хохота упал на пол и со слезами на глазах катался во все стороны. Потом послышался пронзительный вопль другого музыканта. Кто-то выхватил у него из рук скрипку и со страшной силой ударил ее об землю. Дека ее разбилась вдребезги, с певучим треском, который странно слился с отчаянным криком еврея. Потом для Ромашова настало несколько минут темного забвения. И вдруг опять он увидел, точно в горячечном сне, что все, кто были в комнате, сразу закричали, забегали, замахали руками. Вокруг Бек-Агамалова быстро и тесно сомкнулись люди, но тотчас же они широко раздались, разбежались по всей комнате.

- Все вон отсюда! Никого не хочу! - бешено кричал Бек-Агамалов.

Он скрежетал, потрясал пред собой кулаками и топал ногами. Лицо у него сделалось малиновым, на лбу вздулись, как шнурки, две жилы, сходящиеся к носу, голова была низко и грозно опущена, а в выкатившихся глазах страшно сверкали обнажившиеся круглые белки.

Он точно потерял человеческие слова и ревел, как взбесившийся зверь, ужасным вибрирующим голосом:

- А-а-а-а!

Вдруг он, быстро и неожиданно ловко изогнувшись телом влево, выхватил из ножен шашку. Она лязгнула и с резким свистом сверкнула у него над головой. И сразу все, кто были в комнате, ринулись к окнам и к дверям. Женщины истерически визжали. Мужчины отталкивали друг друга. Ромашова стремительно увлекли к дверям, и кто-то, протесняясь мимо него, больно, до крови, черкнул его концом погона или пуговицей по щеке. И тотчас же на дворе закричали, перебивая друг друга, взволнованные, торопливые голоса. Ромашов остался один в дверях. Сердце у него часто и крепко билось, но вместе с ужасом он испытывал какое-то сладкое, буйное и веселое предчувствие.

- Зарублю-у-у-у! - кричал Бек-Агамалов, скрипя зубами.

Вид общего страха совсем опьянил его. Он с припадочной силой в несколько ударов расщепил стол, потом яростно хватил шашкой по зеркалу, и осколки от него сверкающим радужным дождем брызнули во все стороны. С другого стола он одним ударом сбил все стоявшие на нем бутылки и стаканы.

Но вдруг раздался чей-то пронзительный, неестественно-наглый крик:

- Дурак! Хам!

Это кричала та самая простоволосая женщина с голыми руками, которая только что обнимала Лещенку. Ромашов раньше не видел ее. Она стояла в нише за печкой и, упираясь кулаками в бедра, вся наклоняясь вперед, кричала без перерыва криком обсчитанной рыночной торговки:

- Дурак! Хам! Холуй! И никто тебя не боится! Дурак, дурак, дурак, дурак!..

Бек-Агамалов нахмурил брови и, точно растерявшись, опустил вниз шашку. Ромашов видел, как постепенно бледнело его лицо и как в глазах его разгорался зловещий желтый блеск. И в то же время он все ниже и ниже сгибал ноги, весь съеживался и вбирал в себя шею, как зверь, готовый сделать прыжок.

- Замолчи! - бросил он хрипло, точно выплюнул.

- Дурак! Болван! Армяшка! Не замолчу! Дурак! Дурак! - выкрикивала женщина, содрогаясь всем телом при каждом крике.

Ромашов знал, что и сам он бледнеет с каждым мгновением. В голове у него сделалось знакомое чувство невесомости, пустоты и свободы. Странная смесь ужаса и веселья подняла вдруг его душу кверху, точно легкую пьяную пену. Он увидел, что Бек-Агамалов, не сводя глаз с женщины, медленно поднимает над головой шашку. И вдруг пламенный поток безумного восторга, ужаса, физического холода, смеха и отваги нахлынул на Ромашова. Бросаясь вперед, он еще успел расслышать, как Бек-Агамалов прохрипел яростно:

- Ты не замолчишь? Я тебя в последний...

Ромашов крепко, с силой, которой он сам от себя не ожидал, схватил Бек-Агамалова за кисть руки. В течение нескольких секунд оба офицера, не моргая, пристально глядели друг на друга, на расстоянии пяти или шести вершков. Ромашов слышал частое, фыркающее, как у лошади, дыхание Бек-Агамалова, видел его страшные белки и остро блестящие зрачки глаз и белые, скрипящие движущиеся челюсти, но он уже чувствовал, что безумный огонь с каждым мгновением потухает в этом искаженном лице. И было ему жутко и невыразимо радостно стоять так, между жизнью и смертью, и уже знать, что он выходит победителем в этой игре. Должно быть, все те, кто наблюдали эту сцену извне, поняли ее опасное значение. На дворе за окнами стало тихо, - так тихо, что где-то в двух шагах, в темноте, соловей вдруг залился громкой, беззаботной трелью.

- Пусти! - хрипло выдавил из себя Бек-Агамалов.

- Бек, ты не ударишь женщину, - сказал Ромашов спокойно. - Бек, тебе будет на всю жизнь стыдно. Ты не ударишь.

Последние искры безумия угасли в глазах Бек-Агамалова. Ромашов быстро замигал веками и глубоко вздохнул, точно после обморока. Сердце его забилось быстро и беспорядочно, как во время испуга, а голова опять сделалась тяжелой и теплой.

- Пусти! - еще раз крикнул Бек-Агамалов с ненавистью и рванул руку.

Теперь Ромашов чувствовал, что он уже не в силах сопротивляться ему, но он уже не боялся его и говорил жалостливо и ласково, притрагиваясь чуть слышно к плечу товарища:

- Простите меня... Но ведь вы сами потом скажете мне спасибо.

Бек-Агамалов резко со стуком вбросил шашку в ножны.

- Ладно! К черту! - крикнул он сердито, но уже с долей притворства и смущения. - Мы с вами еще разделаемся. Вы не имеете права!..

Все глядевшие на эту сцену со двора поняли, что самое страшное пронеслось. С преувеличенным, напряженным хохотом толпой ввалились они в двери. Теперь все они принялись с фамильярной и дружеской развязностью успокаивать и уговаривать Бек-Агамалова. Но он уже погас, обессилел, и его сразу потемневшее лицо имело усталое и брезгливое выражение.

Прибежала Шлейферша, толстая дама с засаленными грудями, с жестким выражением глаз, окруженных темными мешками, без ресниц. Она кидалась то к одному, то к другому офицеру, трогала их за рукава и за пуговицы и кричала плачевно:

- Ну, господа, ну, кто мне заплатит за все: за зеркало, за стол, за напитки и за девочек?

И опять кто-то неведомый остался объясняться с ней. Прочие офицеры вышли гурьбой наружу. Чистый, нежный воздух майской ночи легко и приятно вторгся в грудь Ромашова и наполнил все его тело свежим, радостным трепетом. Ему казалось, что следы сегодняшнего пьянства сразу стерлись в его мозгу, точно от прикосновения мокрой губки.

К нему подошел Бек-Агамалов и взял его под руку.

- Ромашов, садитесь со мной, - предложил он, - хорошо?

И когда они уже сидели рядом и Ромашов, наклоняясь вправо, глядел, как лошади нестройным галопом, вскидывая широкими задами, вывозили экипаж на гору, Бек-Агамалов ощупью нашел его руку и крепко, больно и долго сжал ее. Больше между ними ничего не было сказано.

## XIX

Но волнение, которое было только что пережито всеми, сказалось в общей нервной, беспорядочной взвинченности. По дороге в собрание офицеры много безобразничали. Останавливали проходящего еврея, подзывали его и, сорвав с него шапку, гнали извозчика вперед; потом бросали эту шапку куда-нибудь за забор, на дерево. Бобетинский избил извозчика. Остальные громко пели и бестолково кричали. Только Бек-Агамалов, сидевший рядом с Ромашовым, молчал всю дорогу, сердито и сдержанно посапывая.

Собрание, несмотря на поздний час, было ярко освещено и полно народом. В карточной, в столовой, в буфете и в бильярдной беспомощно толклись ошалевшие от вина, от табаку и от азартной игры люди в расстегнутых кителях, с неподвижными кислыми глазами и вялыми движениями. Ромашов, здороваясь с некоторыми офицерами, вдруг заметил среди них, к своему удивлению, Николаева. Он сидел около Осадчего и был пьян и красен, но держался твердо. Когда Ромашов, обходя стол, приблизился к нему, Николаев быстро взглянул на него и тотчас же отвернулся, чтобы не подать руки, и с преувеличенным интересом заговорил с своим соседом.

- Веткин, идите петь! - крикнул Осадчий через головы товарищей.

- Сп-о-ем-те что-ни-и-будь! - запел Веткин на мотив церковного антифона.

- Спо-ем-те что-ни-будь. Споемте что-о-ни-и-будь! - подхватили громко остальные.

- За поповым перелазом подралися трое разом, - зачастил Веткин церковной скороговоркой, - поп, дьяк, пономарь та ще губернский секретарь. Совайся, Ничипоре, со-вайся.

- Совайся, Ничи-поре, со-о-вайся, - тихо, полными аккордами ответил ему хор, весь сдержанный и точно согретый мягкой октавой Осадчего.

Веткин дирижировал пением, стоя посреди стола и распростирая над поющими руки. Он делал то страшные, то ласковые и одобрительные глаза, шипел на тех, кто пел неверно, и едва заметным трепетанием протянутой ладони сдерживал увлекающихся.

- Штабс-капитан Лещенко, вы фальшивите! Вам медведь на ухо наступил! Замолчите! - крикнул Осадчий. - Господа, да замолчите же кругом! Не галдите, когда поют.

- Как бога-тый мужик ест пунш гля-се... - продолжал вычитывать Веткин.

От табачного дыма резало в глазах. Клеенка на столе была липкая, и Ромашов вспомнил, что он не мыл сегодня вечером рук. Он пошел через двор в комнату, которая называлась "офицерскими номерами", - там всегда стоял умывальник. Это была пустая холодная каморка в одно окно. Вдоль стен стояли разделенные шкафчиком, на больничный манер, две кровати. Белья на них никогда не меняли, так же как никогда не подметали пол в этой комнате и не проветривали воздух. От этого в номерах всегда стоял затхлый, грязный запах заношенного белья, застарелого табачного дыма и смазных сапог. Комната эта предназначалась для временного жилья офицерам, приезжавшим из дальних отдельных стоянок в штаб полка. Но в нее обыкновенно складывали во время вечеров, по двое и даже по трое на одну кровать, особенно пьяных офицеров. Поэтому она также носила название "мертвецкой комнаты", "трупарни" и "морга". В этих названиях крылась бессознательная, но страшная жизненная ирония, потому что с того времени, как полк стоял в городе, - в офицерских номерах, именно да этих самых двух кроватях, уже застрелилось несколько офицеров и один денщик. Впрочем, не было года, чтобы в N-ском полку не застрелился кто-нибудь из офицеров.

Когда Ромашов вошел в мертвецкую, два человека сидели на кроватях у изголовий, около окна. Они сидели без огня, в темноте, и только по едва слышной возне Ромашов заметил их присутствие и с трудом узнал их, подойдя вплотную и нагнувшись над ними. Это были штабс-капитан Клодт, алкоголик и вор, отчисленный от командования ротой, и подпрапорщик Золотухин, долговязый, пожилой, уже плешивый игрок, скандалист, сквернослов и тоже пьяница из типа вечных подпрапорщиков. Между обоими тускло поблескивала на столе четвертная бутыль водки, стояла пустая тарелка с какой-то жижей и два полных стакана. Не было видно никаких следов закуски. Собутыльники молчали, точно притаившись от вошедшего товарища, и когда он нагибался над ними, они, хитро улыбаясь в темноте, глядели куда-то вниз.

- Боже мой, что вы тут делаете? - спросил Ромашов испуганно.

- Т-ссс! - Золотухин таинственно, с предостерегающим видом поднял палец кверху. - Подождите. Не мешайте.

- Тихо! - коротко шепотом сказал Клодт.

Вдруг где-то вдалеке загрохотала телега. Тогда оба торопливо подняли стаканы, стукнулись ими и одновременно выпили.

- Да что же это такое наконец?! - воскликнул в тревоге Ромашов.

- А это, родной мой, - многозначительным шепотом ответил Клодт, - это у нас такая закуска. Под стук телеги. Фендрик, - обратился он к Золотухину, - ну, теперь подо что выпьем? Хочешь, под свет лупы?

- Пили уж, - серьезно возразил Золотухин и поглядел в окно на узкий серп месяца, который низко и скучно стоял над городом. - Подождем. Вот, может быть, собака залает. Помолчи.

Так они шептались, наклоняясь друг к другу, охваченные мрачной шутливостью пьяного безумия. А из столовой в это время доносились смягченные, заглушенные стенами и оттого гармонично-печальные звуки церковного напева, похожего на отдаленное погребальное пение.

Ромашов всплеснул руками и схватился за голову.

- Господа, ради бога, оставьте: это страшно, - сказал он с тоскою.

- Убирайся к дьяволу! - заорал вдруг Золотухин. - Нет, стой, брат! Куда? Раньше выпейте с порядочными господами. Не-ет, не перехитришь, брат. Держите его, штабс-капитан, а я запру дверь.

Они оба вскочили с кровати и принялись с сумасшедшим лукавым смехом ловить Ромашова. И все это вместе - эта темная вонючая комната, это тайное фантастическое пьянство среди ночи, без огня, эти два обезумевших человека - все вдруг повеяло на Ромашова нестерпимым ужасом смерти и сумасшествия. Он с пронзительным криком оттолкнул Золотухина далеко в сторону и, весь содрогаясь, выскочил из мертвецкой.

Умом он знал, что ему нужно идти домой, но по какому-то непонятному влечению он вернулся в столовую. Там уже многие дремали, сидя на стульях и подоконниках. Было невыносимо жарко, и, несмотря на открытые окна, лампы и свечи горели не мигая. Утомленная, сбившаяся с ног прислуга и солдаты-буфетчики дремали стоя и ежеминутно зевали, не разжимая челюсти, одними ноздрями. Но повальное, тяжелое, общее пьянство не прекращалось.

Веткин стоял уже на столе и пел высоким чувствительным тенором:

Бы-ы-стры, как волны-ы,
Дни-и нашей жиз-ии...

В полку было много офицеров из духовных и потому пели хорошо даже в пьяные часы. Простой, печальный, трогательный мотив облагораживал пошлые слова. И всем на минуту стало тоскливо и тесно под этим низким потолком в затхлой комнате, среди узкой, глухой и слепой жизни.

Умрешь, похоронят,
Как не жил на свете...

пел выразительно Веткин, и от звуков собственного высокого и растроганного голоса и от физического чувства общей гармонии хора в его добрых, глуповатых глазах стояли слезы. Арчаковский бережно вторил ему. Для того чтобы заставить свой голос вибрировать, он двумя пальцами тряс себя за кадык. Осадчий густыми, тягучими нотами аккомпанировал хору, и казалось, что все остальные голоса плавали, точно в темных волнах, в этих низких органных звуках.

Пропели эту песню, помолчали немного. На всех нашла сквозь пьяный угар тихая, задумчивая минута. Вдруг Осадчий, глядя вниз на стол опущенными глазами, начал вполголоса:

- "В путь узкий ходшие прискорбный вси - житие, яко ярем, вземшие..."

- Да будет вам! - заметил кто-то скучающим тоном. - Вот прицепились вы к этой панихиде. В десятый раз.

Но другие уже подхватили похоронный напев, и вот в загаженной, заплеванной, прокуренной столовой понеслись чистые ясные аккорды панихиды Иоанна Дамаскина, проникнутые такой горячей, такой чувственной печалью, такой страстной тоской по уходящей жизни:

- "И мне последовавшие верою приидите, насладитеся, яже уготовах вам почестей и венцов небесных..."

И тотчас же Арчаковский, знавший службу не хуже любого дьякона, подхватил возглас:

- Рцем вси от всея души...

Так они и прослужили всю панихиду. А когда очередь дошла до последнего воззвания, то Осадчий, наклонив вниз голову, напружив шею, со странными и страшными, печальными и злыми глазами заговорил нараспев низким голосом, рокочущим, как струны контрабаса:

- "Во блаженном успении живот и вечный покой подаждь, господи, усопшему рабу твоему Никифору... - Осадчий вдруг выпустил ужасное, циничное ругательство, - и сотвори ему ве-е-ечную..."

Ромашов вскочил и бешено, изо всей силы ударил кулаком по столу.

- Не позволю! Молчите! - закричал он пронзительным, страдальческим голосом. - Зачем смеяться? Капитан Осадчий, вам вовсе не смешно, а вам больно и страшно! Я вижу! Я знаю, что вы чувствуете в душе!

Среди общего мгновенного молчания только один чей-то голос промолвил с недоумением:

- Он пьян?

Но тотчас же, как и давеча у Шлейферши, все загудело, застонало, вскочило с места и свернулось в какой-то пестрый, движущийся, крикливый клубок. Веткин, прыгая со стола, задел головой висячую лампу; она закачалась огромными плавными зигзагами, и тени от беснующихся людей, то вырастая, как великаны, то исчезая под пол, зловеще спутались и заметались по белым стенам и по потолку.

Все, что теперь происходило в собрании с этими развинченными, возбужденными, пьяными и несчастными людьми, совершалось быстро, нелепо и непоправимо. Точно какой-то злой, сумбурный; глупый, яростно-насмешливый демон овладел людьми и заставлял их говорить скверные слова и делать безобразные, нестройные движения.

Среди этого чада Ромашов вдруг увидел совсем близко около себя чье-то лицо с искривленным кричащим ртом, которое ей сразу даже не узнал, - так оно было перековеркано и обезображено злобой. Это Николаев кричал ему, брызжа слюной и нервно дергая мускулами левой щеки под глазом:

- Сами позорите полк! Не смейте ничего говорить. Вы - и разные Назанские! Без году неделя!..

Кто-то осторожно тянул Ромашова назад. Он обернулся и узнал Бек-Агамалова, но, тотчас же отвернувшись, забыл о нем. Бледнея от того, что сию минуту произойдет, он сказал тихо "и хрипло, с измученной жалкой улыбкой:

- А при чем же здесь Назанский? Или у вас есть особые, таинственные причины быть им недовольным?

- Я вам в морду дам! Подлец, сволочь! - закричал Николаев высоким лающим голосом. - Хам!

Он резко замахнулся на Ромашова кулаком и сделал грозные глаза, но ударить не решался. У Ромашова в груди и в животе сделалось тоскливое, противное обморочное замирание. До сих пор он совсем не замечал, точно забыл, что в правой руке у него все время находится какой-то посторонний предмет. И вдруг быстрым, коротким движением он выплеснул в лицо Николаеву остатки пива из своего стакана.

В то же время вместе с мгновенной тупой болью белые яркие молнии брызнули из его левого глаза. С протяжным, звериным воем кинулся он на Николаева, и они оба грохнулись вниз, сплелись руками и ногами и покатились по полу, роняя стулья и глотая грязную, вонючую пыль. Они рвали, комкали и тискали друг друга, рыча и задыхаясь. Ромашов помнил, как случайно его пальцы попали в рот Николаеву за щеку и как он старался разорвать ему этот скользкий, противный, горячий рот... И он уже не чувствовал никакой боли, когда бился головой и локтями об пол в этой безумной борьбе.

Он не знал также, как все это окончилось. Он застал себя стоящим в углу, куда его оттеснили, оторвав от Николаева. Бек-Агамалов поил его водой, по зубы у Ромашова судорожно стучали о края стакана, и он боялся, как бы не откусить кусок стекла. Китель на нем был разорван под мышками и на спине, а один погон, оторванный, болтался на тесемочке. Голоса у Ромашова не было, и он кричал беззвучно, одними губами:

- Я ему... еще покажу!.. Вызываю его!..

Старый Лех, до сих пор сладко дремавший на конце стола, а теперь совсем очнувшийся, трезвый и серьезный, говорил с непривычной суровой повелительностью:

- Как старший, приказываю вам, господа, немедленно разойтись. Слышите, господа, сейчас же. Обо всем будет мною утром подан рапорт командиру полка.

И все расходились смущенные, подавленные, избегая глядеть друг на друга. Каждый боялся прочесть в чужих глазах свой собственный ужас, свою рабскую, виноватую тоску, - ужас и тоску маленьких, злых и грязных животных, темный разум которых вдруг осветился ярким человеческим сознанием.

Был рассвет, с ясным, детски-чистым небом и неподвижным прохладным воздухом. Деревья, влажные, окутанные чуть видным паром, молчаливо просыпались от своих темных, загадочных ночных снов. И когда Ромашов, идя домой, глядел на них, и на небо, и на мокрую, седую от росы траву, то он чувствовал себя низеньким, гадким, уродливым и бесконечно чужим среди этой невинной прелести утра, улыбавшегося спросонок.

## XX

В тот же день - это было в среду - Ромашов получил короткую официальную записку:

"Суд общества офицеров N-ского пехотного полка приглашает подпоручика Ромашова явиться к шести часам в зал офицерского собрания. Форма одежды обыкновенная.

Председатель суда подполковник Мигунов".

Ромашов не мог удержаться от невольной грустной улыбки: эта "форма одежды обыкновенная" - мундир с погонами и цветным кушаком - надевается именно в самых необыкновенных случаях: "на суде, при публичных выговорах и во время всяких неприятных явок по начальству.

К шести часам он пришел в собрание и приказал вестовому доложить о себе председателю суда. Его попросили подождать. Он сел в столовой у открытого окна, взял газету и стал читать ее, не понимая слов, без всякого интереса, механически пробегая глазами буквы. Трое офицеров, бывших в столовой, поздоровались с ним сухо и заговорили между собой вполголоса, так, чтоб он не слышал. Только один подпоручик Михин долго и крепко, с мокрыми глазами, жал ему руку, но ничего не сказал, покраснел, торопливо и неловко оделся и ушел.

Вскоре в столовую через буфет вышел Николаев. Он был бледен, веки его глаз потемнели, левая щека все время судорожно дергалась, а над вей ниже виска синело большое пухлое пятно. Ромашов ярко и мучительно вспомнил вчерашнюю драку и, весь сгорбившись, сморщив лицо, чувствуя себя расплюснутым невыносимой тяжестью этих позорных воспоминаний, спрятался за газету и даже плотно зажмурил глаза.

Он слышал, как Николаев спросил в буфете рюмку коньяку и как он прощался с кем-то. Потом почувствовал мимо себя шаги Николаева. Хлопнула на блоке дверь. И вдруг через несколько секунд он услышал со двора за своей спиной осторожный шепот:

- Не оглядывайтесь назад! Сидите спокойно. Слушайте.

Это говорил Николаев. Газета задрожала в руках Ромашова.

- Я, собственно, не имею права разговаривать с вами. Но к черту эти французские тонкости. Что случилось, того не поправишь. Но я вас все-таки считаю человеком порядочным. Прошу вас, слышите ли, я прошу вас: ни слова о жене и об анонимных письмах. Вы меня поняли?

Ромашов, закрываясь газетой от товарищей, медленно наклонил голову. Песок захрустел на дворе под ногами. Только спустя пять минут Ромашов обернулся и поглядел на двор. Николаева уже не было.

- Ваше благородие, - вырос вдруг перед ним вестовой, - их высокоблагородие просят вас пожаловать.

В зале, вдоль дальней узкой стены, были составлены несколько ломберных столов и покрыты зеленым сукном. За ними помещались судьи, спинами к окнам; от этого их лица были темными. Посредине в кресле сидел председатель - подполковник Мигунов, толстый, надменный человек, без шеи, с поднятыми вверх круглыми плечами; по бокам от него - подполковники: Рафальский и Лех, дальше с правой стороны - капитаны Осадчий и Петерсон, а с левой - капитан Дювернуа и штабс-капитан Дорошенко, полковой казначей. Стол был совершенно пуст, только перед Дорошенкой, делопроизводителем суда, лежала стопочка бумаги. В большой пустой зале было прохладно и темновато, несмотря на то, что на дворе стоял жаркий, сияющий день. Пахло старым деревом, плесенью и ветхой мебельной обивкой.

Председатель положил обе большие белые, полные руки ладонями вверх на сукно стола и, разглядывая их поочередно, начал деревянным тоном:

- Подпоручик Ромашов, суд общества офицеров, собравшийся по распоряжению командира полка, должен выяснить обстоятельства того печального и недопустимого в офицерском обществе столкновения, которое имело место вчера между вами и поручиком Николаевым. Прошу вас рассказать об этом со всевозможными подробностями.

Ромашов стоял перед нами, опустив руки вниз и теребя околыш шапки. Он чувствовал себя таким затравленным, неловким и растерянным, как бывало с ним только в ученические годы на экзаменах, когда он проваливался. Обрывающимся голосом, запутанными и несвязными фразами, постоянно мыча и прибавляя нелепые междометия, он стал давать показание. В то же время, переводя глаза с одного из судей на другого, он мысленно оценивал их отношения к нему: "Мигунов - равнодушен, он точно каменный, но ему льстит непривычная роль главного судьи и та страшная власть и ответственность, которые сопряжены с нею. Подполковник Врем глядит жалостными и какими-то женскими глазами, - ах, мой милый Брем, помнишь ли ты, как я брал у тебя десять рублей взаймы? Старый Лех серьезничает. Он сегодня трезв, и у него под глазами мешки, точно глубокие шрамы. Он не враг мне, но он сам так много набезобразничал в собрании в разные времена, что теперь ему будет выгодна роль сурового и непреклонного ревнителя офицерской чести. А Осадчий и Петерсон - это уже настоящие враги. По закону я, конечно, мог бы отвести Осадчего - вся ссора началась из-за его панихиды, - а впрочем, не все ли равно? Петерсон чуть-чуть улыбается одним углом рта - что-то скверное, низменное, змеиное в улыбке. Неужели он знал об анонимных письмах? У Дювернуа - сонное лицо, а глаза - как большие мутные шары. Дювернуа меня не любит. Да и Дорошенко тоже. Подпоручик, который только расписывается в получении жалованья и никогда не получает его. Плохи ваши дела, дорогой мой Юрий Алексеевич".

- Виноват, на минутку, - вдруг прервал его Осадчий. - Господин подполковник, вы позволите мне предложить вопрос?

- Пожалуйста, - важно кивнул головой Мигунов.

- Скажите нам, подпоручик Ромашов, - начал Осадчий веско, с растяжкой, - где вы изволили быть до того, как приехали в собрание в таком невозможном виде?

Ромашов покраснел и почувствовал, как его лоб сразу покрылся частыми каплями пота.

- Я был... я был... ну, в одном месте, - и он добавил почти шепотом, был в публичном доме.

- Ага, вы были в публичном доме? - нарочно громко, с жестокой четкостью подхватил Осадчий. - И, вероятно, вы что-нибудь пили в этом учреждении?

- Д-да, пил, - отрывисто ответил Ромашов.

- Так-с. Больше вопросов не имею, - повернулся Осадчий к председателю.

- Прошу продолжать показание, - сказал Мигунов. - Итак, вы остановились на том, что плеснули пивом в лицо поручику Николаеву... Дальше?

Ромашов несвязно, но искренно и подробно рассказал о вчерашней истории. Он уже начал было угловато и стыдливо говорить о том раскаянии, которое он испытывает за свое вчерашнее поведение, но его прервал капитан Петерсон. Потирая, точно при умывании, свои желтые костлявые руки с длинными мертвыми пальцами и синими ногтями, он сказал усиленно-вежливо, почти ласково, тонким и вкрадчивым голосом:

- Ну да, все это, конечно, так и делает честь вашим прекрасным чувствам. Но скажите нам, подпоручик Ромашов... вы до этой злополучной и прискорбной истории не бывали в доме поручика Николаева?

Ромашов насторожился и, глядя не на Петерсона, а на председателя, ответил грубовато:

- Да, бывал, но я не понимаю, какое это отношение имеет к делу.

- Подождите. Прошу отвечать только на вопросы, - остановил его Петерсон. - Я хочу сказать, не было ли у вас с поручиком Николаевым каких-нибудь особенных поводов ко взаимной вражде, - поводов характера не служебного, а домашнего, так сказать, семейного?

Ромашов выпрямился и прямо, с открытой ненавистью посмотрел в темные чахоточные глаза Петерсона.

- Я бывал у Николаевых не чаще, чем у других моих знакомых, - сказал он громко и резко. - И с ним прежде у меня никакой вражды не было. Все произошло случайно и неожиданно, потому что мы оба были нетрезвы.

- Хе-хе-хе, это уже мы слыхали, о вашей нетрезвости, - опять прервал его Петерсон, - по я хочу только спросить, не было ли у вас с ним раньше этакого какого-нибудь столкновения? Нет, не ссоры, поймите вы меня, а просто этакого недоразумения, натянутости, что ли, на какой-нибудь частной почве. Ну, скажем, несогласие в убеждениях или там какая-нибудь интрижка. А?

- Господин председатель, могу я не отвечать на некоторые из предлагаемых мне вопросов? - спросил вдруг Ромашов.

- Да, это вы можете, - ответил холодно Мигунов. - Вы можете, если хотите, вовсе не давать показаний или давать их письменно. Это ваше право.

- В таком случае заявляю, что ни на один из вопросов капитана Петерсона я отвечать не буду, - сказал Ромашов. - Это будет лучше для него и для меня.

Его спросили еще о нескольких незначительных подробностях, и затем председатель объявил ему, что он свободен. Однако его еще два раза вызывали для дачи дополнительных показаний, один раз в тот же день вечером, другой раз в четверг утром. Даже такой неопытный в практическом отношении человек, как Ромашов, понимал, что суд ведет дело халатно, неумело и донельзя небрежно, допуская множество ошибок и бестактностей. И самым большим промахом было то, что, вопреки точному и ясному смыслу статьи 149 дисциплинарного устава, строго воспрещающей разглашение происходящего на суде, члены суда чести не воздержались от праздной болтовни. Они рассказали о результатах заседаний своим женам, жены знакомым городским дамам, а те - портнихам, акушеркам и даже прислуге. За одни сутки Ромашов сделался сказкой города и героем дня. Когда он проходил по улице, на него глядели из окон, из калиток, из палисадников, из щелей в заборах. Женщины издали показывали на него пальцами, и он постоянно слышал у себя за спиной свою фамилию, произносимую быстрым шепотом. Никто в городе не сомневался, что между ним и Николаевым произойдет дуэль. Держали даже пари об ее исходе.

Утром в четверг, идя в собрание мимо дома Лыкачевых, он вдруг услышал, что кто-то зовет его по имени.

- Юрий Алексеевич, Юрий Алексеевич, подите сюда!

Он остановился и поднял голову кверху. Катя Лыкачева стояла по ту сторону забора на садовой скамеечке. Она была в утреннем легком японском халатике, треугольный вырез которого оставлял голою ее тоненькую прелестную девичью шею. И вся она была такая розовая, свежая, вкусная, что Ромашову на минуту стало весело.

Она перегнулась через забор, чтобы подать ему руку, еще холодную и влажную от умыванья. И в то же время она тараторила картаво:

- Отчего у нас не бываете? Стыдно дьюзей забывать. Зьой, зьой, зьой... Т-ссс, я все, я все, все знаю! - Она вдруг сделала большие испуганные глаза. - Возьмите себе вот это и наденьте на шею, непьеменно, непьеменно наденьте.

Она вынула из-за своего керимона, прямо с груди, какую-то ладанку из синего шелка на шнуре и торопливо сунула ему в руку. Ладанка была еще теплая от ее тела.

- Помогает? - спросил Ромашов шутливо. - Что это такое?

- Это тайна, не смейте смеяться. Безбожник! Зьой.

"Однако я нынче в моде. Славная девочка", - подумал Ромашов, простившись с Катей. Но он не мог удержаться, чтобы и здесь в последний раз не подумать о себе в третьем лице красивой фразой:

"Добродушная улыбка скользнула по суровому лицу старого бретера".

Вечером в этот день его опять вызвали в суд, но уже вместе с Николаевым. Оба врага стояли перед столом почти рядом. Они ни разу не взглянули друг на друга, но каждый из них чувствовал на расстоянии настроение другого и напряженно волновался этим. Оба они упорно и неподвижно смотрели на председателя, когда он читал им решение суда:

- "Суд общества офицеров N-ского пехотного полка, в составе - следовали чины и фамилии судей - под председательством подполковника Мигунова, рассмотрев дело о столкновении в помещении офицерского собрания поручика Николаева и подпоручика Ромашова, нашел, что ввиду тяжести взаимных оскорблений ссора этих обер-офицеров не может быть окончена примирением и что поединок между ними является единственным средством удовлетворения оскорбленной чести и офицерского достоинства. Мнение суда утверждено командиром полка".

Окончив чтение, подполковник Мигунов снял очки и спрятал их в футляр.

- Вам остается, господа, - сказал он с каменной торжественностью, выбрать себе секундантов, по два с каждой стороны, и прислать их к девяти часам вечера сюда, в собрание, где они совместно с нами выработают условия поединка. Впрочем, - прибавил он, вставая и пряча очечник в задний карман, - впрочем, прочитанное сейчас постановление суда не имеет для вас обязательной силы. За каждым из вас сохраняется полная свобода драться на дуэли, или... - он развел руками и сделал паузу, - или оставить службу. Затем... вы свободны, господа... Еще два слова. Уж не как председатель суда, а как старший товарищ, советовал бы вам, господа офицеры, воздержаться до поединка от посещения собрания." Это может повести к осложнениям. До свиданья.

Николаев круто повернулся и быстрыми шагами вышел из залы. Медленно двинулся за ним и Ромашов. Ему не было страшно, но он вдруг почувствовал себя исключительно одиноким, странно обособленным, точно отрезанным от всего мира. Выйдя на крыльцо собрания, он с долгим, спокойным удивлением глядел на небо, на деревья, на корову у забора напротив, на воробьев, купавшихся в пыли среди дороги, и думал: "Вот - все живет, хлопочет, суетится, растет и сияет, а мне уже больше ничто не нужно и не интересно. Я приговорен. Я один".

Вяло, почти со скукой пошел он разыскивать Бек-Агамалова и Веткина, которых он решил просить в секунданты. Оба охотно согласились Бек-Агамалов с мрачной сдержанностью, Веткин с ласковыми и многозначительными рукопожатиями.

Идти домой Ромашову не хотелось - там было жутко и скучно. В эти тяжелые минуты душевного бессилия, одиночества и вялого непонимания жизни ему нужно было видеть близкого, участливого друга и в то же время тонкого, понимающего, нежного сердцем человека.

И вдруг он вспомнил о Назанском.

## XXI

Назанский был, по обыкновению, дома. Он только что проснулся от тяжелого хмельного сна и теперь лежал на кровати в одном нижнем белье, заложив рука под голову. В его глазах была равнодушная, усталая муть. Его лицо совсем не изменило своего сонного выражения, когда Ромашов, наклоняясь над ним, говорил неуверенно и тревожно:

- Здравствуйте, Василий Нилыч, не помешал я вам?

- Здравствуйте, - ответил Назанский сиплым слабым голосом. - Что хорошенького? Садитесь.

Он протянул Ромашову горячую влажную руку, но глядел на него так, точно перед ним был не его любимый интересный товарищ, а привычное видение из давнишнего скучного сна.

- Вам нездоровится? - спросил робко Ромашов, садясь в его ногах на кровать. - Так я не буду вам мешать. Я уйду.

Назанский немного приподнял голову с подушки и, весь сморщившись, с усилием посмотрел на Ромашова.

- Нет... Подождите. Ах, как голова болит! Послушайте, Георгий

Алексеевич... у вас что-то есть... есть... что-то необыкновенное. Постойте, я не могу собрать мыслей. Что такое с вами?

Ромашов глядел на него с молчаливым состраданием. Все лицо Назанского странно изменилось за то время, как оба офицера не виделись. Глаза глубоко ввалились и почернели вокруг, виски пожелтели, а щеки с неровной грязной кожей опустились и оплыли книзу и некрасиво обросли жидкими курчавыми волосами.

- Ничего особенного, просто мне захотелось видеться с вами, - сказал небрежно Ромашов. - Завтра я дерусь на дуэли с Николаевым. Мне противно идти домой. Да это, впрочем, все равно. До свиданья. Мне, видите ли, просто не с кем было поговорить... Тяжело на душе.

Назанский закрыл глаза, и лицо его мучительно исказилось. Видно было, что он неестественным напряжением воли возвращает к себе сознание. Когда же он открыл глаза, то в них уже светились внимательные теплые искры.

- Нет, подождите... мы сделаем вот что. - Назанский с трудом переворотился на бок и поднялся на локте. - Достаньте там, из шкафчика... вы знаете... Нет, не надо яблока... Там есть мятные лепешки. Спасибо, родной. Мы вот что сделаем... Фу, какая гадость!.. Повезите меня куда-нибудь на воздух - здесь омерзительно, и я здесь боюсь... Постоянно такие страшные галлюцинации. Поедем, покатаемся на лодке и поговорим. Хотите?

Он, морщась, с видом крайнего отвращения пил рюмку за рюмкой, и Ромашов видел, как понемногу загорались жизнью и блеском и вновь становились прекрасными его голубые глаза.

Выйдя из дому, они взяли извозчика и поехали на конец города, к реке. Там, на одной стороне плотины, стояла еврейская турбинная мукомольня огромное красное здание, а на другой - были расположены купальни, и там же отдавались напрокат лодки. Ромашов сел на весла, а Назанский полулег на корме, прикрывшись шинелью.

Река, задержанная плотиной, была широка и неподвижна, как большой пруд. По обеим ее сторонам берега уходили плоско и ровно вверх. На них трава была так ровна, ярка и сочна, что издали хотелось ее потрогать рукой. Под берегами в воде зеленел камыш и среди густой, темной, круглой листвы белели большие головки кувшинок.

Ромашов рассказал подробно историю своего столкновения с Николаевым. Назанский задумчиво слушал его, наклонив голову и глядя вниз на воду, которая ленивыми густыми струйками, переливавшимися, как жидкое стекло, раздавалась вдаль и вширь от носа лодки.

- Скажите правду, вы не боитесь, Ромашов? - спросил Назанский тихо.

- Дуэли? Нет, не боюсь, - быстро ответил Ромашов. Но тотчас же он примолк и в одну секунду живо представил себе, как он будет стоять совсем близко против Николаева и видеть в его протянутой руке опускающееся черное дуло револьвера. - Нет, нет, - прибавил Ромашов поспешно, - я не буду лгать, что не боюсь. Конечно, страшно. Но я знаю, что я не струшу, не убегу, не попрошу прощенья.

Назанский опустил концы пальцев в теплую, вечернюю, чуть-чуть ропщущую воду и заговорил медленно, слабым голосом, поминутно откашливаясь:

- Ах, милый мой, милый Ромашов, зачем вы хотите это делать? Подумайте: если вы знаете твердо, что не струсите, - если совсем твердо знаете, - то ведь во сколько раз тогда будет смелее взять и отказаться.

- Он меня ударил... в лицо! - сказал упрямо Ромашов, и вновь жгучая злоба тяжело колыхнулась в нем.

- Ну, так, ну, ударил, - возразил ласково Назанский и грустными, нежными глазами поглядел на Ромашова. - Да разве в этом дело? Все на свете проходит, пройдет и ваша боль и ваша ненависть. И вы сами забудете об этом. Но о человеке, которого вы убили, вы никогда не забудете. Он будет с вами в постели, за столом, в одиночестве и в толпе. Пустозвоны, фильтрованные дураки, медные лбы, разноцветные попугаи уверяют, что убийство на дуэли - не убийство. Какая чепуха! Но они же сентиментально верят, что разбойникам снятся мозги и кровь их жертв. Нет, убийство всегда убийство. И важна здесь не боль, не смерть, не насилие, не брезгливое отвращение к крови и трупу, - нет, ужаснее всего то, что вы отнимаете у человека его радость жизни. Великую радость жизни! - повторил вдруг Назанский громко, со слезами в голосе. - Ведь никто - ни вы, ни я, ах, да просто-напросто никто в мире не верит ни в какую загробную жизнь. Оттого все страшатся смерти, но малодушные дураки обманывают себя перспективами лучезарных садов и сладкого пения кастратов, а сильные молча перешагивают грань необходимости. Мы - не сильные. Когда мы думаем, что будет после нашей смерти, то представляем себе пустой холодный и темный погреб. Нет, голубчик, все это враки: погреб был бы счастливым обманом, радостным утешением. Но представьте себе весь ужас мысли, что совсем, совсем ничего не будет, ни темноты, ни пустоты, ни холоду... даже мысли об этом не будет, даже страха не останется! Хотя бы страх! Подумайте!

Ромашов бросил весла вдоль бортов. Лодка едва подвигалась по воде, и это было заметно лишь по тому, как тихо плыли в обратную сторону зеленые берега.

- Да, ничего не будет, - повторил Ромашов задумчиво.

- А посмотрите, нет, посмотрите только, как прекрасна, как обольстительна жизнь! - воскликнул Назанский, широко простирая вокруг себя руки. - О, радость, о, божественная красота жизни! Смотрите: голубое небо, вечернее солнце, тихая вода - ведь дрожишь от восторга, когда на них смотришь, - вон там, далеко, ветряные мельницы машут крыльями, зеленая кроткая травка, вода у берега - розовая, розовая от заката. Ах, как все чудесно, как все нежно и счастливо!

Назанский вдруг закрыл глаза руками и расплакался, но тотчас же он овладел собой и заговорил, не стыдясь своих слез, глядя на Ромашова мокрыми сияющими глазами:

- Нет, если я попаду под поезд, и мне перережут живот, и мои внутренности смешаются с песком и намотаются на колеса, и если в этот последний миг меня спросят: "Ну что, и теперь жизнь прекрасна?" - я скажу с благодарным восторгом: "Ах, как она прекрасна!" Сколько радости дает нам одно только зрение! А есть еще музыка, запах цветов, сладкая женская любовь! И есть безмернейшее наслаждение - золотое солнце жизни, человеческая мысль! Родной мой Юрочка!.. Простите, что я вас так назвал. Назанский, точно извиняясь, протянул к нему издали дрожащую руку. Положим, вас посадили в тюрьму на веки вечные, и всю жизнь вы будете видеть из щелки только два старых изъеденных кирпича... нет, даже, положим, что в вашей тюрьме нет ни одной искорки света, ни единого звука ничего! И все-таки разве это можно сравнить с чудовищным ужасом смерти? У вас остается мысль, воображение, память, творчество - ведь и с этим можно жить. И у вас даже могут быть минуты восторга от радости жизни.

- Да, жизнь прекрасна, - сказал Ромашов.

- Прекрасна! - пылко повторил Назанский. - И вот два человека из-за того, что один ударил другого, или поцеловал его жену, или просто, проходя мимо него и крутя усы, невежливо посмотрел на него, - эти два человека стреляют друг в друга, убивают друг друга. Ах, нет, их раны, их страдания, их смерть - все это к черту! Да разве он себя убивает - жалкий движущийся комочек, который называется человеком? Он убивает солнце, жаркое, милое солнце, светлое небо, природу, - всю многообразную красоту жизни, убивает величайшее наслаждение и гордость - человеческую мысль! Он убивает то, что уж никогда, никогда, никогда не возвратится. Ах, дураки, дураки!

Назанский печально, с долгим вздохом покачал головой и опустил ее вниз. Лодка вошла в камыши. Ромашов опять взялся за весла. Высокие зеленые жесткие стебли, шурша о борта, важно и медленно кланялись. Тут было темнее и прохладнее, чем на открытой воде.

- Что же мне делать? - спросил Ромашов мрачно и грубовато. - Уходить в запас? Куда я денусь?

Назанский улыбнулся кротко и нежно.

- Подождите, Ромашов. Поглядите мне в глаза. Вот так. Нет, вы не отворачивайтесь, смотрите прямо и отвечайте по чистой совести. Разве вы верите в то, что вы служите интересному, хорошему, полезному делу? Я вас знаю хорошо, лучше, чем всех других, и я чувствую вашу душу. Ведь вы совсем не верите в это.

- Нет, - ответил Ромашов твердо. - Но куда я пойду?

- Постойте, не торопитесь. Поглядите-ка вы на наших офицеров. О, я не говорю про гвардейцев, которые танцуют на балах, говорят по-французски и живут на содержании у своих родителей и законных жен. Нет, подумайте вы о нас, несчастных армеутах, об армейской пехоте, об этом главном ядре славного и храброго русского войска. Ведь все это заваль, рвань, отбросы. В лучшем случае - сыновья искалеченных капитанов. В большинстве же убоявшиеся премудрости гимназисты, реалисты, даже неокончившие семинаристы. Я вам приведу в пример наш полк. Кто у нас служит хорошо и долго? Бедняки, обремененные семьями, нищие, готовые на всякую уступку, на всякую жестокость, даже на убийство, на воровство солдатских копеек, и все это из-за своего горшка щей. Ему приказывают: стреляй, и он стреляет, кого? за что? Может быть, понапрасну? Ему все равно, он не рассуждает. Он знает, что дома пищат его замурзанные, рахитические дети, и он бессмысленно, как дятел, выпуча глаза, долбит одно слово: "Присяга!" Все, что есть талантливого, способного, - спивается. У нас семьдесят пять процентов офицерского состава больны сифилисом. Один счастливец - и это раз в пять лет - поступает в академию, его провожают с ненавистью. Более прилизанные и с протекцией неизменно уходят в жандармы или мечтают о месте полицейского пристава в большом городе. Дворяне и те, кто хотя с маленьким состоянием, идут в земские начальники. Положим, остаются люди чуткие, с сердцем, но что они делают? Для них служба - это сплошное отвращение, обуза, ненавидимое ярмо. Всякий старается выдумать себе какой-нибудь побочный интерес, который его поглощает без остатка. Один занимается коллекционерством, многие ждут не дождутся вечера, когда можно сесть дома, у лампы, взять иголку и вышивать по канве крестиками какой-нибудь паршивенький ненужный коверчик или выпиливать лобзиком ажурную рамку для собственного портрета. На службе они мечтают об этом, как о тайной сладостной радости. Карты, хвастливый спорт в обладании женщинами - об этом я уж не говорю. Всего гнуснее служебное честолюбие, мелкое, жестокое честолюбие. Это - Осадчий и компания, выбивающие зубы и глаза своим солдатам. Знаете ли, при мне Арчаковский так бил своего денщика, что я насилу отнял его. Потом кровь оказалась не только на стенах, но и на потолке. А чем это кончилось, хотите ли знать? Тем, что денщик побежал жаловаться ротному командиру, а ротный командир послал его с запиской к фельдфебелю, а фельдфебель еще полчаса бил его по синему, опухшему, кровавому лицу. Этот солдат дважды заявлял жалобу на инспекторском смотру, но без всякого результата.

Назанский замолчал и стал нервно тереть себе виски ладонями.

- Постойте... Ах, как мысли бегают... - сказал он с беспокойством. Как это скверно, когда не ты ведешь мысль, а она тебя ведет... Да, вспомнил! Теперь дальше. Поглядите вы на остальных офицеров. Ну, вот вам, для примера, штабс-капитан Плавский. Питается черт знает чем - сам себе готовит какую-то дрянь на керосинке, носит почти лохмотья, но из своего сорокавосьмирублевого жалованья каждый месяц откладывает двадцать пять. Ого-го! У него уже лежит в банке около двух тысяч, и он тайно отдает их в рост товарищам под зверские проценты. Вы думаете, здесь врожденная скупость? Нет, нет, это только средство уйти куда-нибудь, спрятаться от тяжелой и непонятной бессмыслицы военной службы... Капитан Стельковский умница, сильный, смелый человек. А что составляет суть его жизни? Он совращает неопытных крестьянских девчонок. Наконец, возьмите вы подполковника Брема. Милый, славный чудак, добрейшая душа - одна прелесть, - и вот он весь ушел в заботы о своем зверинце. Что ему служба, парады, знамя, выговоры, честь? Мелкие, ненужные подробности в жизни.

- Брем - чудный, я его люблю, - вставил Ромашов.

- Так-то так, конечно, милый, - вяло согласился Назанский. - А знаете ли, - заговорил он вдруг, нахмурившись, - знаете, какую штуку однажды я видел на маневрах? После ночного перехода шли мы в атаку. Сбились мы все тогда с ног, устали, разнервничались все: и офицеры и солдаты. Брем велит горнисту играть повестку к атаке, а тот, бог его знает почему, трубит вызов резерва. И один раз, и другой, и третий. И вдруг этот самый - милый, добрый, чудный Брем подскакивает на коне к горнисту, который держит рожок у рта, и изо всех сил трах кулаком по рожку! Да. И я сам видел, как горнист вместе с кровью выплюнул на землю раскрошенные зубы.

- Ах, боже мой! - с отвращением простонал Ромашов.

- Вот так и все они, даже самые лучшие, самые нежные из них, прекрасные отцы и внимательные мужья, - все они на службе делаются низменными, трусливыми, злыми, глупыми зверюшками. Вы спросите: почему? Да именно потому, что никто из них в службу не верит и разумной цели этой службы не видит. Вы знаете ведь, как дети любят играть в войну? Было время кипучего детства и в истории, время буйных и веселых молодых поколений. Тогда люди ходили вольными шайками, и война была общей хмельной радостью, кровавой и доблестной утехой. В начальники выбирался самый храбрый, самый сильный и хитрый, и его власть, до тех пор пока его не убивали подчиненные, принималась всеми истинно как божеская. Но вот человечество выросло и с каждым годом становится все более мудрым, и вместо детских шумных игр его мысли с каждым днем становятся серьезнее и глубже. Бесстрашные авантюристы сделались шулерами. Солдат не идет уже на военную службу, как на веселое и хищное ремесло. Нет, его влекут на аркане за шею, а он упирается, проклинает и плачет. И начальники из грозных, обаятельных, беспощадных и обожаемых атаманов обратились в чиновников, трусливо живущих на свое нищенское жалованье. Их доблесть - подмоченная доблесть. И воинская дисциплина - дисциплина за страх - соприкасается с обоюдною ненавистью. Красивые фазаны облиняли. Только один подобный пример я знаю в истории человечества. Это монашество. Начало его было смиренно, красиво и трогательно. Может быть - почем знать - оно было вызвано мировой необходимостью? Но прошли столетия, и что же мы видим? Сотни тысяч бездельников, развращенных, здоровенных лоботрясов, ненавидимых даже теми, кто в них имеет время от времени духовную потребность. И все это покрыто внешней формой, шарлатанскими знаками касты, смешными выветрившимися обрядами. Нет, я не напрасно заговорил о монахах, и я рад, что мое сравнение логично. Подумайте только, как много общего. Там - ряса и кадило, здесь - мундир и гремящее оружие; там - смирение, лицемерные вздохи, слащавая речь, здесь - наигранное мужество, гордая честь, которая все время вращает глазами: "А вдруг меня кто-нибудь обидит?" - выпяченные груди, вывороченные локти, поднятые плечи. Но и те и другие живут паразитами и знают, ведь знают это глубоко в душе, но боятся познать это разумом и, главное, животом. И они подобны жирным вшам, которые тем сильнее отъедаются на чужом теле, чем оно больше разлагается.

Назанский злобно фыркнул носом и замолчал.

- Говорите, говорите, - попросил умоляюще Ромашов.

- Да, настанет время, и оно уже у ворот. Время великих разочарований и страшной переоценки. Помните, я говорил вам как-то, что существует от века незримый и беспощадный гений человечества. Законы его точны и неумолимы. И чем мудрее становится человечество, тем более и глубже оно проникает в них. И вот я уверен, что по этим непреложным законам все в мире рано или поздно приходит в равновесие. Если рабство длилось века, то распадение его будет ужасно. Чем громадное было насилие, тем кровавее будет расправа. И я глубоко, я твердо уверен, что настанет время, когда нас, патентованных красавцев, неотразимых соблазнителей, великолепных щеголей, станут стыдиться женщины и, наконец, перестанут слушаться солдаты. И это будет не за то, что мы били в кровь людей, лишенных возможности защищаться, и не за то, что нам, во имя чести мундира, проходило безнаказанным оскорбление женщин, и не за то, что мы, опьянев, рубили в кабаках в окрошку всякого встречного и поперечного. Конечно, и за то и за это, но есть у нас более страшная и уже теперь непоправимая вина. Это то, что мы - слепы и глухи ко всему. Давно уже, где-то вдали от наших грязных, вонючих стоянок, совершается огромная, новая, светозарная жизнь. Появились новые, смелые, гордые люди, загораются в умах пламенные свободные мысли. Как в последнем действии мелодрамы, рушатся старые башни и подземелья, и из-за них уже видится ослепительное сияние. А мы, надувшись, как индейские петухи, только хлопаем глазами и надменно болбочем: "Что? Где? Молчать! Бунт! Застрелю!" И вот этого-то индюшачьего презрения к свободе человеческого духа нам не простят - во веки веков.

Лодка выехала в тихую, тайную водяную прогалинку. Кругом тесно обступил ее круглой зеленой стеной высокий и неподвижный камыш. Лодка была точно отрезана, укрыта от всего мира. Над ней с криком носились чайки, иногда так близко, почти касаясь крыльями Ромашова, что он чувствовал дуновение от их сильного полета. Должно быть, здесь, где-нибудь в чаще тростника, у них были гнезда. Казанский лег на корму навзничь и долго глядел вверх на небо, где золотые неподвижные облака уже окрашивались в розовый цвет.

Ромашов сказал робко:

- Вы не устали? Говорите еще.

И Назанский, точно продолжая вслух свои мысли, тотчас же заговорил:

- Да, наступает новое, чудное, великолепное время. Я ведь много прожил на свободе и много кой-чего читал, много испытал и видел. До этой поры старые вороны и галки вбивали в нас с самой школьной скамьи: "Люби ближнего, как самого себя, и знай, что кротость, послушание и трепет суть первые достоинства человека". Более честные, более сильные, более хищные говорили нам: "Возьмемся об руку, пойдем и погибнем, но будущим поколениям приготовим светлую и легкую жизнь". Но я никогда не понимал этого. Кто мне докажет с ясной убедительностью, - чем связан я с этим - черт бы его побрал! - моим ближним, с подлым рабом, с зараженным, с идиотом? О, из всех легенд я более всего ненавижу - всем сердцем, всей способностью к презрению - легенду об Юлиане Милостивом. Прокаженный говорил: "Я дрожу, ляг со мной в постель рядом. Я озяб, приблизь свои губы к моему смрадному рту и дыши на меня". Ух, ненавижу! Ненавижу прокаженных и не люблю ближних. А затем, какой интерес заставит меня разбивать свою голову ради счастья людей тридцать второго столетия? О, я знаю этот куриный бред о какой-то мировой душе, о священном долге. Но даже тогда, когда я ему верил умом, я ни разу не чувствовал его сердцем. Вы следите за мной, Ромашов?

Ромашов со стыдливой благодарностью поглядел на Назанского.

- Я вас вполне, вполне понимаю, - сказал он. - Когда меня не станет, то и весь мир погибнет? Ведь вы это говорите?

- Это самое. И вот, говорю я, любовь к человечеству выгорела и вычадилась из человеческих сердец. На смену ей идет новая, божественная вера, которая пребудет бессмертной до конца мира. Это любовь к себе, к своему прекрасному телу, к своему всесильному уму, к бесконечному богатству своих чувств. Нет, подумайте, подумайте, Ромашов: кто вам дороже и ближе себя? Никто. Вы - царь мира, его гордость и украшение. Вы - бог всего живущего. Все, что вы видите, слышите, чувствуете, принадлежит только вам. Делайте, что хотите. Берите все, что вам нравится. Не страшитесь никого во всей вселенной, потому что над вами никого нет и никто не равен вам. Настанет время, и великая вера в свое Я осенит, как огненные языки святого духа, головы всех людей, и тогда уже не будет ни рабов, ни господ, ни калек, ни жалости, ни пороков, ни злобы, ни зависти. Тогда люди станут богами. И подумайте, как осмелюсь я тогда оскорбить, толкнуть, обмануть человека, в котором я чувствую равного себе, светлого бога? Тогда жизнь будет прекрасна. По всей земле воздвигнутся легкие, светлые здания, ничто вульгарное, пошлое не оскорбит наших глаз, жизнь станет сладким трудом, свободной наукой, дивной музыкой, веселым, вечным и легким праздником. Любовь, освобожденная от темных пут собственности, станет светлой религией мира, а не тайным позорным грехом в темном углу, с оглядкой, с отвращением. И самые тела наши сделаются светлыми, сильными и красивыми, одетыми в яркие великолепные одежды. Так же как верю в это вечернее небо надо мной, - воскликнул Назанский, торжественно подняв руку вверх, - так же твердо верю я в эту грядущую богоподобную жизнь!

Ромашов, взволнованный, потрясенный, пролепетал побледневшими губами:

- Назанский, это мечты, это фантазии!

Назанский тихо и снисходительно засмеялся.

- Да, - промолвил он с улыбкой в голосе, - какой-нибудь профессор догматического богословия или классической филологии расставит врозь ноги, разведет руками и скажет, склонив набок голову: "Но ведь это проявление крайнего индивидуализма!" Дело не в страшных словах, мой дорогой мальчик, дело в том, что нет на свете ничего практичнее, чем те фантазии, о которых теперь мечтают лишь немногие. Они, эти фантазии, - вернейшая и надежнейшая спайка для людей. Забудем, что мы - военные. Мы - шпаки. Вот на улице стоит чудовище, веселое, двухголовое чудовище. Кто ни пройдет мимо него, оно его сейчас в морду, сейчас в морду. Оно меня еще не ударило, но одна мысль о том, что оно меня может ударить, оскорбить мою любимую женщину, лишить меня по произволу свободы, - эта мысль вздергивает на дыбы всю мою гордость. Один я его осилить не могу. Но рядом со мною стоит такой же смелый и такой же гордый человек, как я, и я говорю ему: "Пойдем и сделаем вдвоем так, чтобы оно ни тебя, ни меня не ударило". И мы идем. О, конечно, это грубый-пример, это схема, но в лице этого двухголового чудовища я вижу все, что связывает мой дух, насилует мою волю, унижает мое уважение к своей личности. И тогда-то не телячья жалость к ближнему, а божественная любовь к самому себе соединяет мои усилия с усилиями других, равных мне по духу людей.

Назанский умолк. Видимо, его утомил непривычный нервный подъем. Через несколько минут он продолжал вяло, упавшим голосом:

- Вот так-то, дорогой мой Георгий Алексеевич. Мимо нас плывет огромная, сложная, вся кипящая жизнь, родятся божественные, пламенные мысли, разрушаются старые позолоченные идолища. А мы стоим в наших стойлах, упершись кулаками в бока, и ржем: "Ах вы, идиоты! Шпаки! Дррать вас!" И этого жизнь нам никогда не простит...

Он привстал, поежился под своим пальто и сказал устало:

- Холодно... Поедемте домой...

Ромашов выгреб из камышей. Солнце село за дальними городскими крышами, и они черно и четко выделялись в красной полосе зари. Кое-где яркими отраженными огнями играли оконные стекла. Вода в сторону зари была розовая, гладкая и веселая, но позади лодки она уже сгустилась, посинела и наморщилась.

Ромашов сказал внезапно, отвечая на свои мысли:

- Вы правы. Я уйду в запас. Не знаю сам, как это сделаю, но об этом я и раньше думал.

Назанский кутался в пальто и вздрагивал от холода.

- Идите, идите, - сказал он с ласковой грустью. - В вас что-то есть, какой-то внутренний свет... я не знаю, как это назвать. Но в нашей берлоге его погасят. Просто плюнут на него и потушат. Главное - не бойтесь вы, не бойтесь жизни: она веселая, занятная, чудная штука - эта жизнь. Ну, ладно, не повезет вам - падете вы, опуститесь до босячества, до пропойства. Но ведь, ей-богу, родной мой, любой бродяжка живет в десять тысяч раз полнее и интереснее, чем Адам Иванович Зегржт или капитан Слива. Ходишь по земле туда-сюда, видишь города, деревни, знакомишься со множеством странных, беспечных, насмешливых людей, смотришь, нюхаешь, слышишь, спишь на росистой траве, мерзнешь на морозе, ни к чему не привязан, никого не боишься, обожаешь свободную жизнь всеми частицами души... Эх, как люди вообще мало понимают! Не все ли равно: есть воблу или седло дикой козы с трюфелями, напиваться водкой или шампанским, умереть под балдахином или в полицейском участке. Все это детали, маленькие удобства, быстро проходящие привычки. Они только затеняют, обесценивают самый главный и громадный смысл жизни. Вот часто гляжу я на пышные похороны. Лежит в серебряном ящике под дурацкими султанами одна дохлая обезьяна, а другие живые обезьяны идут за ней следом, с вытянутыми мордами, понавесив на себя и спереди и сзади смешные звезды и побрякушки... А все эти визиты, доклады, заседания... Нет, мой родной, есть только одно непреложное, прекрасное и незаменимое - свободная душа, а с нею творческая мысль и веселая жажда жизни. Трюфели могут быть и не быть - это капризная и весьма пестрая игра случая. Кондуктор, если он только не совсем глуп, через год выучится прилично и не без достоинства царствовать. Но никогда откормленная, важная и тупая обезьяна, сидящая в карете, со стекляшками на жирном пузе, не поймет гордой прелести свободы, не испытает радости вдохновения, не заплачет сладкими слезами восторга, глядя, как на вербовой ветке серебрятся пушистые барашки!

Назанский закашлялся и кашлял долго. Потом, плюнув за борт, он продолжал:

- Уходите, Ромашов. Говорю вам так, потому что я сам попробовал воли, и если вернулся назад, в загаженную клетку, то виною тому... ну, да ладно... все равно, вы понимаете. Смело ныряйте в жизнь, она вас не обманет. Она похожа на огромное здание с тысячами комнат, в которых свет, пение, чудные картины, умные, изящные люди, смех, танцы, любовь - все, что есть великого и грозного в искусстве. А вы в этом дворце до сих пор видели один только темный, тесный чуланчик, весь в сору и в паутине, - и вы боитесь выйти из него.

Ромашов причалил к пристани и помог Назанскому выйти из лодки. Уже стемнело, когда они приехали на квартиру Назанского. Ромашов уложил товарища в постель и сам накрыл его сверху одеялом и шинелью.

Назанский так сильно дрожал, что у него стучали зубы. Ежась в комок и зарываясь головой в подушку, он говорил жалким, беспомощным, детским голосом:

- О, как я боюсь своей комнаты... Какие сны, какие сны!

- Хотите, я останусь ночевать? - продолжал Ромашов.

- Нет, нет, не надо. Пошлите, пожалуйста, за бромом... и... немного водки. Я без денег...

Ромашов просидел у него до одиннадцати часов. Понемногу Назанского перестало трясти. Он вдруг открыл большие, блестящие, лихорадочные глаза и сказал решительно, отрывисто:

- Теперь уходите. Прощайте.

- Прощайте, - сказал печально Ромашов.

Ему хотелось сказать: "Прощайте, учитель", но он застыдился фразы и только прибавил с натянутой шуткой:

- Почему - прощайте? Почему не до свидания?

Назанский засмеялся жутким, бессмысленным, неожиданным смехом.

- А почему не до свидания? - крикнул он диким голосом сумасшедшего.

И Ромашов почувствовал на всем своем теле дрожащие волны ужаса.

## XXII

Подходя к своему дому, Ромашов с удивлением увидел, что в маленьком окне его комнаты, среди теплого мрака летней ночи, брезжит чуть заметный свет. "Что это значит? - подумал он тревожно и невольно ускорил шаги. Может быть, это вернулись мои секунданты с условиями дуэли?" В сенях он натолкнулся на Гайнана, не заметил его, испугался, вздрогнул и воскликнул сердито:

- Что за черт! Это ты, Гайнан? Кто тут?

Несмотря на темноту, он почувствовал, что Гайнан, по своей привычке, заплясал на одном месте.

- Там тебе барина пришла. Сидит.

Ромашов отворил дверь. В лампе давно уже вышел весь керосин, и теперь она, потрескивая, догорала последними чадными вспышками. На кровати сидела неподвижная женская фигура, неясно выделяясь в тяжелом вздрагивающем полумраке.

- Шурочка! - задыхаясь, сказал Ромашов и почему-то на цыпочках осторожно подошел к кровати. - Шурочка, это вы?

- Тише. Садитесь, - ответила она быстрым шепотом. - Потушите лампу.

Он дунул сверху в стекло. Пугливый синий огонек умер, и сразу в комнате стало темно и тихо, и тотчас же торопливо и громко застучал на столе не замечаемый до сих пор будильник. Ромашов сел рядом с Александрой Петровной, сгорбившись и не глядя в ее сторону. Странное чувство боязни, волнения и какого-то замирания в сердце овладело им и мешало ему говорить.

- Кто у вас рядом, за стеной? - спросила Шурочка. - Там слышно?

- Нет, там пустая комната... старая мебель... хозяин - столяр. Можно говорить громко.

До все-таки оба они продолжали говорить шепотом, и в этих тихих, отрывистых словах, среди тяжелого, густого мрака, было много боязливого, смущенного и тайно крадущегося. Они сидели, почти касаясь друг друга. У Ромашова глухими толчками шумела в ушах кровь.

- Зачем, зачем вы это сделали? - вдруг сказала она тихо, но со страстным упреком.

Она положила ему на колено свою руку. Ромашов сквозь одежду почувствовал ее живую, нервную теплоту и, глубоко передохнув, зажмурил глаза. И от этого не стало темнее, только перед глазами всплыли похожие на сказочные озера черные овалы, окруженные голубым сиянием.

- Помните, я просила вас быть с ним сдержанным. Нет, нет, я не упрекаю. Вы не нарочно искали ссоры - я знаю это. Но неужели в то время, когда в вас проснулся дикий зверь, вы не могли хотя бы на минуту вспомнить обо мне и остановиться. Вы никогда не любили меня!

- Я люблю вас, - тихо произнес Ромашов и слегка прикоснулся робкими, вздрагивающими пальцами к ее руке.

Шурочка отняла ее, но не сразу, потихоньку, точно жалея и боясь его обидеть.

- Да, я знаю, что ни вы, ни он не назвали моего имени, но ваше рыцарство пропало понапрасну: все равно по городу катится сплетня.

- Простите меня, я не владел собой... Меня ослепила ревность, - с трудом произнес Ромашов.

Она засмеялась долгим и злым смешком.

- Ревность? Неужели вы думаете, что мой муж был так великодушен после вашей драки, что удержался от удовольствия рассказать мне, откуда вы приехали тогда в собрание? Он и про Назанского мне сказал.

- Простите, - повторял Ромашов. - Я там ничего дурного не делал. Простите.

Она вдруг заговорила громче, решительным и суровым шепотом:

- Слушайте, Георгий Алексеевич, мне дорога каждая минута. Я и то ждала вас около часа. Поэтому будем говорить коротко и только о деле. Вы знаете, что такое для меня Володя. Я его не люблю, но я на него убила часть своей души. У меня больше самолюбия, чем у него. Два раза он проваливался, держа экзамен в академию. Это причиняло мне гораздо больше обиды и огорчения, чем ему. Вся эта мысль о генеральном штабе принадлежит мне одной, целиком мне. Я тянула мужа изо всех сил, подхлестывала его, зубрила вместе с ним, репетировала, взвинчивала его гордость, ободряла его в минуту уныния. Это - мое собственное, любимое, больное дело. Я не могу оторвать от этой мысли своего сердца. Что бы там ни было, но он поступит в академию.

Ромашов сидел, низко склонившись головой на ладонь. Он вдруг почувствовал, что Шурочка тихо и медленно провела рукой по его волосам. Он спросил с горестным недоумением:

- Что же я могу сделать?

Она обняла его за шею и нежно привлекла его голову к себе на грудь. Она была без корсета. Ромашов почувствовал щекой податливую упругость ее тела и слышал его теплый, пряный, сладострастный запах. Когда она говорила, он ощущал прерывистое дыхание на своих волосах.

- Ты помнишь, тогда... вечером... на пикнике. Я тебе сказала всю правду. Я не люблю его. Но подумай: три года, целых три года надежд, фантазий, планов и такой упорной, противной работы! Ты ведь знаешь, я ненавижу до дрожи это мещанское, нищенское офицерское общество. Я хочу быть всегда прекрасно одетой, красивой, изящной, я хочу поклонения, власти! И вдруг - нелепая, пьяная драка, офицерский скандал - и все кончено, все разлетелось в прах! О, как это ужасно! Я никогда не была матерью, но я воображаю себе: вот у меня растет ребенок - любимый, лелеемый, в нем все надежды, в него вложены заботы, слезы, бессонные ночи... и вдруг - нелепость, случай, дикий, стихийный случай: он играет на окне, нянька отвернулась, он падает вниз, на камни. Милый, только с этим материнским отчаянием я могу сравнить свое горе и злобу. Но я не виню тебя.

Ромашову было неудобно сидеть перегнувшись и боясь сделать ей тяжело. Но он рад был бы сидеть так целые часы и слышать в каком-то странном, душном опьянении частые и точные биения ее маленького сердца.

- Ты слушаешь меня? - спросила она, нагибаясь к нему.

- Да, да... Говори... Если я только могу, я сделаю все, что ты хочешь.

- Нет, нет. Выслушай меня до конца. Если ты его убьешь или если его отставят от экзамена - кончено! Я в тот же день, когда узнаю об этом, бросаю его и еду - все равно куда - в Петербург, в Одессу, в Киев. Не думай, это не фальшивая фраза из газетного романа. Я не хочу пугать тебя такими дешевыми эффектами. Но я знаю, что я молода, умна, образованна. Не красива. Но я сумею быть интереснее многих красавиц, которые на публичных балах получают в виде премии за красоту мельхиоровый поднос или будильник с музыкой. Я надругаюсь над собой, но сгорю в один миг и ярко, как фейерверк!

Ромашов глядел в окно. Теперь его глаза, привыкшие к темноте, различали неясный, чуть видный переплет рамы.

- Не-говори так... не надо... мне больно, - произнес он печально. - Ну, хочешь, я завтра откажусь от поединка, извинюсь перед ним? Сделать это?

Она помолчала немного. Будильник наполнял своей металлической болтовней все углы темной комнаты. Наконец она произнесла еле слышно, точно в раздумье, с выражением, которого Ромашов не мог уловить:

- Я так и знала, что ты это предложишь.

Он поднял голову и, хотя она удерживала его за шею рукой, выпрямился на кровати.

- Я не боюсь! - сказал он громко и глухо.

- Нет, нет, нет, нет, - говорила она горячим, поспешным, умоляющим шепотом. - Ты меня не понял. Иди ко мне ближе... как раньше... Иди же!..

Она обняла его обеими руками и зашептала, щекоча его лицо своими тонкими волосами и горячо дыша ему в щеку:

- Ты меня не понял. У меня совсем другое. Но мне стыдно перед тобой. Ты такой чистый, добрый, и я стесняюсь говорить тебе об этом. Я расчетливая, я гадкая...

- Нет, говори все. Я тебя люблю.

- Послушай, - заговорила она, и он скорее угадывал ее слова, чем слышал их. - Если ты откажешься, то ведь сколько обид, позора и страданий падет на тебя. Нет, нет, опять не то. Ах, боже мой, в эту минуту я не стану лгать перед тобой. Дорогой мой, я ведь все это давно обдумала и взвесила. Положим, ты отказался. Честь мужа реабилитирована. Но, пойми, в дуэли, окончившейся примирением, всегда остается что-то... как бы сказать?.. Ну, что ли, сомнительное, что-то возбуждающее недоумение и разочарование... Понимаешь ли ты меня? - спросила она с грустной нежностью и осторожно поцеловала его в волосы.

- Да. Так что же?

- То, что в этом случае мужа почти наверно не допустят к экзаменам. Репутация офицера генерального штаба должна быть без пушинки. Между тем если бы вы на самом деле стрелялись, то тут было бы нечто героическое, сильное. Людям, которые умеют держать себя с достоинством под выстрелом, многое, очень многое прощают. Потом... после дуэли... ты мог бы, если хочешь, и извиниться... Ну, это уж твое дело.

Тесно обнявшись, они шептались, как заговорщики, касаясь лицами и руками друг друга, слыша дыхание друг друга. Но Ромашов почувствовал, как между ними незримо проползало что-то тайное, гадкое, склизкое, от чего пахнуло холодом на его душу. Он опять хотел высвободиться из ее рук, но она его не пускала. Стараясь скрыть непонятное, глухое раздражение, он сказал сухо:

- Ради бога, объяснись прямее. Я все тебе обещаю.

Тогда она повелительно заговорила около самого его рта, и слова ее были как быстрые трепетные поцелуи:

- Вы непременно должны завтра стреляться. Но ни один из вас не будет ранен. О, пойми же меня, не осуждай меня! Я сама презираю трусов; я женщина. Но ради меня сделай это, Георгий! Нет, не спрашивай о муже, он знает. Я все, все, все сделала.

Теперь ему удалось упрямым движением головы освободиться от ее мягких и сильных рук. Он встал с кровати и сказал твердо:

- Хорошо, пусть будет так. Я согласен.

Она тоже встала. В темноте по ее движениям он не видел, а угадывал, чувствовал, что она торопливо поправляет волосы на голове.

- Ты уходишь? - спросил Ромашов.

- Прощай, - ответила она слабым голосом. - Поцелуй меня в последний раз.

Сердце Ромашова дрогнуло от жалости и любви. Впотьмах, ощупью, он нашел руками ее голову и стал целовать ее щеки и глаза. Все лицо Шурочки было мокро от тихих, неслышных слез. Это взволновало и растрогало его.

- Милая... не плачь... Саша... милая... - твердил он жалостно и мягко.

Она вдруг быстро закинула руки ему за шею, томным, страстным и сильным движением вся прильнула к нему и, не отрывая своих пылающих губ от его рта, зашептала отрывисто, вся содрогаясь и тяжело дыша:

- Я не могу так с тобой проститься... Мы не увидимся больше. Так не будем ничего бояться... Я хочу, хочу этого. Один раз... возьмем наше счастье... Милый, иди же ко мне, иди, иди...

И вот оба они, и вся комната, и весь мир сразу наполнились каким-то нестерпимо блаженным, знойным бредом. На секунду среди белого пятна подушки Ромашов со сказочной отчетливостью увидел близко-близко около себя глаза Шурочки, сиявшие безумным счастьем, и жадно прижался к ее губам...

- Можно мне проводить тебя? - спросил он, выйдя с Шурочкой из дверей на двор.

- Нет, ради бога, не нужно, милый... Не делай этого. Я и так не знаю, сколько времени провела у тебя. Который час?

- Не знаю, у меня нет часов. Положительно не знаю.

Она медлила уходить и стояла, прислонившись к двери. В воздухе пахло от земли и от камней сухим, страстным запахом жаркой ночи. Было темно, но сквозь мрак Ромашов видел, как и тогда в роще, что лицо Шурочки светится странным белым светом, точно лицо мраморной статуи.

- Ну, прощай же, мой дорогой, - сказала она наконец усталым голосом. Прощай.

Они поцеловались, и теперь ее губы были холодны и неподвижны. Она быстро пошла к воротам, и сразу ее поглотила густая тьма ночи.

Ромашов стоял и слушал до тех пор, пока не скрипнула калитка и не замолкли тихие шаги Шурочки. Тогда он вернулся в комнату.

Сильное, но приятное утомление внезапно овладело им. Он едва успел раздеться - так ему хотелось спать. И последним живым впечатлением перед сном был легкий, сладостный запах, шедший от подушки - запах волос Шурочки, ее духов и прекрасного молодого тела.

## XXIII

2-го июня 18**. Город Z.

Его Высокоблагородию, командиру N-ского пехотного полка.

Штабс-капитан того же полка Диц.

РАПОРТ

Настоящим имею честь донести вашему высокоблагородию, что сего 2-го июня, согласно условиям, доложенным Вам вчера, 1-го июня, состоялся поединок между поручиком Николаевым и подпоручиком Ромашовым. Противники встретились без пяти минут в 6 часов утра, в роще, именуемой "Дубечная", расположенной в 3 1/2 верстах от города. Продолжительность поединка, включая сюда и время, употребленное на сигналы, была 1 мин. 10 сек. Места, занятые дуэлянтами, были установлены жребием. По команде "вперед" оба противника пошли друг другу навстречу, причем выстрелом, произведенным поручиком Николаевым, подпоручик Ромашов ранен был в правую верхнюю часть живота. Для выстрела поручик Николаев остановился, точно так же, как и оставался стоять, ожидая ответного выстрела. По истечении установленной полуминуты для ответного выстрела обнаружилось, что подпоручик Ромашов отвечать противнику не может. Вследствие этого секунданты подпоручика Ромашова предложили считать поединок оконченным. С общего согласия это было сделано. При перенесении подпоручика Ромашова в коляску последний впал в тяжелое обморочное состояние и через семь минут скончался от внутреннего кровоизлияния. Секундантами со стороны поручика Николаева были: я и поручик Васин, со стороны же подпоручика Ромашова: поручики Бек-Агамалов и Веткин. Распоряжение дуэлью, с общего согласия, было предоставлено мне. Показание младшего врача кол. ас. Знойко при сем прилагаю.

Штабс-капитан Диц.

1905

www.ingramcontent.com/pod-product-compliance
Lightning Source LLC
Chambersburg PA
CBHW010401310726
48979CB00017B/2805/J

* 9 7 8 1 6 3 6 3 7 8 8 9 3 *